安徽省哲学社会科学规划项目研究成果
（项目批准号：AHSKQ2019D021）

# 安徽省区域旅游经济增长质量实证研究

Empirical Research on the Quality of
**Regional Tourism Economic Growth**
in Anhui Province

赵金金 著

中国科学技术大学出版社

## 内 容 简 介

21世纪以来,安徽省旅游经济增长迅猛,已初步确立战略性支柱产业地位。然而,目前安徽省区域旅游经济增长仍面临着粗放型发展、产业结构低级、效率低下、波动性大等问题,并呈现空间不均衡的发展特征。本书以"理论—现状—测度—建议"为研究思路,以安徽省区域旅游经济增长质量为研究对象,对其测度、时空演化特征、与区域旅游经济增长数量的耦合协调关系、协同提升对策四个方面进行系统性实证研究。

**图书在版编目(CIP)数据**

安徽省区域旅游经济增长质量实证研究 / 赵金金著. -- 合肥:中国科学技术大学出版社,2025.2. -- ISBN 978-7-312-06046-5

Ⅰ. F592.754

中国国家版本馆 CIP 数据核字第 2024LQ9596 号

**安徽省区域旅游经济增长质量实证研究**
ANHUI SHENG QUYU LÜYOU JINGJI ZENGZHANG ZHILIANG SHIZHENG YANJIU

| | |
|---|---|
| 出版 | 中国科学技术大学出版社 |
| | 安徽省合肥市金寨路96号,230026 |
| | http://www.press.ustc.edu.cn |
| | https://zgkxjsdxcbs.tmall.com |
| 印刷 | 安徽省瑞隆印务有限公司 |
| 发行 | 中国科学技术大学出版社 |
| 开本 | 710 mm×1000 mm　1/16 |
| 印张 | 16.25 |
| 字数 | 265千 |
| 版次 | 2025年2月第1版 |
| 印次 | 2025年2月第1次印刷 |
| 定价 | 69.00元 |

# 前　言

21世纪以来,安徽省旅游经济增长迅猛,已初步确立战略性支柱产业地位。2017年,党的十九大报告中明确指出"我国经济已由高速增长阶段转向高质量发展阶段",而发展旅游业是推动区域经济高质量发展的重要着力点。2018年,安徽省旅游工作会议的主题为"再接再厉、开拓奋进,迈向优质旅游发展新时代"。2019年是文化和旅游融合的元年,安徽省更加全面推进文化和旅游产业高质量发展,这为本书提供了现实背景支持。然而,目前安徽省区域旅游经济增长仍面临着粗放型发展、产业结构低级、效率低下、波动性大等问题,并呈现空间不均衡的发展特征。本书以"理论—现状—测度—建议"为研究思路,以安徽省区域旅游经济增长质量为研究对象,对其测度、时空演化特征、与区域旅游经济增长数量的耦合协调关系、协同提升对策四个方面进行系统性实证研究。主要内容包括以下几个方面:

(1) 安徽省区域旅游经济增长现状分析。对安徽省区域旅游景点、星级饭店、旅行社等旅游企业的发展现状进行分析,并从时序发展和空间分异两个角度研究安徽省区域旅游经济增长时空演化特征;分析安徽省区域旅游经济增长中存在的一系列问题。

(2) 安徽省区域旅游经济增长质量评价指标体系构建及量化测度研究。依据科学性、层次性、代表性、可操作性原则,构建安徽省区域旅游经济增长质量的评价指标体系,并利用极差法、均方差法、加权平均法等定量测度安徽省区域旅游经济增长质量指数,在此基础上,分析其时空演化特征。

（3）安徽省区域旅游经济增长质量与数量耦合协调关系研究。在分析区域旅游经济增长质量与数量的要素耦合机理、发展协同机理的基础上，利用耦合协调度模型，定量测度安徽省区域旅游经济增长质量与数量的耦合协调度，在此基础上，分析其时空演化特征。

通过上述研究，本书得出如下主要结论，以期对解析安徽省区域旅游经济增长质量现实、制定提升策略等提供相应的科学决策依据。

（1）安徽省 A 级旅游景点、星级饭店、旅行社等各类旅游企业在各区域分布并不是均匀的。除特殊事件影响外，安徽省旅游经济快速增长，对国民经济的贡献不断增强。安徽省旅游经济增长在地理分布上是不均衡的，皖中和皖南地区是安徽省旅游总收入的核心和主导地区。具体而言，低水平地区有淮北市，较低水平地区有淮南市、铜陵市、宿州市、阜阳市、亳州市、滁州市，较高水平地区有蚌埠市、宣城市、马鞍山市、六安市、黄山市、池州市、安庆市、芜湖市，高水平地区有合肥市。当前安徽省区域旅游经济增长的绝对差异和相对差异比较显著，在排除特殊事件影响后，发展态势在总体上表现为绝对差异不断扩大，而相对差异不断下降的情况。安徽省区域旅游经济增长存在增长方式仍为粗放型、增长呈现出一定的不稳定性、旅游经济空间发展不均衡现象突出、旅游经济增长与生态环境保护存在矛盾等问题。

（2）本书从旅游经济结构水平、旅游经济增长效率、旅游经济增长稳定性、旅游经济增长影响力、旅游经济增长可持续性五大方面构建了安徽省区域旅游经济增长质量的评价指标体系。其中，旅游经济结构水平包含旅游经济结构合理化与旅游经济结构高度化两方面，旅游经济增长效率包含旅游投入效率与旅游收入效率两方面，旅游经济增长稳定性包含旅游经济增长率与旅游经济增长波动率两方面，旅游经济增长影响力包含旅游经济增长就业率与旅游经济增长经济贡献率两方面，旅游经济增长可持续性包含旅游创新能力与旅游环境质量两方面。

安徽省旅游经济增长质量的波动性较大，其中在 2012 年、2017 年和 2019 年出现波峰，旅游经济增长质量指数分别为 0.4479、0.4368 和

0.4417；在 2015 年出现大波谷，2018 年出现小波谷；受新冠疫情影响，在 2020 年出现断崖式下降。安徽省各区域的旅游经济增长质量均呈现出较强的波动性发展态势，且具有一定的空间分异性。本书将安徽省区域旅游经济增长质量指数划分为 5 个层次，相较于 2011 年，2019 年安徽省区域旅游经济增长质量得到显著提升。其中，池州市、芜湖市和黄山市位列前 3 位，且这 3 个城市已提升至第 5 层次；在第 4 层次中有 8 个城市，按旅游经济增长质量指数的高低排序，分别为铜陵市、马鞍山市、蚌埠市、合肥市、亳州市、安庆市、宿州市和宣城市；在第 3 层次中有滁州市、淮北市、阜阳市和淮南市 4 个城市；仅有六安市位于第 2 层次，位居全省末流水平，亟须快速提升。由于新冠疫情影响，安徽省区域旅游经济增长质量指数在 2020 年出现较大下降情况。

（3）本书将区域旅游经济增长质量分解为旅游经济增长规模与旅游经济增长速度两方面。其中，前者用人均旅游收入，即旅游总收入与旅游总人数的比例来衡量，后者用旅游总收入增长率来衡量。2011—2019 年，安徽省旅游经济增长数量与质量的耦合协调度呈现波动上升态势，2012 年、2017 年和 2019 年出现波峰，2014 年和 2018 年出现波谷，2020 年出现严重下降，耦合协调等级由濒临失调变为轻度失调；在耦合协调类型上，2011 年为质量滞后型，2012—2013 年为数量滞后型，2014—2019 年为质量滞后型，2020 年变化为数量滞后型。安徽省各区域的旅游经济增长质量与数量的耦合协调度均呈现出波动性态势，且具有一定的空间分异性，相较于 2011 年，2019 年发生了较大变化，其中，芜湖市、池州市和合肥市呈现勉强协调状态，而安庆市、铜陵市、黄山市、马鞍山市、宣城市、亳州市、滁州市、蚌埠市、六安市、宿州市和阜阳市等 11 个城市处于濒临失调状态，淮北市和淮南市则处于轻度失调状态。2020 年，安徽省区域旅游经济增长质量与数量的耦合协调度又发生较大变化，其中，合肥市和芜湖市 2 个城市处于濒临失调状态，黄山市、宣城市、安庆市、池州市、六安市、滁州市、马鞍山市、铜陵市和亳州市等 9 个城市处于轻度失调状态，淮北市、阜阳市、蚌埠市、宿州市和淮南市等 5 个城市处于中度失调状态。

(4) 安徽省区域旅游经济增长质量的提升策略有以下几点:① 优化安徽省区域旅游经济结构;② 提高安徽省区域旅游经济增长效率;③ 增强区域旅游经济增长的稳定性;④ 扩大安徽省区域旅游经济增长影响力;⑤ 促进安徽省区域旅游经济增长可持续性;⑥ 加强安徽省区域旅游经济增长数量与质量的耦合协调发展;⑦ 注重安徽省区域旅游经济增长质量协同发展。

本书是安徽省哲学社会科学规划项目(AHSKQ2019D021)的研究成果。在编写过程中,作者到了淮北师范大学相关部门、中国科学技术大学出版社以及许多同事的关心、支持和帮助,在此一并表示感谢!

# 目　　录

前言 ·················································································· ( i )

1　绪论 ············································································· ( 1 )
　1.1　研究背景 ································································ ( 1 )
　1.2　研究综述 ································································ ( 3 )
　　1.2.1　旅游经济增长方面 ············································· ( 3 )
　　1.2.2　旅游经济增长质量 ············································· (11)
　1.3　研究内容 ································································ (21)
　1.4　研究方法与数据来源 ················································· (23)
　　1.4.1　研究方法 ························································· (23)
　　1.4.2　研究区域与数据来源 ·········································· (24)
　1.5　研究意义 ································································ (25)
　　1.5.1　理论意义 ························································· (25)
　　1.5.2　实践意义 ························································· (25)

2　相关概念与理论基础 ······················································· (26)
　2.1　相关概念 ································································ (26)
　　2.1.1　旅游经济的概念及特点 ······································· (26)
　　2.1.2　经济增长质量的概念及特征 ································· (30)
　　2.1.3　旅游经济增长质量的概念 ···································· (32)
　2.2　相关理论基础 ··························································· (36)
　　2.2.1　系统理论 ························································· (36)
　　2.2.2　投入-产出理论 ·················································· (37)

  2.2.3 区域经济协调发展理论 …………………………………（38）
  2.2.4 旅游可持续发展理论 ……………………………………（39）

# 3 安徽省区域旅游经济增长现状分析 ……………………………（41）
 3.1 安徽省区域旅游企业发展现状 …………………………………（41）
  3.1.1 旅游景点发展现状分析 …………………………………（41）
  3.1.2 星级饭店发展现状分析 …………………………………（43）
  3.1.3 旅行社发展现状分析 ……………………………………（45）
 3.2 安徽省区域旅游经济增长的时空特征 …………………………（46）
  3.2.1 安徽省旅游经济增长的时序发展特征 …………………（46）
  3.2.2 安徽省区域旅游经济增长的空间分异特征 ……………（48）
  3.2.3 安徽省区域旅游经济增长的时空演化特征 ……………（49）
 3.3 安徽省区域旅游经济增长存在的问题 …………………………（50）
  3.3.1 安徽省区域旅游经济增长方式仍为粗放型 ……………（50）
  3.3.2 安徽省区域旅游经济增长存在一定的不稳定性 ………（56）
  3.3.3 安徽省区域旅游经济空间发展不均衡现象突出 ………（60）
  3.3.4 安徽省区域旅游经济增长与生态环境保护存在矛盾 …（65）

# 4 安徽省区域旅游经济增长质量评价指标体系构建、量化测度及其时空特征研究 ……………………………………………………………（69）
 4.1 安徽省区域旅游经济增长质量评价指标体系构建研究 ………（69）
  4.1.1 安徽省区域旅游经济增长质量评价指标体系构建原则 ……（69）
  4.1.2 安徽省区域旅游经济增长质量评价指标确定及其体系
    构建研究 …………………………………………………（71）
 4.2 安徽省区域旅游经济增长质量的量化测度及其时空演化
  特征研究 …………………………………………………………（74）
  4.2.1 安徽省区域旅游经济增长质量指标权重的确定 ………（74）
  4.2.2 安徽省旅游经济增长质量的衡量 ………………………（75）
 4.3 安徽省区域旅游经济增长质量的时空演化特征研究 …………（82）
  4.3.1 安徽省区域旅游经济增长质量的时序发展特征 ………（82）
  4.3.2 安徽省区域旅游经济增长质量的空间分布格局 ………（146）

## 5 安徽省区域旅游经济增长质量与数量耦合协调关系及其时空演化研究 ……（148）

### 5.1 区域旅游经济增长质量与数量耦合协调机理研究 ………（148）
#### 5.1.1 区域旅游经济增长质量与数量的要素耦合机理 ………（148）
#### 5.1.2 区域旅游经济增长质量与数量的发展协同机理 ………（150）

### 5.2 安徽省旅游经济增长质量与数量耦合协调度的衡量 ………（152）
#### 5.2.1 安徽省旅游经济增长质量与数量耦合协调度 ………（152）
#### 5.2.2 安徽省旅游经济增长质量与规模耦合协调度 ………（153）
#### 5.2.3 安徽省旅游经济增长质量与速度耦合协调度 ………（154）
#### 5.2.4 安徽省旅游经济增长数量与结构水平耦合协调度 ………（154）
#### 5.2.5 安徽省旅游经济增长数量与效率耦合协调度 ………（155）
#### 5.2.6 安徽省旅游经济增长数量与稳定性耦合协调度 ………（156）
#### 5.2.7 安徽省旅游经济增长数量与影响力耦合协调度 ………（156）
#### 5.2.8 安徽省旅游经济增长数量与可持续性耦合协调度 ………（157）

### 5.3 安徽省区域旅游经济增长质量与数量耦合协调度的时空演化特征研究 ……（158）
#### 5.3.1 安徽省区域旅游经济增长质量与数量耦合协调度的时序演变 ……（158）
#### 5.3.2 安徽省区域旅游经济增长质量与数量耦合协调度的空间分异格局 ……（168）

## 6 安徽省区域旅游经济增长质量的提升策略研究 ………（170）

### 6.1 优化和升级安徽省区域旅游经济结构 ………（170）
#### 6.1.1 推动区域旅游企业兼并与重组，着力培育规模旅游企业 ……（170）
#### 6.1.2 推动区域旅游企业转型升级，发展科技旅游等新业态 ……（171）
#### 6.1.3 促进区域各旅游要素间的合理配置 ………（172）

### 6.2 提高安徽省区域旅游经济增长效率 ………（173）
#### 6.2.1 提升区域旅游全员劳动生产率 ………（173）
#### 6.2.2 提升区域旅游资本产出率 ………（174）
#### 6.2.3 提高区域旅游收入效率 ………（174）

6.3 增强区域旅游经济增长的稳定性 …………………………………… (176)
    6.3.1 依靠旅游行政部门的宏观调控,加强对区域入境旅游的支持
         ………………………………………………………………… (176)
    6.3.2 精准评估旅游经济影响因素,完善区域旅游经济预警
         与危机响应机制 ………………………………………………… (177)
6.4 扩大安徽省区域旅游经济增长影响力 ………………………………… (179)
    6.4.1 引导有意愿的城乡各类劳动者积极参加旅游就业 ………… (179)
    6.4.2 促进区域旅游产业与其他产业进行"旅游+"深度融合 …… (179)
    6.4.3 推动区域旅游产业聚集与创业创新 ………………………… (180)
6.5 促进安徽省区域旅游经济增长可持续性 ……………………………… (181)
    6.5.1 构建区域旅游创新体系,提升旅游创新能力 ……………… (181)
    6.5.2 加强区域旅游生态环境质量,推动旅游环境可持续发展 … (182)
6.6 加强安徽省区域旅游经济增长数量与质量耦合协调发展 ……… (183)
    6.6.1 促进区域旅游经济体制向质量型转型 ……………………… (183)
    6.6.2 促进区域旅游经济增长动力向创新驱动转型 ……………… (184)
6.7 注重安徽省区域旅游经济增长质量协同发展 ………………………… (185)
    6.7.1 做好顶层设计,强化整体统筹 ……………………………… (185)
    6.7.2 跨区域打造旅游产品链,实现互补共赢 …………………… (186)
    6.7.3 营销共同旅游市场,推广整体旅游品牌 …………………… (186)
    6.7.4 加强金融支持,保障跨区域旅游合作 ……………………… (187)

7 总结 ……………………………………………………………………… (188)
  7.1 研究结论 …………………………………………………………… (188)
  7.2 研究展望 …………………………………………………………… (196)

附录 本书研究涉及的相关数据表格 ……………………………………… (197)

参考文献 …………………………………………………………………… (237)

# 绪论

## 1.1 研究背景

安徽省拥有黄山、九华山、皖南古村落、古徽州文化旅游区等著名旅游景点,以其壮丽的自然风光和丰富的历史文化吸引着游客前来游玩,这为其旅游经济发展提供了丰富的物质基础和巨大的潜能。因此,如何科学有效地开发和利用这些资源,促进安徽省旅游经济持续健康发展,是当前面临的重要课题。安徽省旅游业蓬勃发展,《安徽省2019年国民经济和社会发展统计公报》显示,2019年末安徽省有A级及以上旅游景点(区)607处,旅游总收入为8525.6亿元,比上一年增长17.7%。其中,旅游外汇收入、国内旅游收入分别为33.9亿美元、8291.5亿元,比上一年分别增长6.3%、17.9%;全年入境旅游人数655.8万人次,比上一年增长8%;国内游客8.2亿人次,比上一年增长13.6%。受新冠疫情影响,2020—2022年安徽省旅游业发展受到制约,《安徽省2022年国民经济和社会发展统计公报》显示,2022年末安徽省有A级及以上旅游景点(区)683处,国内旅游收入4640.2亿元,比上一年下降16.8%;全年全省接待国内游客5亿人次,比上一年下降14.6%。

虽然安徽省旅游业发展受到新冠疫情冲击,但总体来看,全省文化和旅游部门攻坚克难,旅游业发展仍呈现出稳中向好的态势。现阶段,安徽省已明确旅游业在国民经济和社会发展中的战略性支柱产业地位,旅游业已成为推动安徽省区域经济增长的重要动力,即旅游业能带动餐饮、住宿、交通等行业的发展,并呈现出显著的经济拉动效应,大大地促进了就业。

然而,伴随着经济快速发展,安徽省旅游业产业结构低级、效率低下、波动性大、环境超载等粗放型发展问题日益突出,并呈现出明显的空间不均衡的发展特点,亟须通过深入研究以制定合理的应对策略。具体而言:

首先,安徽省旅游产业结构相对单一。目前,安徽省旅游业主要以传统的自然景区和历史文化景点为主,缺乏高附加值的旅游产品和服务,尤其是在旅游创意、主题旅游等新兴领域的开发上相对滞后,无法满足游客的多样化需求。其次,安徽省旅游产业效率较为低下。目前,安徽省诸多旅游开发项目缺乏策划和规划,导致资源浪费,并且由于旅游企业管理水平不高,市场运作机制不完善,进一步导致资源配置不合理和效率低下;此外,旅游业服务质量普遍较低,缺乏标准化和个性化的服务体验,影响游客满意度和忠诚度。再次,安徽省旅游业发展波动性大。这主要是由季节性和地域性导致的,即安徽省游客流量在春季和秋季较为集中,且因为旅游产品同质化严重,各地景区之间的竞争也较为激烈,导致旅游市场需求波动较大。最后,安徽省旅游业环境超载问题逐渐突出。部分景区在特定时间的环境容量已经达到饱和甚至超载状态,给自然生态和人文环境带来了严重压力,又因缺乏有效的环境保护措施和监管机制加剧了这一问题。总之,长期以来,安徽省在旅游发展中过于注重数量扩张,忽视了发展的质量,造成旅游经济增长动力减弱,旅游经济可持续增长面临着较大挑战。

2017年,党的十九大报告中明确指出"我国经济已由高速增长阶段转向高质量发展阶段",而发展旅游业是推动区域经济高质量发展的重要着力点。2018年,安徽省旅游工作会议的主题为"再接再厉、开拓奋进,迈向优质旅游发展新时代"。2019年,在文化和旅游融合的元年,安徽省更加全面推进文化和旅游产业高质量发展,这均为本书提供了现实背景支持。经济高质量发展阶段为安徽省旅游业的高质量发展提供了政策支持、基础设施建设、旅游市场开放、创新科技支持以及人才培养与培训等多方面的便利。例如,制定了包括减税降费政策、金融支持政策、旅游服务质量保证金扶持政策等在内的一系列支持旅游业发展的政策,为安徽省旅游业高质量发展提供有力支持;经济高质量发展阶段注重加强公路、铁路、机场、港口等交通基础设施和水、电、通信等公共设施建设,为安徽省旅游业高质量发展提供了良好的便利条件;经济高质量发展阶段注重开放合作,对入境游客的签证政策、旅游购物退税政策等的改革为安徽省旅游业高质量发展提供了市场开拓的机遇;经济高质量发展阶段注重科技创新,加速了智慧旅游的发展,为安徽省旅游业高质量发展提供了科技支持;经济高质量发展阶段重视人才培养,提升了旅游从业人员的专业知识和实践技能,为安徽省旅游业高质量发展提供了人才支持。同时,经济高质量发展阶段对安徽省旅游业发展在提升旅游产品质量、提高旅游产业创新能力、加强旅游目的地品牌建设、注重旅游业可持续发展等方面提出了要求。

然而,目前安徽省区域旅游经济高质量增长仍处于初级阶段,且各级政府对其深刻内涵和发展路径的认识还十分有限。因此,如何加快推进旅游经济增长动力的转换,优化并升级旅游产业结构,提高旅游经济增长效率,增强旅游经济增长稳定性,扩大旅游经济增长影响力,加强旅游经济增长的可持续性,对促进安徽省区域旅游经济高质量增长尤为重要。

## 1.2 研究综述

旅游经济增长数量与旅游经济增长质量是同一个问题的两个方面,二者共同构成了旅游经济增长的全部内容,国内外学者对此进行了相关研究。

### 1.2.1 旅游经济增长方面

相较于国内而言,国外旅游业发展较早,且相对完善,因而对旅游经济增长的研究相对充实,研究视野也较为广泛,聚焦于经济学、管理学、社会学等人文科学视角下进行的定性和定量分析。而国内对旅游经济增长的研究通常是将某个行政区域作为研究对象。

#### 1.2.1.1 国外旅游经济增长

本书从旅游经济增长的竞争力、影响因素以及与经济增长的关系三个方面来归纳国外学者关于旅游经济增长的相关研究,具体如下:

### 1. 旅游经济竞争力

国外学者通常采用定量的方法对区域旅游经济竞争力水平进行研究,主要是借助某个指标或构建综合评价指标体系来测度不同研究区域的旅游经济竞争力强弱。如 Dwyer 等人[1]选择 19 个旅游目的地作为研究对象,借助价格竞争力水平相对大小评估了价格竞争力的强弱,继而对各旅游目的地予以测评。Gooroochurn 等人[2]对社会经济发展、旅游资源、价格标准、技术水平、对外开放程度、人力资源条件等因素进行归纳,构建了区域旅游竞争力评价指标体系,并将其作为评判区域旅游的依据。他们的实证研究结果显示,区域旅游经济竞争力会随着时间迁移而发生显著变化,且不同区域间也存在明显差异。Ksenija[3]经过研究发现,偏远地区的旅游竞争力远远弱于内陆地区,且偏远地区旅游资源利用率偏低是出现上述情况的原因之一,并据此提出了提升偏远地区旅游竞争力的相关建议。

### 2. 旅游经济增长的影响因素

国外学者率先采用以市场竞争为动力的发展模式开展相关研究,部分研究从游客需求角度探讨了旅游经济增长的影响因素。例如 Teas[4]探讨了旅游景区等旅游企业服务质量对游客满意度的影响效果,及其与游客行为意愿的关系,研究揭示了上述因素在游客心理和行为反应上的预测作用;Qu 等人[5]基于对服务质量与客户满意度之间关系的科学评估,对消费者购买意向演变趋势进行说明和诊断;Mc Kercher[6]对游客外出旅游目的地的选择进行了分析,其以 11 个区域的旅游市场作为分析对象,对旅游者在不同旅游目的地的人数分布进行了统计,提炼出交通便利程度和出行距离是影响旅游者景区选择的主要因素;Maddison[7]和 Gössling 等人[8]研究了地域气候与旅游经济增长之间的内在关系,结果验证了气候是特定地点旅游业成功的关键决定因素,这是因为气候差异性是导致旅游目的地对游客产生吸引力的一个重要因素;Massidda 等人[9]将意大利作为研究案例,评估了游客流向的时空演变趋势,分析结果表明不同区域旅游者对出游的需求和选择存在差异,其中,北部区域旅游者更关注旅游的文化属性,南部区域旅游者则将旅游的经济属性作为关注要点;Patuelli 等人[10]通过对意大利世界遗产禀赋与国内旅游业之间关系进行研究后发现,1998—2009 年拥有世界遗产资源的地区对游客的吸引力更强。

国外学者关于区域旅游经济增长影响因素的研究,从多角度进行了指标选取,主要涉及区域经济发展水平、区域旅游资源禀赋、区域历史与人文条件等方面。例如,Francois[11]在分析区域旅游经济现状的基础上,指出比较成本、资源禀赋、旅游者需求偏好是导致国际旅游业差异的根本原因;Muzaffer等人[12]选取了美国48个不同旅游景点所在地的相关因素进行研究,得出对旅游经济差异的影响程度较大的因素是文化影响力和历史地位;Uyar A等人的[13]研究发现,旅游竞争力指数与游客人数呈正相关,但与旅游收入以及游客人数和旅游收入的变化无关;Jackson[14]将地区旅游资源分布不平衡作为分析前因,探讨其对沿海、内陆旅游经济发展不平衡的作用效果,证实了旅游资源禀赋对内陆地区旅游经济建设的促进效果;Neelu[15]利用澳大利亚45个旅游目的地1980—2010年旅游业相关空间面板数据,构建动态研究模型,研究了资源可替代性、消费支出、旅游目的地消费水平等因素对旅游经济发展水平的影响;Puhakka[16]将芬兰东北部Oulanka国家公园作为案例,开展了社会文化的可持续性对旅游经济增长影响的针对性测度。

### 3. 与经济增长的关系

国外关于旅游发展与经济增长的关系主要存在以下三种假说:第一种是旅游发展拉动经济增长假说(tourism-led economic growth hypothesis,TLGH),第二种是经济增长驱动旅游发展假说(economic-driven tourism growthhypothesis,EDGH),第三种是旅游与经济互惠增长假说(reciprocal causal growthhypothesis,RCGH)[17],其中,第一种假说(TLGH)仍居主流地位。

国外学者认为"旅游对经济增长的作用"主要受经济体特征的影响,具体体现在以下几个方面[18]:

① 经济体规模与经济发展程度。国外学者多认为较小经济体规模的旅游发展对经济增长的促进作用较大,如Brau等人[19]利用143个国家1980—2003年的数据,实证研究发现旅游发展显著正向影响其中29个小国的经济增长,而对其他国家的影响却是显著负向。同时,国外学者多认为相较于高收入国家或地区,旅游发展对中低收入国家经济增长的影响更大,如Eugenio等人[20]基于1985—1998年的数据将21个拉美国家的人均国内生产总值(Gross Domestic Product,GDP)分为高、中、低三类水平,实证检验得出,旅游发展仅显著推动中低收入国家的经济增长,而显著抑制高收入国家的经济增长。

② 旅游专门化程度。如Po等人[21]基于88个国家1995—2005年的数据,

以入境旅游专门化程度 $q_i$ 为门限指标进行面板门槛回归模型分析后发现,若 $q_i < 4.40488\%$,人均旅游收入每增加 1%,则经济增长 0.1154%;若 $q_i > 4.7337\%$,人均旅游收入每增加 1%,则经济增长 0.1243%;若 $4.40488\% \leqslant q_i \leqslant 4.7337\%$,则说明旅游发展不能显著拉动经济增长。然而,旅游专门化在拉动经济长期增长上是有争议的,如 Adamou 等人[22]指出旅游专门化能够促进经济增长,但此促进作用会逐步减弱,即靠旅游专门化拉动经济增长的作用会变得微乎其微,甚至会阻碍经济进一步增长。

③ 周期性及不确定性因素。如 Eeckels 等人[23]基于希腊 1976—2004 年的经济增长(GDP)和入境旅游收入的数据,分析二者的周期变化及其相互作用,得出 GDP、入境旅游收入的波动周期分别为 9.3 年和 7 年,且在短期内入境旅游收入能积极拉动经济增长。国外学者关于旅游对经济增长作用的研究方法包括投入产出分析法[24]、社会核算矩阵法[25]、可计算的一般均衡法、旅游卫星账户法、计量经济模型[26]等。

### 1.2.1.2　国内旅游经济增长研究综述

本书从旅游经济增长的时空分异特征、影响因素以及与经济增长的关系三方面来归纳国内学者关于旅游经济增长的相关研究,具体如下:

**1. 时空分异特征分析**

由于各区域在区位条件、旅游资源禀赋、经济水平、社会文化与发展政策等方面存在的客观差异性,旅游经济增长必然存在时间和空间上的差异。如陆林等人[27]从经济地理学角度分析了中国省际旅游经济差异变化的总体水平及变化的空间结构特征,揭示了区域旅游经济水平与旅游产业地位的分异规律;曾军等人[28]采用标准差和变异系数为评价指标,从发展速度和发展水平两个方面分析了我国入境旅游经济发展状况的区域差异;唐晓云等人[29]基于生产要素视角,采用变异系数、基尼系数、DEA 相对效率等量度法对我国的旅游业发展差异进行了研究;刘佳等人[30]采用标准差、变异系数、趋势分析、探索性空间数据分析等方法研究了中国省域旅游经济发展的时空分异特征;沈惊宏等人[31]从整体到局部基于标准差、变异系数、基尼系数、贡献度等数理特性以及区域空间中心格局、极化格局、地带格局和市域发散与收敛格局对安徽省国内旅游经济增长的区域差异演变特点进行了分析;方叶林等人[32]利用马尔科夫链和重心分析法分析了中国入境旅游的时空演化特征。由此可知,国内区域旅游经济增长时空分异的研究多数是针对省级或市级行政单元数据,其中,总体变化态势主要基于区域的绝对差异和相对差异两方面,区域差异时空格局分析则主要是利用基尼系数、泰尔指数、重心分析、探索性空间数据分析等方法。

**2. 影响因素分析**

首先,部分学者研究了综合因素对旅游经济增长的影响。如唐晓云[33]通过索洛方程回归得出,资本投入是我国旅游经济增长的主要源泉,且我国旅游经济的增长对资本的依赖程度不断加深,然而资本投入效率却在下降;通过对我国东、中、西部三大经济带的比较可知,东部地区的生产要素投入效率高于中、西部地区,且区域旅游产业化水平越高,其生产要素投入效率就越高。左冰[34]通过实证分析得出,中国旅游经济增长主要通过要素投入尤其是资本投入来获得的,并非依靠技术进步的追求,其增长属于典型的要素驱动型。具体而言,一是环境质量、价格水平和技术进步显著正向影响旅游经济增长;二是在政府主导型发展模式下,各区域制度质量并不影响其旅游发展绩效;三是需结合具体情境来分析可进入性对旅游发展的作用。赵金金[35]综合经济增长理论和旅游经济自身特性,运用空间杜宾面板模型进行实证研究,结果表明,我国区域旅游经济增长是典型的生产要素、内生技术、制度质量驱动型,旅游资源禀赋的正向空间溢出效应显著,旅游从业人员数、地区环境氛围的"截流效应"显著,旅游从业人员数、地区环境氛围、旅游企业固定资产的负向扩散效应远大于其直接效应,旅游专利数、地区价格水平的作用均不显著。崔丹等人[36]在构建京津冀地区旅游经济增长多因素分析模型的基础上,利用面板多元回归模型和空间计量模型深入剖析了其影响因素,结果表明,核心枢纽城市、旅游区域中心城市和节点城市的旅游经济增长影响因素是有差异的,其中,影响核心枢纽城市和旅游区域中心城市旅游经济增长的主要因素是星级饭店数量、旅游大事件和 $PM_{2.5}$ 浓度,而对旅游节点城市旅游经济增长影响较大的因素则是城市道路面积、到北京/天津高速公路距离、旅游发展政策、旅游大事件、年末实有出租车数量、$PM_{2.5}$ 浓度等。邓爱民等人[37]经因子分析和回归分析法对中国旅游经济影响因素进行了实证研究,结果显示,国内生产总值、社会固定资产投资、城镇居民可支配收入等投资和消费因子更加显著地促进旅游经济增长。赵鑫[38]基于系统动力学方法研究了中国旅游经济增长的影响因素和内部机制,研究证明资源、收入和社会三个子系统的政策有利于中国旅游经济增长。

其次,另有学者研究了单一因素对旅游经济增长的影响,具体包括以下因素:

① 旅游资源。例如,杨天英等人[39]基于中国省际面板数据研究了不同旅游资源对区域旅游经济增长的影响,指出各类旅游资源均显著促进旅游经济发展,其中,旅游自然资源影响最大,其次是旅游服务资源,最后是旅游文化资源。这表明,当前我国旅游业发展仍主要依赖旅游自然资源,亟须转型升级。常建霞等人[40]研究了秦巴山区旅游资源分布与旅游经济耦合协调状况,发现秦巴山区旅游经济与资源分布呈现显著的空间相关性,并以二者高度和中度耦合为主;然而二者并未完全在空间上达到良性共振,仍存在旅游资源滞后型和旅游经济滞后型地区。

② 交通基础设施或交通可达性。例如,张广海等人[41]在综合考虑多维要素对我国区域旅游经济发展的协同作用的基础上,分别构建了各类交通基础设施对区域旅游经发展影响的空间计量模型,结果表明,全域范围内,铁路设施对我国区域旅游经济发展的作用不显著,二级公路、民航航线、一级公路、高速公路、内河航道设施均对我国区域旅游经济发展产生影响,作用系数分别为0.7010、0.4992、0.4532、0.0695、0.0212。赵金金[42]在测度山东省17个城市交通可达性、旅游经济水平的基础上,研究了交通可达性与旅游经济水平二者的相关关系,其中,济南、青岛、泰安、淄博的旅游交通指数较高,济宁、东营的旅游交通指数最低。结果表明,山东省交通可达性有利于旅游经济发展水平的提高,但并不完全是其决定性因素。

③ 产业结构。程敏等人[43]基于湖南省1995—2014年时间序列数据,证实了湖南省产业结构高级化与旅游经济增长之间存在长期均衡关系,为双向格兰杰因果作用。祝晔等人[44]利用格兰杰因果检验及脉冲响应函数、重心轨迹分析、空间自相关分析等方法,实证研究了中国大陆1998—2018年产业结构高级化对旅游经济增长的影响。结果发现,从长远来看,区域产业结构高级化与旅游经济之间存在唯一的动态协整关系,产业结构高级化对旅游经济增长具有单向的格兰杰因果关系,且动态影响基本呈倒"V"形;二者重心趋向集聚,即空间耦合关系在增强;双变量空间自相关分析表明,总体上区域产业结构高级化正向影响旅游经济,且呈微弱的上升趋势;产业结构高级化对旅游经济的局部影

响呈现出显著的空间分异,即以江苏为中心的东南沿海地区基本处于较良性的协同发展状态,以新疆为中心的西北地区则为低水平均衡状态。

④ 城镇化。例如,余凤龙等人[45]在理论分析的基础上,利用时序和面板数据,实证研究了城镇化对旅游经济增长的影响。结果表明,就全国而言,1993—2011 年,中国城镇化与旅游经济增长之间存在稳定的协整关系,旅游经济增长是城镇化的格兰杰原因,但城镇化并不显著地直接推动旅游经济增长;从区域层面而言,2000—2011 年,城镇化通过作用于劳动力积累、物质资本、产业结构升级和市场化进程,间接地正向影响旅游经济增长;各省年均城镇化与旅游经济增长之间的拟合效果较好,地区城镇化水平越高,其旅游经济越发达。王新越等人[46]理论分析了城镇化对旅游经济发展的影响,并运用计量模型实证研究了长江流域 11 省(市)2000—2017 年城镇化对旅游经济发展的影响,结果表明,长江流域城镇化是旅游经济发展的单向格兰杰因果作用关系,城镇化通过作用于人力资本、物质资本、交通密度、产业结构、政府调控等五个因素而间接影响旅游经济增长,长江流域上、中、下游区域的城镇化对旅游经济增长的作用具有差异性。

⑤ 政府政策。例如,陈俊安[47]运用制度经济学的思想,研究了三个阶段的中越旅游相关政策对双边旅游经济的影响,分别是以边贸促进边境旅游的中越单边政策促进阶段(1991—1993 年),以中越旅游双边合作为核心的政策接轨、互动阶段(1994—1999 年),全面开放、多边合作的全球市场背景下的中越旅游合作阶段(2000 年以后)。谢霞等人[48]基于 2000—2019 年中国 11 个省的面板数据,利用合成控制法实证评估对口援疆政策对新疆旅游经济增长的效应,并深入分析了区域异质性及内在作用机理。结果表明,对口援疆政策通过提高旅游市场活力、优化旅游就业结构和增强旅游人才队伍建设等方式正向促进新疆旅游经济增长,且该促进效应在 2015 年对口援疆更加聚焦旅游工作后更为显著;此外,对口援疆政策对北疆旅游经济增长的影响大于南疆。

3. 与经济增长的关系

国内学者的研究主要集中在以下几个方面:

① 旅游业对经济增长的贡献及其在国民经济中产业地位的判断。例如,王雷震等人[49]应用投入产出分析,按照系统工程的思路和大旅游的观念,构建了区域旅游对经济发展贡献度的定量测算模型。魏卫等人[50]认为仅凭主观认识

或以不科学的评价指标来衡量旅游产业经济贡献容易导致旅游产业定位决策失误,从而提出了以产业增加值占GDP比重、就业容量、需求收入弹性、行业关联度四大因子来构建旅游产业经济贡献评价指标体系,并以湖北省为例,进行了实证研究,得出目前湖北省旅游产业尚未达到支柱产业的标准,可把其作为"准支柱产业"来培育。曾国军等人[51]利用旅游增加值剥离测算法估算了2000—2008年我国31省(自治区、直辖市)的旅游产业增加值及其对国民经济的贡献率,以分析旅游业在国民经济中的地位。研究发现,我国大部分地区旅游业对GDP贡献率为3%～8%。

②旅游与经济增长的关系。最初,部分学者利用相关系数、弹性系数、灰色关联度等指标研究二者之间的关系,如吴国新[52]通过构建旅游总收入与国内生产总值的相关系数来研究二者之间的关系,指出旅游业发展对我国经济增长具有较大的促进作用;杨智勇[53]利用双对数模型从弹性角度实证分析了我国国内、入境、出境旅游与经济增长之间的互动关系。后续,学者多利用基于VAR模型和误差修正模型的协整检验、Granger因果检验、脉冲响应函数和方差分解或面板门槛模型计量经济方法。例如,赵磊等人[54]经过国内旅游消费与经济增长之间的VAR计量模型实证分析得出,二者之间存在长期内均衡关系,在短期内经济增长对国内旅游消费的推动作用大于国内旅游消费对经济增长的拉动作用,而在长期内则相反;衣传华[55]基于中国31个省(自治区、直辖市)2000—2015年的面板数据,利用以经济发展水平为门槛变量的面板门槛模型,实证分析了旅游发展对经济增长的影响。结果表明,我国旅游发展对经济增长的作用表现为"锦上添花",即经济发达地区旅游发展对经济增长的贡献更大。

现阶段,有学者用空间计量模型来定量测度旅游对经济增长的作用,如赵磊等人[56]基于中国30个省份1999—2009年的面板数据,采用空间面板数据模型实证检验了旅游发展与经济增长之间的关系,结果表明,旅游发展显著正向促进经济增长,传统面板回归模型由于未能考虑空间相关性,因此高估了二者之间的作用程度,且旅游发展对经济增长具有显著的、稳健的空间溢出效应;刘佳等人[57]设置地理空间权重矩阵和经济空间权重矩阵,运用空间面板数据模型对我国沿海城市旅游业发展与经济增长的作用关系进行研究,结果表明,2002—2010年我国沿海53个城市的旅游发展对经济增长具有显著的推动作用,旅游发展不仅推动了当地旅游经济的增长,还通过地理位置和经济联系等空间传导机制对近距离沿海城市的旅游经济产生正向的溢出效应,且通过地理位置对邻近沿海城市的辐射与带动作用更为明显,同时国内旅游对沿海城市经济增长的作用效果大于入境旅游。

### 1.2.2 旅游经济增长质量

国内外对旅游经济增长质量的研究是在对其数量研究达到一定程度时才开始的,且大多数研究仅涉及旅游经济增长质量的某些方面,主要包括旅游经济结构水平、旅游经济增长效率、旅游经济增长稳定性、旅游经济增长影响力、旅游经济增长可持续性等,而关于旅游经济增长质量的系统性研究仍较为匮乏。

#### 1.2.2.1 旅游经济结构水平

在市场经济发达的国家,其旅游产业结构的调整更多地受市场机制影响,且其旅游业发展更多地重视公众的意见,因而,针对旅游产业结构方面的专门研究较少。国外学者在旅游业刚刚大力发展时,对旅游产业的部门结构进行了诸多探讨。如 Lapierre 等人[58]在对加拿大旅游卫星账户(TSA)资料分析的基础上,从旅游者消费的角度,将旅游业概括为四个产业,即食品和饮料业、住宿业、交通业以及主要包括旅行社、旅游、娱乐等的其他旅游商品业;Chris Cooper 等人[59]根据英国境内旅游者消费数据,把旅游产业部门结构划分为六大部门,分别是外购饮食、住宿、购物、旅游、娱乐及其他服务等;Dimitri Loannides 等人[60]认为旅游是一项综合产业,并在北美行业分类系统(NAICS)中将旅游业分为交通及货栈业、住宿和商品服务业、管理和维护及垃圾管理和医疗服务业、艺术娱乐和休闲业、房地产和出租及租赁业;Frechtling[61]拓宽了旅游经济结构的范畴,并对原有的各项维度进行更为清晰地划分,例如,将旅游交通运输服务细分为铁路客运业、航空客运业、汽车租赁业和游艇服务业,其余还包含传统的旅行社、餐饮服务业、酒店以及其他商业住宿服务业与度假屋服务业共9类项目。此外,Peter Burns[62]研究了俄罗斯旅游业的结构概况;Carey Goh 等人[63]基于模糊评估理论对旅游需求进行了分析等,他们均从产业结构角度对旅游产业发展进行了研究;Chris[64]则以旅游产业及经济运行的特征为依据,将旅游经济结构划分成管理机构、旅游中介部门、旅游交通运输服务和住宿等4大类；Andersson等人[65]从旅游经济结构的内在联系角度出发，强调了受旅游产品制造取向与旅游产业所有制的影响，旅游产业在人员组成、收入结构、成本组成等方面都会呈现显著差异。

由此可知，国外关于旅游产业结构的部门划分仅有少量研究成果，而且由于研究者看待问题的角度有差别，关于区域旅游业发展阶段的划分标准不同以及对其划分的细分程度不同，不同的研究者对于旅游产业部门结构的划分有着不同的理解。但是，国外学者对旅游产业部门结构的分类中，几乎都包含了旅游餐饮、旅游住宿、旅游交通、游览、旅游购物、娱乐等6个部门，即从旅游者的消费角度，将旅游产业划分为6大部门的观点基本上得到了学术界的认可[66]。

相较于国外聚焦于旅游经济结构划分的研究，我国受政府主导作用发展起来的旅游业存在较多的政府规划痕迹，因而近年来，国内学者的研究聚焦要素内在联系、评价体系、优化升级策略等方面。主要有以下3个方面：

（1）要素内在联系。例如，王大悟等人[67]在研究中指出，旅游经济结构是一个涵盖产业组织结构、产业所有制结构、产品结构和市场结构等多种结构形式的、泛意识的结构类型；李仲广[68]认为，只有与旅游产品（服务）提供直接相关的行业才能被纳入旅游行业范畴，诸如旅游景点、娱乐、住宿、商品零售、旅行社等，在旅游经济结构的研究中，这些内部行业的比例关系是研究重点所在。

（2）评价体系。例如，师萍[69]给出了对旅游产业结构进行评价的模型和思路，重点提出了反映旅游产业协调发展、旅游产业经济效益和旅游产业内部结构的评价指标；吴承照[70]提出了旅游产业健康度指数的概念，并从内部生产力指数、外部竞争力指数、整合力指数3个方面构建了其评价指标体系，后续选择上海旅游产业作为研究对象，并以此进行了经验验证；麻学锋[71]关注了结构合理化在旅游经济结构评判中的重要价值，并以张家界旅游经济发展情况为研究对象进行实证分析，综合需求、供给、社会环境以及生产力发展等因素的影响，构建了张家界旅游经济结构评价体系，并将其作为实证检验的重要依据；刘佳等人[72]选择沿海11个省份作为分析对象，从旅游经济发展的合理化、集中性、产业结构变动率等5个方面构建旅游经济结构水平评价体系，将其设置为被解释变量，继而对沿海地区旅游经济结构的影响因素进行经验分析；张广海等人[73]从经济结构高级化、合理化与产业效益3个维度建立了山东半岛的旅游产业结构评价体系,在此基础上,实证分析山东半岛旅游产业结构对经济增长的影响。在测度旅游产业结构时,国内学者使用的方法有区位熵[74]、产业集中度[75]、结构多样化指数[76]、偏离-份额分析法[77]、投入-产出分析法[78]、灰色关联分析法[79]等。

(3)优化升级策略。例如,袁书琪等人[80]在评析海峡西岸旅游产业结构布局现状的基础上,提出了相应的调整对策,如集中力量抓准重点、延长产业链设计精品、构建多级布局体系等;戴斌等人[81]指出,优化旅游经济结构的关键在于旅游消费理念的引导、市场需求的拓展、旅游企业跨区域发展等方面;麻学锋[82]提出,旅游产业结构升级的动力主要有旅游消费者、生产者和混合驱动3种,不同的驱动力导致旅游价值链不同的升级轨迹,遵循着不同的升级轨迹旅游产业结构进行系统自适应的调整,这在一定程度上弥补了旅游产业结构理论研究中对于旅游产业结构升级动力机制等的空缺,为未来相关研究提供了有益借鉴。还有一些学者从技术创新、创意旅游、旅游品牌等新角度来研究旅游产业结构的优化策略。例如,杨琴等人[83]根据技术创新与产业结构的互动机理,构建了湖南省旅游产业结构升级的技术创新模型,并进一步探讨其升级、优化的对策;陈淑兰[84]从创意旅游角度,提出河南省旅游产业结构优化升级的建议;谢新丽等人[85]认为旅游品牌对区域旅游产业结构优化调整具有重要促进作用,并以宁德市为例,提出了该市基于旅游品牌塑造的旅游产业结构优化的具体措施。

### 1.2.2.2 旅游经济增长效率

旅游产业中资金投入回报及其产出效率是否理想是一个极其重要的经济学问题,而如何提高旅游行业的经济增长效率是维持这一产业高效运转的关键[86]。就概念而言,从狭义上看,旅游经济增长效率是指旅游活动中所涉及的餐饮、住宿、交通、游览、购物等要素环节中的某个或多个环节的决策单元投入与产出的比例关系;从广义上看,旅游经济增长效率则是评估旅游发展过程中各种资源得到合理化利用程度的经济指标[87],其中,旅游经济增长效率越高,旅游资源的配置状态越优;旅游经济增长效率越低,旅游资源的配置越差。关于旅游经济增长效率的研究内容可归纳为对旅游饭店、旅行社、旅游景点、旅游交通等旅游产业部门效率的分析,具体有以下4种:

(1)对旅游饭店效率的研究。例如,Anderson等人[88]将48家酒店业作为分析对象,通过测度其经营管理效率发现,利用SFA模型可测度该行业的经济增长效率;张大鹏等人[89]对比了酒店类上市公司和综合类企业的经济增长效率,研究结果发现,酒店类旅游上市公司的旅游经济增长效率远低于综合类旅游上市公司;谭建伟等人[90]则证实了酒店企业的投入冗余现象受制于投资回报周期与季节性的影响这一规律特征。

(2)对旅行社效率的研究。例如,邓祖涛等人[91]对比了旅行社、旅游景点和酒店的经济效率及其影响因素;张韵君等人[92]则结合面板数据,从纵向角度对旅行社投入产出指标进行了测算,包括旅游产业效率、规模报酬等,并分析了旅游产业效率变化趋势、演进模式、变化原因及改进策略。

(3)对旅游景点效率的研究。例如,董红梅等人[93]对我国6大区域14个景区中所包含的84个景区类型进行了经济效率的测度,结果表明,华东地区与西南地区旅游景点的经济效率表现较优,中南地区与华北地区次之,西北地区与东北地区较为落后;朱梦悦等人[94]则通过构建景区交通标识视认效率指标体系,对南京钟山风景名胜区进行了综合测评。

(4)对旅游交通效率的研究。例如,胡莉娜等人[95]以长江中游城市群中28个地级以上城市为例,结合双重差分模型实证检验了高速铁路网络建设对沿线城市旅游效率的影响,结果显示,高速铁路网络建设对提高沿线城市旅游效率的影响作用随时间变化呈逐步增强趋势;郭向阳等人[96]将云南省旅游交通效率作为研究对象,在构建交通服务功能模型和旅游效率评价指标基础上,基于面板数据探究了该区域交通服务功能与旅游效率的空间关联特征,详细解析了旅游交通效率影响的空间效应及机理。

从研究视角看,国外学者更倾向于微观企业层面,主要集中于旅行社、旅游饭店、旅游景点等企业运营效率的探索;国内学者则倾向于宏观区域层面,研究主要涉及省域[97]、旅游景点[98]、经济带[99]、城市群(包含沿海城市[100]、中部城市群[101]、黄河中下游城市群[102])等旅游产业效率的测度。从研究趋势看,旅游经济增长效率的研究逐渐聚焦实时热点,诸如对乡村旅游[103]、旅游扶贫[104]、旅游跨界融合[105]等的探讨,研究成果也趋于多样化。

### 1.2.2.3 旅游经济增长稳定性研究综述

旅游经济增长稳定性是衡量旅游产业发展质量的关键因素,这里的稳定性是相对的概念,具有一定的经济弹性,即合理的波动范围和演变都是被允许的,因为适当的波动性可以激发旅游市场的潜能。在已有研究中,关于旅游经济增长稳定性的直接研究相对较少,多是从"脆弱性"和"韧性"等侧面视角来衡量旅游经济增长稳定性这一特质,据此提出优化建议以促进旅游经济的稳定性增长,继而维持合理的旅游经济增长率和旅游经济增长波动率。

对旅游经济增长稳定性的关注起始于1974年,当时全球旅游产业的发展正受到内能源危机的强烈冲击,学者们逐渐意识到旅游产业的发展并非一帆风顺,敏感性高且易受制于社会环境因素的制约而呈现脆弱性特质,而此时对于旅游经济增长稳定性的研究聚焦于"脆弱性"这一话题。回顾国内外研究文献,对旅游经济增长脆弱性概念和内涵的解读有以下3种:第一,是暴露于不利环境影响或旅游经济遭受损害的可能性;第二,是遭受不利环境影响而旅游经济遭受损失的程度;第三,是包含适应性、敏感性和恢复力于一体的概念集合。

从上述概念内涵来看,这种"脆弱性"的特征等同于潜在的旅游经济损失和风险,并强调了旅游经济系统的暴露性、敏感性、应对力和恢复力[106]。从形式上看,旅游经济增长的脆弱性分为结构累积式脆弱和环境胁迫式脆弱两种。其中,结构累积式脆弱源于旅游经济系统内部的要素结构及其运动规律,归结为系统性内生原因;环境胁迫式脆弱则是来自外部环境的非系统性原因,如地震、公共卫生事件、金融危机、社会动乱等,具有偶然性和突发性的特点。

国外学者Faulkner[107]、Frisby[108]等从危机管理视角对旅游经济系统脆弱性进行了研究,并了分析旅游经济的恢复能力。此外,关于旅游经济系统脆弱性的测度,国际上的评判依据多为危机的影响程度。Meng利用投入-产出表和可计算的一般均衡模型测度了金融危机对新加坡旅游经济的影响该,结果显示,若住宿等核心旅游业受到严重影响,其他旅游业也受到显著影响[109];Vayá等人结合投入-产出分析法,评估了新冠疫情对西班牙旅游业的营业额、就业岗位,以及对国内生产总值贡献方面的影响[110]。部分国外学者研究了气候变化导致的旅游脆弱性,例如,Scott等人[111]研究了美国东北部冬季休闲旅游行业的气候变化脆弱性,结果表明,气候变化显著影响冬季休闲旅游业,并且会对大量投资于冬季旅游业的企业和社区经济产生较大影响;Perch-Nielsen[112]从国家层面分析了海滨旅游业对气候变化的脆弱性;Csete等人[113]对匈牙利不同地区、不同类型旅游地的气候变化脆弱性进行研究,并测绘出脆弱性分布图。

国内学者对于旅游经济系统脆弱性的研究尚未形成体系,主要是集中于概念和评价两大方面。其中,在概念方面,有以下研究:孙春华[114]提出了旅游行业脆弱性的定义,并分析了其产生的内在根源;李锋[115]界定了旅游经济脆弱性的概念,并对其形成机理与分析框架进行阐述。在评价方面,王兆峰等[116]从旅游产业资源禀存状况、产业结构与客源结构、旅游产业市场结构、旅游集群发展水平、旅游危机处理能力、自然子系统、经济子系统、社会子系统等8个方面构建了旅游产业脆弱性评价指标体系;李军等人[117]运用事件研究方法,并以张家界为研究案例进行实证后发现,与工业相比,旅游业具有一定程度的脆弱性,但与农业相比,旅游业则没有显著的脆弱性,而是有更多的产业相似性;李锋等人[118]基于"环境—结构"集成视角从外部旅游环境脆弱和内部旅游结构脆弱两个方面综合测度了我国31个省(自治区、直辖市)的旅游产业脆弱性;张秋瑾[119]基于内部旅游经济系统和外部区域复合系统两个方面,从敏感性和应对性两个角度构建了旅游经济系统脆弱性的评价指标体系,并运用集对分析法、熵值法、空间自相关分析方法等评价与分析了西部地区的脆弱性;贾菲等人[120]从暴露—敏感性和应对能力两个方面构建评价指标体系,并通过脆弱性模型和障碍度模型对2001—2015年宁夏区域旅游经济系统脆弱性的演变特征及主要影响因素进行了研究;马慧强等人[121]从旅游经济系统敏感性和应对能力两个方面来构建旅游经济系统脆弱性评价指标体系,并基于BP神经网络分析了中国省际旅游经济系统的脆弱性。

通过归纳和总结旅游经济增长脆弱性的相关研究后发现,影响旅游经济脆弱性的要素处于复杂的动态变化之中,且各要素有机地组织在一起,只有摸清它们在旅游经济脆弱性形成过程中的相互作用关系,才能系统地认识旅游经济脆弱性的发展和演化过程,才能有助于明确降低旅游经济脆弱性的核心要素,继而针对性地采取应对措施。

"韧性"也是旅游经济增长稳定性的另一个衡量维度,但"韧性"的概念在已有文献中的解释依然较为抽象,虽尚未对其进行清晰界定,但也引发了社会学、危机管理、心理学等不同领域学者的高度关注[122]。关于旅游业韧性的研究成果主要来源于国外,但近两年来,国内外学者越来越关注旅游业韧性的相关研究,且研究成果总体上呈现上升趋势。学者们关于旅游业韧性的研究主题主要包括:

（1）生态环境变化下的旅游业韧性研究。例如，Calgaro 等人[123]、Forster 等人[124]、Marshall 等人[125]、Jmamliah 等人[126]分别研究了气候变化引发的海啸、飓风、重大洪水事件、降水变化等自然灾害如何让旅游目的地暴露出脆弱性。

（2）社会经济问题中的旅游业韧性研究。它包含社会问题和经济危机两个层面。其中，前者如魏敏等人[127]研究了新冠疫情下旅游经济韧性与高质量发展；后者如 Podhorodecka[128]分析了海岛国家暴露于国际金融危机下的旅游经济脆弱性。

（3）制度文化冲突下的旅游业韧性研究。例如，Liu 等人[129]通过自回归分布式滞后模型实证研究了旅游业对恐怖主义的韧性；Vereb 等人[130]指出政治冲突会影响目的地在游客心中安全稳定的形象，也会冲击旅游目的地的客源市场和经济韧性。

此外，学者们还从旅游企业、旅游目的地、旅游者视角剖析了旅游业韧性的建设路径，具体而言有：

（1）在旅游企业的研究层面上，Williams 等人[131]提出，旅游企业间可通过战略联盟的建立，继而在必要时期提供支持以帮扶各方，而强大的贸易伙伴关系能够创造一个目标或愿景，可以在危机时提供韧性，形成致力于解决问题的传统观念；Hall 等人[132]认为，技术是影响旅游经济增长韧性的核心要素之一，它代表了旅游业创造灵活性的主要力量，尤其在突发事件情景下，信息技术解决了人们日常生活中诸多问题，包括远程工作、线上教育等，并提供了新的休闲选择，如直播旅游、虚拟旅游等，因此，旅游企业应通过短期和长期目标，积极利用信息技术资源来推动电子旅游的变革；Mao 等人[133]强调了企业资金投入的稳定性、人力资源效能的有效释放、危机预测和甄别机制的有效构建等途径是提升旅游企业旅游经济增长韧性的关键，而在组织内部中，员工的信心、对企业的情感、工作投入度等情感、心理和文化因素也是微观层面构筑旅游企业韧性的重要保障。

（2）在旅游目的地的研究层面上，对于韧性构建的研究主要从应对危机事件的方式和恢复游客信心来探讨。例如，Toubes 等人[134]认为，强化与其他区域的合作和关系，是构筑全面、系统的社交网络是韧性构建的关键途径，在该过程中，利益相关者对旅游相关决策与规划的高度认同是必要元素；Okuyama[135]认为，旅游目的地借助各类型渠道恢复游客费的信心是旅游危机事件后必须采取的措施。

（3）在旅游者的研究层面上，Ryan[136]认为，在危机事件下，持续沟通是了解当前环境状况和旅游决策可能性的一种有效手段，沟通可以减少焦虑和对不确定性的恐惧，增加旅游者内心的平静和提供正确的信息，促使旅游者无压力地参加旅游活动；Komninos等人[137]指出旅游经济的韧性建设需要消费者的支持和参与，通过这些参与、协作，可以产生解决重大社会挑战的创新办法，从而促进和提高资源配置的效率。

### 1.2.2.4　旅游经济增长影响力

#### 1. 旅游业的就业效应

国外对旅游业的就业效应研究相对较早，而国内对此研究起步虽晚，但发展迅速。国外学者的相关研究主要集中在其定性研究和定量测算上，前者如Fortanier等人[138]从可持续发展的社会就业维度出发，分析了外资酒店企业对当地就业数量和质量的影响；后者如Keogh[139]、Henry[140]、Srakar等人[141]等利用旅游乘数、投入产出模型、区域间一般均衡模型、双重差分模型、随机效应模型等测算了旅游业的就业效应。国内学者的相关研究集中在统计和测算上，前者如田喜洲等人[142]编制了重庆市旅游生产和消费账户，并分析了其旅游业就业效应；后者如路光耀[143]、鄢慧丽[144]、郭为等人[145]所采用的定量测算方法与国外学者的相似，涉及综合系数法、投入产出模型、固定效应模型等。

#### 2. 旅游业的经济效应

国内外学者基于不同研究背景和案例对旅游业的经济效应进行了相关研究，所得到的结果也存在差异，主要是出现了以下三种不同的研究结论：

第一种为旅游经济增长对经济发展产生促进效应，这体现在增加外汇收入、创造就业机会、刺激消费等方面。例如，根据张丽峰等人[146]的实证分析结果可知，城镇居民旅游消费每增加1%，GDP增加0.79%，第三产业增加值增加0.85%；徐晓婧等人[147]的实证检验研究结果表明，云南省旅游业发展对经济增长的带动作用存在一定滞后性，且从长期来看，旅游业发展对经济增长的依赖程度会逐步降低，而贡献度逐步提高。

第二种为旅游经济增长对经济发展产生阻力效应，这一观点并不属于主流观念，且是受制于研究区域特殊性所得到的差异性结果，如Wattanakuljarus等人[148]通过对泰国实证检验得出,旅游经济产业高速发展易于拉大收入差距,这不利于经济和社会的发展。

第三种为旅游经济增长对经济发展的作用效果不显著,如 Kim 等人[149]在对韩国等新兴工业化国家旅游经济增长的影响效果分析后发现,这些国家的旅游与经济增长之间并不存在显著的相互作用关系。

#### 1.2.2.5 旅游经济增长可持续性

伴随着旅游经济发展的不稳定性,国外学者开始重点关注旅游经济的可持续发展。例如,Bum[150]解析了可持续发展对区域旅游发展规划带来的稳定性作用,并实证研究了可持续发展对美国县域旅游业发展的影响;Lydia[151]研究了资源禀赋、基础设施等对地区旅游业可持续发展的影响,并提出保持本地区旅游特色及吸引力的关键是因地制宜地制定可持续化发展对策;Blancas[152]通过目标规划获取相应的综合指数后,对比分析了西班牙沿海地区旅游业可持续发展情况,并提出了相应的决策;此外,Blancas[153]还构建了社会经济环境的综合评价指标体系,并利用主成分分析和两阶段聚类分析法对西班牙沿海旅游城市开展旅游业的可持续性进行了空间差异评价;Njoroge[154]通过对区域旅游业可持续发展进行研究,提出了其增强策略,以提高对气候变化适应能力。

在此,本书主要从旅游环境质量和旅游创新能力两大方面综述国内学者关于旅游经济增长可持续性的研究。具体而言,包括以下几个方面:

(1) 旅游环境质量方面的研究。学者们聚焦于目的地旅游环境质量和景区环境质量的综合评价两方面。例如,毛先如等人[155]以北京市为例,筛选自然生态环境、经济环境、基础设施环境和社会环境作为衡量指标,构建北京市旅游业环境质量评估系统,通过主要成分分析与聚类分析测算了北京市旅游环境质量的分类结果和空间分布情况;黄静波等人借助 AHP 法,以"湘广赣边境保护区"为分析区域,构建了4个层级的生态旅游环境质量评估模式,并采用了压力子系统、自然生态环境质量子系统、经济社会生态环境质量以及反应子系统4个层级作为衡量维度对旅游环境质量进行测量[156];钱益春以张家界国家森林公园为研究对象,采用实地考察与专家问卷调研的方法,应用 AHP 法和德尔菲法构建了旅游环境质量评价指标体系,包括5大方面的28个指标,并在此基础上,开展旅游环境质量综合评价[157]。由此可见,在对尤其是景区旅游环境质量进行评价的过程中,要多依据不同的景区性质和研究目的来灵活地选取评价指标要素,以构建层次性、全面性和科学性的评价体系。

(2)旅游创新能力方面的研究。例如,宋慧林[158]探讨了我国省级旅游创新与其国民经济的增长关系,分析结果发现二者间具有显著的空间集聚性,旅游创新既能带动本区域旅游经济增长,也能够对其相邻区域的经济发展有着正向溢出效应,基于该结论又提出,应在创新旅游经济增长的方法上,充分发挥创新的作用程度和作用范围;任翰[159]梳理了旅游创新过程中行动者的反应逻辑,并在解析行动者网络相关概念与框架的基础上,构建了区域旅游创新发展行动者网络,不仅丰富了旅游创新理论,还增加了对区域旅游创新发展能力的研究;周成[160]强调知识和人力资源是引导区域旅游创新的核心指标,在将我国与国外旅游创新研究进行对比后发现,国内外做法存在差异,就我国而言,区域旅游创新能力由内陆向沿海递增,管理体制的变革以及机制完善是激发旅游创新能力的关键途径。

此外,部分学者对旅游创新能力的衡量进行了研究,例如,江金波[161]将能力结构关系模型引入研究中,开展了旅游创新能力结构、能力结构耦合度及其利益分配的测度,并在深入分析综合旅游创新能力结果的基础上,探讨合作创新耦合度以及合作创新获益分配格局形成的原因;王微[162]从旅游创新投入、产出和所依托环境3个层面展开分析,结合服务创新产业的驱动力模型构建了旅游创新能力评价指标体系。

### 1.2.2.6　旅游经济增长质量系统

国内外关于旅游经济增长质量的系统研究非常少,纵观现有文献,从研究内容看,以建立评价体系为主。例如,陈秀琼等从产品质量、环境质量、要素质量、产业增长方式、产业运行质量5个方面构建了中国旅游产业发展质量评价体系[163]。例如,《2017湖南县域旅游经济增长质量报告》从旅游经济效率、旅游产业结构水平、旅游环境质量3个维度构建了旅游经济增长质量的综合评价指标体系。该旅游经济增长质量从纵、深两个方面揭示了旅游经济增长的内在本质与发展规律。

研究者们对旅游经济增长质量内涵的理解各有差异,本书在归纳总结的基础上,提出旅游经济增长质量主要包含以下内容:第一,从旅游经济增长的过程看,包含旅游经济增长的效率、旅游经济增长的结构以及旅游经济增长的稳定性;第二,从旅游经济增长的结果看,包含旅游经济增长带来的居民福利水平的变化与分配状况、生态环境的代价。

从研究方法看,对旅游经济增长质量的研究主要分为两大类:一是以层次分析法为主的主观评价法,二是以主成分分析法和熵值法为主的客观评价法[164]。例如,程燕以环太湖生态农业旅游发展为分析案例,结合农业旅游资源的分析与综合评价,集中分析环太湖生态农业旅游发展的主要优势和劣势,以及存在的问题和机会,将环太湖4市生态农业旅游圈资源综合评价为切入点,确定生态农业旅游发展的影响因素。她运用层次分析法(Analytic Hierarchy Process,AHP),建立环太湖生态农业旅游圈评价的层次分析模型,确定各层次的影响因子,对综合得分结果展开研究[165]。黄芳则从农业发展规模、农业发展保障、农业集约化水平、旅游经济、旅游保障和旅游市场等方面构建了农旅协调发展评价指标体系,运用熵值法、主成分分析法构成的组合法对指标赋权,继而从时空角度探讨农旅协调发展程度,为河南省农业旅游业协调发展提供理论支撑[166]。

总体来看,有关旅游经济增长质量的研究仍处于最初的测度与评价阶段,具体表现在:① 评价指标体系尚需进一步完善;② 研究区域仍需扩大化、细化;③ 过往关于旅游经济增长质量的研究大多忽略了不同区域之间的空间联动性,即研究程度仍有待深化。

## 1.3 研究内容

本书以安徽省区域旅游经济增长质量为研究对象,对其测度、时空演化特征、与区域旅游经济增长数量的耦合协调关系、协同提升对策4个方面进行系统性的实证研究。本书的研究思路为理论—现状—测度—建议,主要包括四个部分:第一部分,综述国内外研究进展,对旅游经济增长质量的相关概念与理论进行界定与解析;第二部分,分析安徽省区域旅游企业经济、区域旅游经济增长特征及其存在的问题等旅游经济增长状况;第三部分,对安徽省区域旅游经济增长质量及其与区域旅游经济增长数量的耦合协调度进行量化测度,并分析其

时空演化特征;第四部分,提出安徽省区域旅游经济增长质量提升的策略。具体而言,本书共包括以下7章内容:

(1) 第一章为绪论,主要阐述安徽省区域旅游经济增长质量的研究背景,梳理国内外旅游经济增长质量等方面的研究进展,找出目前相关研究存在的不足之处,剖析其研究意义;简述研究内容和方法。

(2) 第二章主要介绍相关概念与理论基础,具体包括:① 对旅游经济增长质量等基本概念进行科学界定;② 阐述系统理论、投入产出理论、区域经济协调发展理论、旅游可持续发展理论等相关理论的核心观点。

(3) 第三章分析了安徽省区域旅游经济增长现状,对安徽省区域旅游景点、星级饭店、旅行社等旅游企业的发展现状进行分析,并从时序发展和空间分异两个角度研究安徽省区域旅游经济增长时空演化特征,分析安徽省区域旅游经济增长中存在的一系列问题。

(4) 第四章研究了安徽省区域旅游经济增长质量评价指标体系构建及量化测度。依据科学性、层次性、代表性、可操作性原则,从旅游经济结构水平、旅游经济增长效率、旅游经济增长稳定性、旅游经济增长影响力、旅游经济增长可持续5个方面构建安徽省区域旅游经济增长质量的评价指标体系,并利用极差法、均方差法、加权平均法等计算安徽省区域旅游经济增长质量指数,在此基础上,分析其时空演化特征。

(5) 第五章研究了安徽省区域旅游经济增长质量与数量耦合协调关系。在分析区域旅游经济增长质量与数量的要素耦合机理、发展协同机理的基础上,利用耦合协调度模型定量测度安徽省区域旅游经济增长质量与数量的耦合协调度,并分析其时空演化特征。

(6) 第六章研究了安徽省区域旅游经济增长质量的提升策略。从优化并升级安徽省区域旅游经济结构、提高安徽省区域旅游经济增长效率、增强区域旅游经济增长的稳定性、扩大安徽省区域旅游经济增长影响力、促进安徽省区域旅游经济增长可持续性、加强安徽省区域旅游经济增长数量与质量的耦合协调发展、注重安徽省区域旅游经济增长质量协同发展7个方面提出安徽省区域旅游经济增长质量的提升策略。

(7) 第七章对本书的主要研究进行总结,并对不足之处进行阐释与说明,在此基础上,展望了未来研究方向。

## 1.4 研究方法与数据来源

### 1.4.1 研究方法

**1. 原始数据标准化处理**

为消除原始数据量纲的影响,本书采用极差法其进行标准化处理。本书中各项指标均为正向指标,因此其归一化公式为

$$z_{ij} = (x_{ij} - x_{j\min})/(x_{j\max} - x_{j\min}) \quad (1.1)$$

式(1.1)中,$i$ 为样本数,$j$ 为指标数,$x_{ij}$ 为各指标的原始数据,$x_{j\max}$、$x_{j\min}$ 分别为指标 $j$ 的最大值、最小值。

**2. 指标权重的确定**

本书采用均方差[167] $\sigma_j$ 的方法确定各指标权重,计算公式为

$$\sigma_j = \sqrt{\sum_{i=1}^{n}(z_{ij} - p_j)^2} \quad (1.2)$$

式(1.2)中,$p_j$ 为随机变量均值,计算公式为

$$p_j = \frac{\sum_{i=1}^{n} z_{ij}}{n} \quad (1.3)$$

据此,各指标层指标的权重为

$$w_j = \frac{\sigma_j}{\sum_{j=1}^{m} \sigma_j} \quad (1.4)$$

**3. 综合指数的测算**

本书采用加权平均法测算区域旅游经济增长质量或数量指数,公式为

$$H_i = \sum_{j=1}^{5} w_j \cdot \sum_{k=1}^{m} w_{jk} \cdot \sum_{l=1}^{n} w_{jkl} z_{ijkl} \quad (1.5)$$

式(1.5)中,$H_i$ 为城市 $i$ 的旅游经济增长质量或数量指数,$j$ 代表子目标层,$k$ 代表准则层,$l$ 代表指标层,$w_j$ 为子目标层各指标的权重,$w_{jk}$ 为准则层各指标

的权重，$w_{jkl}$ 为指标层各指标的权重，$z_{ijkl}$ 为各原始数据的标准化值，$m$ 为子目标层包含的准则层个数，$n$ 为准则层包含的指标层个数。

4．耦合协调模型

借鉴物理学容量耦合系数模型，本书构建了区域旅游经济增长数量与质量的耦合度与协调度模型，具体步骤如下[168]：

$$C = \sqrt{U_1 U_2/(U_1 + U_2)^2}, \quad T = \alpha U_1 + \beta U_2 \tag{1.6}$$

$$D = \sqrt{CT} \tag{1.7}$$

式(1.6)和式(1.7)中，$U_1$、$U_2$ 分别表示区域旅游经济增长数量、质量系统；$C$、$T$、$D$ 分别表示两大系统的耦合度、综合协调指数、协调度；$\alpha$、$\beta$ 分别表示两大系统的权重系数，借鉴已有研究[169]，取值均为 0.5。参考张国俊等人[170]的研究，耦合协调度可划分为 10 个等级，见表1-1。其中，每个等级下，若 $U_1 - U_2 >$ 0.1，则为质量滞后型；若 $U_2 - U_1 > 0.1$，则为数量滞后型；若 $0 \leq |U_1 - U_2| \leq 0.1$，则为相对协调型。

表1-1 区域旅游经济增长数量与质量耦合协调度的划分等级

| 协调度 | 0.00~0.09 | 0.10~0.19 | 0.20~0.29 | 0.30~0.39 | 0.40~0.49 | 0.50~0.59 | 0.60~0.69 | 0.70~0.79 | 0.80~0.89 | 0.90~1.00 |
|---|---|---|---|---|---|---|---|---|---|---|
| 协调等级 | 极度失调 | 严重失调 | 中度失调 | 轻度失调 | 濒临失调 | 勉强协调 | 初级协调 | 中级协调 | 良好协调 | 优质协调 |

## 1.4.2 研究区域与数据来源

### 1.4.2.1 研究区域

本书的研究区域是安徽省的 16 个地级市，分别是合肥市、淮北市、亳州市、宿州市、蚌埠市、阜阳市、淮南市、滁州市、六安市、马鞍山市、芜湖市、宣城市、铜陵市、池州市、安庆市、黄山市。

### 1.4.2.2 数据来源

本书的研究数据主要来自《安徽省国民经济和社会发展统计公报(2011—2020年)》与《安徽统计年鉴(2012—2021年)》。旅游专利个数来自国家知识产权局的中国专利公布公告(http://epub.sipo.gov.cn/gjcx.jsp),是通过填写公布(公告)日(如 20170101 至 20171231)、地址(如淮北市)、摘要/简要说明(旅游)来查询。

## 1.5 研究意义

### 1.5.1 理论意义

本书系统性地研究了安徽省区域旅游经济增长质量的测度、时空演化特征、与旅游经济增长数量的耦合协调关系,以及其提升策略,拓展与深化了区域旅游经济增长质量的理论空间,促进了旅游经济增长质量创新范式理论体系的建立。

### 1.5.2 实践意义

(1) 本书构建的区域旅游经济增长质量评价指标体系,有助于安徽省各级旅游行政部门为各区域准确把握当地旅游经济增长质量的发展状况,提供有效的量化工具。

(2) 本书分析了安徽省区域旅游经济增长质量指数及其与旅游经济增长数量耦合协调的时空演化特征,据此提出的提升路径和策略能为促进安徽省区域旅游经济效率的提高、产业结构的优化、发展方式的转变、增长动力的转换、成果和福利分配的提高、生态环境的保障提供科学的实证依据,进而为实现安徽省区域旅游经济高效、可持续增长提供实践支持。

# 相关概念与理论基础

## 2.1 相关概念

### 2.1.1 旅游经济的概念及特点

**1. 旅游经济的概念**

旅游经济是一种相对复杂的经济活动，在国民经济发展中发挥着越来越重要的作用，具有广义和狭义之分。广义的旅游经济是指通过旅游活动满足游客需求、促进社会发展的各种经济关系。旅游经济所涉及的各主体根据利益关系建立起的经济关系，涵盖了住宿餐饮、文化娱乐、交通运输等多个不同领域，是第三产业的重要组成部分。而狭义的旅游经济是指游客与相关旅游企业间的经济交易关系，包括游客购买旅游服务、相关旅游企业间的商业合作等。国内学者对此也提出了自己的观点。例如，张辉[171]指出，旅游经济是由旅游者的空间移动而引起的旅游客源地、旅游目的地和旅游联结体三者运动而表现出的经济现象、经济关系以及经济规律。田纪鹏[172]指出，旅游经济是将旅游市场的需求和产业供给作为基础，在一定的经济、文化、自然、政治、技术等条件作用下，旅游者在由客源始发地往返旅游目的地的整个过程中，出于满足旅游需要的目的而与各类旅游从业者发生各种交易的现象与关系的总和。苏建军等人[173]提出，旅游经济主体是旅游者、旅游供给方和旅游目的地国家或地方政府，各旅游经济主体分别充当着旅游市场供需者和管理者角色,而游客的收入水平、旅游资源质量、目的地交通便捷性,以及旅游地汇率均是旅游需求衍生的动因所在;此外,技术、资本、信息、劳动力等生产要素也是旅游商品得以发展的决定性因素。可知,在旅游活动中,旅游经济是以商品经济为前提条件,依靠现代科学技术作为发展支撑,反映游客和旅游企业之间,按照各自实际利益而发生经济交往所表现出的各种经济活动和经济关系的总和。

### 2. 旅游经济的特点

旅游经济活动是在旅游活动商品化的基础上所形成的各种经济现象和经济关系的综合,受商品经济条件下供求规律、价值规律等一系列经济规律的影响和支配。总的来看,旅游经济具有敏感性、不均衡性、综合性和需求复杂性等特征[174],具体如下:

一是旅游经济的敏感性。

旅游经济的敏感性,是指在一定条件下,旅游目的地系统内部、系统之间交互影响过程中,旅游经济所呈现的对内或对外变化的响应程度,是一个高度波动和动态变化过程的概念。国内学者崔胜辉等人[175]在借鉴已有研究成果的基础上,提出旅游经济在经济、政治、突发事件等因素的影响下会产生明显波动,继而展现出敏感性的特点。具体而言,即旅游经济系统的生态多样性及旅游产业结构的复合化使得旅游经济受制于多重因素的影响,如宏观经济的变动、政治局势的动荡,以及自然环境的变化,甚至流行疾病、恐怖事件等安全问题均会制约旅游经济活动的顺利运转,继而导致旅游经济短时间内的急剧波动;并且,大量案例证明,旅游经济急剧下滑并不会造成长期的萧条,衰退过后的迅速康复也是旅游经济敏感性的重要表现。

二是旅游经济的不均衡性。

旅游经济的不均衡性主要包含两个方面:① 从区域维度看,它是指在一个特定地区或国家的旅游业发展过程中,不同地方或区域之间在旅游资源、旅游产品和旅游收益等方面存在明显的差异和失衡现象。地理分布、经济发展水平、政策导向、旅游产品结构等多方面因素均会导致旅游经济的不均衡性,对于旅游业的可持续发展和综合效益具有重要影响。就我国而言,区域旅游经济发展不平衡现象由来已久,"东强西弱、南强北弱"是整体现状。具体而言,东部旅游目的地的接待能力明显优于中西部地区;而中西部尤其是西部地区,多拥有较好的生态资源,构成旅游发展的天然基础,但受限于交通基础设施、区域经济水平、旅游专业人才等因素,旅游发展相对粗放,市场化程度相对较弱。国内学者刘长生等人[176]研究发现,我国不同省份旅游业发展的不均衡性较大且有进一步扩大趋势,这种不均衡性主要来自于我国旅游业发展的地区之间的差距,而地区内部差距的影响相对较小且在不断下降;入境旅游与国内旅游对旅游产业发展的非均衡性影响分别呈现出递减与递增的变化规律;旅游购物、娱乐、通信、金融服务等收入对我国旅游产业发展的非均衡性影响巨大,且呈现大幅度上升趋势,传统的旅游住宿、景点门票与游览、交通收入的影响正好相反。② 从时间维度看,旅游经济具有季节性特点,即通常具有显著的淡旺季之分,这种旅游时间的分布不均衡性造成了旺季时期旅游基础设施等相关资源的过度使用,而淡季时间又呈现闲置状态。此外,由于旅游活动往往集中于节假日期间,这也加剧了旅游在时间层面的不均衡性。

三是旅游经济的综合性。

旅游经济的综合性主要体现在资源、消费、产品和功能4个方面,具体表现在如下:① 在资源综合性方面。旅游资源既有山水风光等自然资源,也有民俗宗教等文化资源,还有城市、乡村等社会资源,同时旅游经济兼具劳动密集型产业和知识密集型产业于一体,还需要大量的人力资源。因此,人类生存的环境、人类文明发展的一切成果,都可以成为旅游资源。正是旅游资源所具有的综合性,为旅游经济这个现代绿色经济体提供了丰厚的发展基础和广阔的发展前景。② 在消费综合性方面。首先,消费主体具有综合性,即旅游消费能够吸引和满足不同年龄、不同性别、不同信仰、不同民族、不同地域、不同收入、不同偏好旅游者的消费需求;其次,消费客体具有综合性,即普通实物商品消费和一般服务消费往往是单一消费,而旅游者需进行交通、游览、住宿、餐饮、购物、娱乐等综合消费才能完成一次旅游消费过程;再次,消费功能具有综合性,即旅游消费是最终消费、大众消费、健康消费、多层次消费、可持续消费,不仅能满足人们多样化的享受需求,还能满足人们多方位的发展需求,并且正是因为具有综合性特征,才使旅游消费具有高成长性,在社会总需求特别是在居民消费中占据越来越重要的地位。③ 在产品综合性方面。旅游的最终产品是由各类旅游企业共同提供的综合性服务产品;另外,从旅游产品体系看,不论是观光旅游、度假旅游,还是文化旅游、商务旅游、会展旅游、修学旅游、体育旅游、邮轮旅游等专项旅游,均由综合性服务产品构成。④ 在功能综合性方面。旅游经济既关系国计,又关乎民生,兼具经济功能、文化功能、社会功能、外交功能,具有资源消耗低、带动系数大、就业机会多、综合效益好等特点,已经成为国民经济不可替代的重要战略产业,在扩大内需、促进增长、优化结构、改善民生、弘扬文化以及对外交往中都发挥了十分重要的作用。此外,旅游产业的发展在满足人们日益增长的旅游消费需求的同时,还能够发挥开阔视野、调整身心、凝聚人心等潜移默化的教育作用,使广大民众共享我国改革发展的成果,有利于激发国民的民族自豪感和爱国主义精神。

四是旅游需求的复杂性。

旅游需求的复杂性,是指旅游消费者在选择旅游产品和目的地时所面临的多元化和多维度的因素和考量。旅游需求受到个人、社会、文化和经济等多种因素的综合影响,这使得旅游需求的分析和预测变得复杂而困难。具体而言:① 个体的旅游需求受各种主观因素影响,如个人兴趣爱好、假期偏好、消费能力和旅游经验等;旅游者的个体特征和态度也会对需求产生影响,包括性别、年龄、教育水平、个性特点以及对风险和不确定性的容忍度等。因此,在满足不同个体需求时,旅游经营者需要了解旅游者的心理特点,以提供个性化的旅游产品和服务。② 个体的旅游需求受社会因素的影响,包括家庭结构、社交网络和群体等,如家庭旅游需求可能受到亲子关系、家庭成员偏好和经济状况的影响;社交网络会对旅游选择产生连锁反应,来自朋友或同事的推荐和旅游经验分享可能会对旅游需求产生直接影响。③ 文化因素也是旅游需求复杂性的重要方面,不同文化背景、价值观和认知习惯会影响人们对旅游体验的需求和期望。④ 经济因素在旅游需求中也扮演着重要角色,即旅游消费者的收入水平、消费能力和财务状况会直接影响其旅游需求;经济环境的波动和变化也会对旅游需求产生重大影响,如金融危机和收入下降可能导致旅游支出的减少,而经济增长和收入上涨则有助于旅游需求的增长。可见,理解旅游需求的复杂性对于旅游目的地开发、旅游产品设计以及旅游市场推广非常重要,继而能更好地满足旅游者的需求,提供个性化的旅游体验,促进旅游经济的可持续发展。

## 2.1.2 经济增长质量的概念及特征

**1. 经济增长质量的概念**

经济增长质量的内涵较为丰富,虽然目前关于其概念理论界尚未形成共识,但是已有学者认为其存在狭义与广义两种理解[177]。

第一,狭义上的经济增长质量。持狭义观点的学者将经济增长质量描述为经济提高的效率或全要素生产率。例如,卡马耶夫[178]提出,经济增长质量应区别于以往经济增长概念中经济资源和产品数量的增加,而应涵盖生产资料使用效率的提高、消费品质量的提升与消费效果的改善;王积业[179]强调,提高经济增长质量的主要途径是提高增长的生产要素组合质量、投入产出质量、生产要素效率质量和再配置质量;刘海英等人指出,经济增长主要表现在经济资源投入的"质"与"量"的提高,其中"质"是经济增长质量最为核心的指标,其重要性要高于"量"这一指标[180];康梅[181]将经济增长的因素归纳为硬技术进步、软技术进步和规模增长3个维度,并且着重强调前两个维度才是提高经济增长质量的关键环节;何强[182]则将这一概念理解为在资源禀赋、经济结构等一系列约束条件下经济效率的改善。

第二,广义上的经济增长质量。持广义观点的学者主要从经济、社会和环境的角度来分析经济增长质量,并且多数学者是从经济增长数量视角出发来界定经济增长质量的,即把除增长数量以外的各种因素都纳入经济增长质量的范围之中。例如,托马斯[183]认为,经济增长质量是实现人类终极发展目标的手段,其中人类发展、环境可持续和收入增长应作为经济增长质量的评价指标;彭德芬[184]认为,经济增长质量是相对于经济增长效量而言的一个动态概念,是指一个国家伴随着经济的数量增长在经济、社会和环境等方面所表现出的优劣程度,具体包括经济增长的持续性和稳定性、经济结构状态、经济增长效率、居民生活,以及生态环境等方面内容;刘有章等人[185]运用循环经济"3R"理论重新定义和测量经济增长质量,强调经济增长的持续性、资源能源有效理论、生态环境保护与修复是经济增长质量的基本内容,应从经济发展、资源环境减量化、资源环境再利用和资源环境再循环等4个维度对其进行评价。

**2. 经济增长质量的特征**

第一,强调国民基础设施的优化。这包括硬件设施注重高速公路、高速铁路、港口、机场等的完善,软件设施则改善信息工程、大数据分析服务能力;为保证各项设施优化步骤的有效落实,需要合理分配财政支出在医疗、教育、环境建设等基础条件上的比例;在科学技术层面,鼓励科学技术创新,对创新型人才的培养予以资金和政策支持,以此来提高经济增长效率;在产业结构优化上,还需要建立以第三产业为核心的产业结构和以消费为中心的"三驾马车"结构,改变传统金融业单一、低效的发展模式,努力拓展新的盈利渠道[186];经济增长质量中,资源节约型和环境友好型社会的建设是一个长久的话题,需要持之以恒。

第二,兼顾效率和公平。效率优先是经济发展过程中始终坚持的基本原则,这也是经济稳定增长的基础所在。在进入质量型增长时代后,效率和公平的地位发生了反转,公平有助于解决之前效率先行条件下积累的经济社会问题,符合新常态改革的内在要求。具体而言:① 经济增长质量强调产品和服务人均拥有量的增长比总量增长更重要,凸显了政策适度向农民和中小企业等边缘群体利益的倾斜,继而促进社会中低阶层收入水平的提升,降低收入差距。② 兼顾效率和公平也要求经济发展过程中要深刻把握均衡思维,在一部分地区先富起来的前提下,不要忘记辐射带动周边地区的发展,先富是手段,共富才是最终目标。③ 重视经济与社会的联动发展机制,肯定二者的互补关系,以满足物质需求和文化需求推进经济发展,以完善交通、教育、医疗设施,促进社会和谐发展。④ 积极消除制度壁垒,营造平等的市场竞争环境,有效激励民众能够享有同等机会参与到财富创造活动当中。

第三,人本主义的发展成为质量型增长下的主流。物质主义的发展是数量型增长的典型代表,其最大的特点为不计任何成本地追求国内生产总值的极致,这与当下关注经济增长质量的发展理念背道而驰。与之相反,人本主义则跃升为当下发展的基本理念,该概念注重人的自由意志至上,通过拉升居民收入、加大人力资本投资、普及社会保障等,满足群众多样化需求,并把这类需求真正转化为人们的幸福感,最终达到一种为人的发展而发展的理想状态。在人本主义理念的加持下,人民生活水平的提升是评价经济增长质量的重要标准之一。经济增长质量高的国家能够通过提高人民收入水平、改善就业状况、提供更好的教育和医疗等公共服务,为人民创造更好的生活条件。人民生活水平的提升意味着经济增长能够使人们获得更多的物质和非物质福利,提高人民的生活品质和幸福感。

第四,注重经济发展的可持续性。具体而言:① 可持续性要求经济增长在资源利用上达到平衡。这意味着经济增长应避免资源过度消耗和浪费,确保资源的合理配置和持久供应,如通过促进节约能源、提高资源利用效率以及推动循环经济等措施,经济增长可以实现资源的可持续利用,减少对有限资源的依赖。② 可持续性要求经济增长在环境保护上具备可持续性。经济增长应该遵循环境友好原则,减少环境污染和生态破坏,这需要采取一系列措施来降低环境污染排放、提高水质和空气质量,保护生态系统的完整性;同时,经济增长还应通过环境治理政策,积极应对气候变化和其他环境挑战,以确保可持续性发展。③ 可持续性要求经济增长在经济结构和发展模式上具有可持续性。传统的经济增长模式通常依赖高能耗、高污染的产业部门,这种模式会给环境和资源带来压力,而可持续的经济增长模式应该是低碳、环保且绿色的,注重发展清洁能源、循环经济和可持续农业等,以推动经济结构的升级和转型。

第五,坚持均衡性和包容性。具体而言:① 经济增长的均衡性主要体现在两个层面,一是地区间的经济发展均衡,即经济增长质量高的国家或地区,其地区间发展差异较小,避免了因极度发展不平衡而带来的社会问题;二是行业间的发展均衡,即行业间发展相对协调,没有出现某单一行业过度膨胀而忽视其他行业发展的现象。② 经济增长的包容性强调经济增长成果能够普惠于大众,能够缩小收入差距,提高人民生活水平。这不仅要求提供充分的就业机会,还要求通过完善教育、医疗等公共服务,提升整个社会的福祉水平。

## 2.1.3 旅游经济增长质量的概念

旅游经济增长质量的概念也有狭义和广义两种。

首先,从狭义角度可以将旅游经济增长质量理解为投入-产出效率,该观点强调它是旅游产业生产要素的逐渐积累,以及各类资源利用效率改进的结果,即旅游产业资本及劳动力的不断积累是旅游经济增长量拓展的主要原因,而旅游经济增长最直观的体现就是旅游产业总收入的不断提升。在该过程中,生产要素的有效利用和技术的改进是旅游经济增长质量的主要动力。

其次,从广义角度则认为旅游经济增长质量包含旅游经济增长的过程和结果两个方面,其内涵较为广泛。在旅游经济增长的过程方面,注重旅游经济增长的协调性和稳定性,以及旅游经济的产业结构水平和科技创新能力;而在旅游经济增长的结果方面,更多关注旅游经济增长的效率、旅游经济增长的社会贡献及其所带来的资源和环境代价。

在总结与借鉴的基础上,本书认为旅游经济增长质量的内涵可以归纳为以下内容:首先,从旅游经济增长的过程看,包含旅游经济增长的效率、结构与稳定性;其次,从旅游经济增长的结果看,包含旅游经济增长带来的就业率和经济贡献率等影响力,以及可持续发展环境等。由此,本书对旅游经济增长质量所包含的旅游经济结构水平、旅游经济增长效率、旅游经济增长稳定性、旅游经济增长影响力和旅游经济增长可持续性 5 个方面的定义进行归纳概括,具体如下:

**1. 旅游经济结构水平**

当前学术界对于经济结构的界定尚且未能达成一致。一般而言,经济结构是指经济系统和组织中各个部门、各个区域和社会再生产各个层面的构造和组合,涉及上述各因素间相互依存、相辅相成和相互制约的内在联系。经济结构的代表性观点体现在可计量的经济结构、以生产力二元结构为核心的经济结构和以产权为核心的经济结构。在此基础上,旅游经济结构衍生而来,其强调旅游经济系统各组成部门的比例关系及其相互联系、相互作用的形式。

国外学者 Poon[187]认为,旅游经济结构包含旅游产品供给者、经销渠道供应者、旅游产品促进者、旅游消费者 4 种参与者,相互之间共同完成旅游产业价值创造与实现的过程。在该过程中,旅游产品供给者包含旅游景点管理者、旅游交通运输业者、酒店从业者,而与旅游服务相配套的其他服务提供者、经销渠道供应者(旅游运营商和服务中介)、旅游产品促进者则以金融业为主体,负责提供金融中介服务。

国内学者认为旅游经济结构水平主要涉及旅游经济结构合理化和旅游经济结构高度化两个要素。王大悟等人[188]提出,旅游经济结构是指旅游经济各部门、各地区、各种经济成分及经济活动各个环节的构成与相互联系、相互制约的关系。旅游经济结构合理化和旅游经济结构高度化的概念由此演化产生。沈桂林[189]提出,旅游经济结构合理化指旅游经济活动中各种因素或结构之间在数量、规模的比例方面形成的一种动态协调状态,它不仅要求上述各种结构必须处在合理状态,而且要求旅游经济系统内部各种结构之间的相互作用、相互制约的关系必须有利于各种结构保持合理状态;其中,旅游产品结构、旅游产业结构和旅游区域结构的合理化在整个旅游经济结构的合理化中居于重要地位。邓冰等人[190]认为,旅游经济结构高度化是指利用社会分工优势和现代科技成果来提高旅游业的技术构成和各要素的综合利用率,促使旅游业向高附加值方向发展。罗明义[191]提出,旅游经济结构优化包括旅游经济结构的合理化和高度化的两个方面,它们既相互联系,又有区别,具体表现在以下几方面:第一,旅游经济结构合理化是高度化发展的前提和基础。没有旅游经济结构的合理化,高度化就失去了依存的条件,不但不能促进旅游经济的协调发展,甚至还会引起旅游经济结构的失衡,从而制约旅游经济的发展。第二,旅游经济结构高度化是合理化发展的方向和目标。旅游需求是随着物质文化生活水平的提高而不断变化的,尤其是现代科技进步对人们的物质文化生活有较大影响,如果旅游经济结构不以高度化为发展方向和目标,就难以满足人们日益变化的旅游需求,旅游经济结构也无法实现更高层次上的合理化。第三,旅游经济结构合理化和高度化是相互促进的。在某一发展时期,当旅游经济发展缓慢、结构性矛盾突出时,必须对旅游经济结构进行合理化调整,以缓解结构性矛盾,保证旅游经济稳定协调发展。当旅游经济结构基本协调,而旅游需求结构变动较大时,就要积极推进旅游经济结构的高度化,以增强旅游经济结构的转换能力,提高结构生产力和发挥结构的联动功能,促进旅游经济的快速发展。因此,旅游经济结构合理化与高度化是相对的,在旅游经济发展过程中,二者相互渗透、相互联系,进而共同发挥作用。

### 2. 旅游经济效率

国内学者马晓龙提出,旅游经济效率是指将某个地域作为旅游经济生产单元,在特定时间范围内,其旅游业发展过程中单位生产要素投入能够实现产出最大化、使所有利益相关者得到总剩余最大化的性质[192],是表征旅游地资源利用能力的重要指标[193],还强调了地区为维持旅游经济活动的有效运转,各项投入和产出之间的比率有内在联系。当下,旅游经济效率俨然成为评估旅游资源开发和利用是否科学、判断旅游产业的发展是否符合科学逻辑、评判旅游产业是否健康可持续的重要指标。综合已有研究结果,本书认为旅游经济增长效率可以从旅游投入效率与旅游收入效率两个方面来考量。

### 3. 旅游经济增长稳定性

旅游经济增长稳定性与旅游经济韧性息息相关，它强调旅游产业应对风险、恢复调整和重组升级的能力[194]。国内学者李连刚等人[195]认为，对冲击的抵抗能力和调整转型的恢复能力是区域旅游经济稳定性的核心内涵和重要评价标准。实际上，旅游经济增长稳定性与宏观经济波动和周期性相关，当旅游经济增长呈现较为稳定的态势时，表明该行业具备相对均衡的市场供需关系，投资和消费决策得以预测和规划，从而提升经济系统的可持续性。由此，本书认为旅游经济增长稳定性是指旅游业发展中经济增长率的相对平稳性和波动性的相对平衡性。旅游经济增长稳定性是旅游经济发展的一项重要特征，对于区域旅游经济增长质量具有关键影响。需要注意的是，旅游经济增长稳定性并非完全排除波动，而是寻求合理的波动范围和变化趋势，因为适当的波动性可以激发市场活力，推动产业创新和升级。因此，旅游业需要具备适应性和韧性，及时调整策略和模式，以适应外部环境的变化。基于此，本书从旅游经济增长率与旅游经济增长波动率两个方面来表征旅游经济增长稳定性。

### 4. 旅游经济增长影响力

旅游经济增长影响力是指旅游发展对一个国家或地区整体经济的潜在影响程度。首先，旅游业的快速增长可以创造大量的就业机会，酒店、旅游景点、旅行社、旅游车船公司等各类旅游企业都需要人力资源，这种劳动密集型的工作特征使得旅游业成为就业增长的重要引擎；同时，由于旅游业具有低门槛和灵活性等特点，它为不同层次、技能和教育背景的人们提供了广泛的就业机会，促进了社会的包容性增长。其次，旅游经济增长在经济贡献方面具有重要意义。旅游业的蓬勃发展能够提升地区的知名度和形象，吸引更多的游客和投资者，进一步推动了基础设施建设、文化保护和社会发展的需求；同时，旅游业的发展还带动了相关产业的兴起，促进了地区经济的多元化和可持续增长。由此，本书在阐释旅游经济增长影响力时，主要从旅游经济增长就业率与旅游经济增长经济贡献率两个方面来考量。

### 5. 旅游经济增长可持续性

旅游经济增长可持续性源自可持续旅游发展的理念，强调要保持旅游生态环境的协调以及文化和经济目标的完整性,并且增强未来发展机会。国内学者温军[196]指出,旅游经济增长可持续性是指在旅游业发展过程中,经济增长的方式和效果能够持久地满足人们的需求,并且不对自然环境、社会文化和资源产生长期的负面影响。这一概念涉及经济、环境和社会三个方面,强调旅游业的发展应该注重平衡、协调和整合各个领域的利益。

本书认为,在旅游创新能力和旅游环境质量的双重影响下,良性的经济增长方式和效果才能够持续满足人们的需求,并且不对自然资源环境和社会文化环境产生长期的负面影响。具体包括:① 旅游创新能力是旅游业实现可持续发展的重要因素之一,主要包括产品创新、技术创新和管理创新等方面。其中,在产品创新方面,旅游企业需要不断推出具有吸引力和竞争力的旅游产品,以满足游客多样化的需求;技术创新则涉及旅游业运营和管理过程中的技术应用,如信息技术的应用能够提升旅游服务和管理的效率;管理创新也是旅游创新能力的重要组成部分,通过改进管理模式和流程,提高企业的灵活性和竞争力。② 旅游环境质量包括自然环境质量、文化环境质量和服务环境质量三个方面。其中,自然环境质量是旅游业可持续发展的基础,包括保护景观、减少污染和生态恢复等;文化环境质量则强调保护和传承当地独特的历史、文化和传统,以提供丰富的文化体验给游客;服务环境质量则涉及旅游目的地的基础设施建设、服务质量和游客满意度等方面,旨在为游客提供良好的旅游体验。

总之,在区域旅游经济发展实践中,通过不断地创新,旅游业能够推陈出新,适应市场需求的变化,并提升竞争力;同时,重视区域旅游环境质量的保护和提高,能够确保旅游业的发展不对自然环境、社会文化和资源产生负面影响,以实现区域旅游经济增长的可持续性。据此,本书将从旅游创新能力和旅游环境质量两个关键要素来考量区域旅游经济增长可持续性。

## 2.2 相关理论基础

### 2.2.1 系统理论

系统理论由生物学家贝塔朗菲提出,并相继在《关于一般系统论》和《一般系统论:基础、发展和应用》等专著中对此进行了详细论述。系统理论指出,系统是由相互影响和彼此依赖的许多元素组合形成的有机体,是具有特定功能和运动规律的整体。具体而言,系统即整体,而非各要素功能简单相加,并且整体功能要优于各元素功能的直接相加。在实践中,总系统与子系统之间、子系统与子系统之间、系统与外部环境之间构成了有机联系,在系统理论的研究及运用过程中,要充分考虑系统的整体性、开放性、关联性、目的性、动态性和协同性等特性。

旅游产业具有复杂性和综合性的特征,不仅包含食、住、行、游、购、娱等各种直接旅游服务行业,还涉及农业、金融、林业、建筑、邮电、医院等相关部门和企业。鉴于系统理论的特性及旅游产业的特征,运用系统理论解释旅游产业发展规律具有较高的适配性和科学性,这一观点也得到学术界的普遍认同[197]。随着系统理论在旅游研究领域的渗透,诸多学者也延伸了该理论的边界,并据此提出了相关概念,研究成果也是百花齐放。例如,国外学者Gunn[198]提出了"旅游功能系统"概念,并指出其内部的构成要素之间存在显著的关联;Leiper[199]则提出,旅游系统应涵盖旅游者、旅游客源地、旅游目的地、客源地和目的地之间的联系方式。国内学者杨振之[200]强调,旅游服务、旅游地资源和客源市场的协调发展,是促进旅游系统可持续发展的动力源泉;顾朝林[201]提出,旅游系统应包含旅游服务、交通运输、市场营销部门和信息提供者4个方面的内容;吴必虎[202]认为,旅游系统涉及出行系统、目的地系统、支持系统和客源市场系统4个子系统;马耀峰等人[203]从旅游六要素角度构建旅游系统,并将旅游系统分为游客个体系统和外部环境系统;何建民[204]依据经济高质量发展的全面要求,利用系统理论思想,提出要促进我国旅游业高质量发展,必须转变旅游业发展方式、调整旅游产业结构,使各要素相互作用,构成有机整体。

总体而言,系统论理论可以被视为旅游经济研究的基石理论。旅游经济高质量增长与社会、环境、文化、技术关系密切,需要系统理论作为依据,继而科学地解析旅游经济高质量增长各因素之间的联系及其与外部环境之间的关系。

### 2.2.2 投入-产出理论

投入-产出理论能够剖析生产活动中各类要素投入与产出结果之间的数量

关系及其内在关联性。其中,投入作为输入单元,表现为资本、原料、劳动力等不同形式;产出则是输出单元,表现为有形的产品和无形的服务等形式。经济学家里昂惕夫于20世纪60年代提出了投入-产出分析法,将当时社会中存在的主要经济问题综合起来进行考虑,深度解析了各主体在不同投入比例下与产出数量之间的相互关联关系。在经济发展过程中,为系统、科学地洞察各行业、部门之间相互作用关系及整体经济运行状况,利用投入-产出理论来揭示其内在发展和运营规律具有较高的效率[205]。在价值增量探究方面,投入-产出理论更加注重如何基于有限的资源要素实现最大的价值创造,即如何实现资源的有效配置以达到最佳组合状态,形成前沿生产函数,从而降低成本,获取最大价值。近年来,国内外学者也广泛将投入-产出理论应用于旅游产业经济问题分析中,同时也用来验证各类经济政策的实施在促进旅游产业发展过程中的有效性,以评估决策产生的作用效果,并且,实践结果也证实了这是一种比较实用的经济学分析方法,能够对未来决策的制定提供参考依据。

在旅游产业中,投入-产出理论的应用价值十分显著。首先,通过分析投入-产出结果,可以评估旅游产业对经济增长的贡献,包括计算旅游业对就业、增加国内生产总值以及推动其他相关产业发展的直接效应和间接效应,有助于相关管理部门和企业制定相关政策和战略,以促进旅游业的可持续发展。其次,投入-产出理论可以帮助分析旅游业对环境、社会和文化等方面的影响,有助于旅游业实现可持续发展,避免负面影响,提高旅游业的整体质量。再次,投入-产出理论还有助于评估旅游业发展的潜力和风险,如通过模拟投入产出表,可以预测不同政策和市场变动对旅游业和相关产业的影响,从而为投资者、政府和企业提供重要参考依据,帮助其作出科学决策,以降低风险。

## 2.2.3　区域经济协调发展理论

区域经济协调发展理论是20世纪90年代我国理论界提出的解释区域经济发展差异的一种新概念,其被用于指导区域经济发展和处理经济关系[206]。区域经济差异悬殊不仅会遏制地域总体经济发展规模与速度,还会带来一系列的社会问题和政治问题[207]。区域经济协调发展是指区域间在经济交往上日趋密切、相互依赖日益加深、发展上关联互动,以达到各区域经济持续发展的过程。因此,区域经济协调发展的基本方式是使各区域间在经济发展上形成相互联系、关联互动、正向促进的新型关系。区域经济是否协调发展,主要取决于区域间的经济利益是否同向增长,不能顾此失彼,以及区域间的经济差距是否缩小,只有缩小差距才能实现区域经济协调发展的目的[208]。

区域经济协调发展理论可用于解释旅游产业发展的运营规律,对旅游经济活动中的特殊现象具有较强的阐释力度。首先,区域经济协调发展理论关注经济各部门之间的均衡发展。在旅游产业中,它意味着要协调交通、餐饮、住宿、游览、购物、娱乐等各部门的发展,以有效避免资源过度集中和单一依赖某种资源的风险,从而提高旅游业的供给能力和整体服务水平。其次,区域经济协调发展理论注重不同地区之间的协调发展。在旅游产业中,区域经济协调发展理论强调旅游资源的合理配置和利用,以缩小地区之间的发展差距。通过建立联动合作机制和发展协议,各地区共同推进旅游业的繁荣,实现区域旅游经济的协同发展。再次,区域经济协调发展理论关注经济与环境之间的协调发展。在旅游产业中,它要求在旅游资源的开发利用过程中要保护生态环境,提高资源利用效率和环境适应能力,以实现经济效益和生态效益的双赢,促进地区旅游经济的健康发展。

## 2.2.4 旅游可持续发展理论

从20世纪70年代开始,可持续发展研究就得到学者们的关注,相关研究也逐步丰富。1987年,联合国环境与发展委员会发布了《我们共同的未来》研究报告,首次提出了"可持续发展"的概念,即既能满足当代人的需要,又不对后代人满足其需要的能力构成危害的发展。1992年,在巴西里约热内卢召开的联合国环境与发展大会通过了《21世纪议程》,由此,可持续发展的理念逐渐成为一种被社会所接受的价值观。可持续发展理论强调、经济、社会和生态三者的可持续及协调统一。

旅游领域于20世纪90年代引入可持续发展理论。1990年,全球可持续发展大会确立了旅游产业的未来发展方向,旅游产业的飞速发展不仅需要发展当地经济,也需要为环境保护出一份力。1995年,《旅游可持续发展宪章》和《旅游可持续发展行动计划》相继出台,这两份报告明确提出"可持续旅游业的本质是实现旅游、文化、自然和人类居住的统一"。联合国世界旅游组织认为,旅游可持续发展就是既要能满足当前旅游目的地与旅游者的需要,又要能满足未来旅游目的地与旅游者的需要。

本质上,旅游可持续发展理论强调,在旅游产业发展过程中,要平衡经济增长与环境、社会的相互关系,以实现经济、环境和社会三方面的可持续性,其核心理念是通过合理利用和保护旅游资源,形成提高经济效益、保护自然环境和促进社会发展三者之间的协调关系。

首先,旅游可持续发展理论指出通过合理规划和管理旅游目的地,控制旅游人数和活动对环境的影响,实现旅游资源的可持续利用。即它强调了旅游与自然环境的和谐共生,避免了资源的过度开发和环境的破坏,其中包括对水资源、能源消耗、废物排放和生态系统保护等方面的管理。

其次,旅游可持续发展理论还注重旅游业对当地社会的影响,鼓励建立公平、参与式和包容性的旅游发展模式。即它强调了旅游业对于当地居民的就业机会、经济收入和文化保护的积极作用,同时提倡尊重和保护当地社区的权益。

总之,旅游可持续发展理论强调了旅游经济、环境和社会三方面的平衡发展,对于保护旅游资源、提高旅游业效益和促进社会发展具有重要的作用,为旅游业的可持续发展提供指导和支持。

# 3 安徽省区域旅游经济增长现状分析

## 3.1 安徽省区域旅游企业发展现状

旅游企业是区域旅游业发展的载体,其经济状况直接决定区域旅游经济增长水平。2011年以来,安徽省旅游企业经济迅猛增长,本节将对旅游景点、星级饭店、旅行社三大主要旅游企业发展现状进行分析。

### 3.1.1 旅游景点发展现状分析

旅游景点是依托旅游吸引物进行旅游休闲经营管理活动的有明确地域范围的区域[209],类型众多。旅游景点是旅游产品的主要"生产企业",也是旅游产品的主要消费目标,对旅游经济增长具有实质作用。《旅游区(点)质量等级的划分与评定》是我国国家旅游行政部门对旅游景点质量和档次进行综合评价的国家标准,A级旅游景点现已成为旅游地竞争的主要依托之一。近年来,安徽省各区域旅游资源得到了长足发展,截至2020年底,安徽省A级旅游景点总数为625家,其中,5A级为12家,4A级为203家(表3-1)。此外,截至2020年底,安徽省共有红色旅游基地181个。

表 3-1　2020 年安徽省区域 A 级旅游景点数

| 区　域 | A 级旅游景点数(家) | 5A 级旅游景点数(家) | 4A 级旅游景点数(家) | 红色旅游基地数(个) |
|---|---|---|---|---|
| 合肥市 | 59 | 1 | 26 | 20 |
| 淮北市 | 16 | 0 | 3 | 5 |
| 亳州市 | 42 | 0 | 9 | 7 |
| 宿州市 | 19 | 0 | 6 | 6 |
| 蚌埠市 | 29 | 0 | 5 | 7 |
| 阜阳市 | 35 | 1 | 5 | 6 |
| 淮南市 | 40 | 0 | 8 | 7 |
| 滁州市 | 42 | 0 | 6 | 13 |
| 六安市 | 51 | 2 | 24 | 15 |
| 马鞍山市 | 31 | 1 | 8 | 6 |
| 芜湖市 | 34 | 1 | 11 | 29 |
| 宣城市 | 53 | 1 | 22 | 7 |
| 铜陵市 | 19 | 0 | 8 | 4 |
| 池州市 | 39 | 1 | 18 | 6 |
| 安庆市 | 64 | 1 | 21 | 29 |
| 黄山市 | 52 | 3 | 23 | 14 |
| 安徽省 | 625 | 12 | 203 | 181 |

资料来源:《安徽省统计年鉴 2021》。

由表 3-1 可知,A 级旅游景点在安徽省各区域分布并不均匀。2020 年,安庆市 A 级旅游景点最多,共 64 家,其次为合肥市和宣城市;淮北市的 A 级旅游景点最少,仅为 16 家。2020 年,安徽省 12 家 5A 级旅游景点中,黄山市数量最多,为 3 家;其次为六安市,为 2 家;合肥市、阜阳市、马鞍山市、芜湖市、宣城市、池州市和安庆市各有 1 家;其余城市无 5A 级景区。2020 年,安徽省 203 家 4A 级旅游景点中,20 家以上的城市依次为合肥市、六安市、黄山市、宣城市、安庆市,10~20 家的城市为池州市和芜湖市。2020 年,安徽省 181 家红色旅游基地中,安庆市、芜湖市、合肥市、六安市、黄山市和滁州市 6 市的数量占比高达 66.30%。

为了进一步研究安徽省 A 级旅游景点的空间分布状况,本书采用均衡度指

数来量化 1A~5A 级旅游景点空间分布的均衡状况,计算公式为

$$E_i = \sum_{j=1}^{n} x_{ij} \log_2 x_{ij} / \log_2(1/m) \tag{3.1}$$

其中,$x_{ij}$ 为 $i$ 类旅游景点在第 $j$ 个地级市内的个数占安徽省 $i$ 类景点总个数的比例;$m$ 为研究地级市个数(此处 $m=16$);为了保证 $\log_2 x_{ij}$ 有意义,若某市内某类 A 级旅游景点的分布数量 $x_{ij}$ 为 0,将 $x_{ij}$ 取值为 0.0001 来表示。某类旅游景点的均衡度指数 $E_i$ 越趋近于 1,则表示在全省范围内,此类旅游景点的空间分布越均衡。

根据式(3.1)计算得到,安徽省全部旅游景点、5A 级旅游景点、4A 级旅游景点的均衡度指数分别为 0.9760、0.7578、0.9320。可知,均衡度指数最大的是全部旅游景点,其次为 4A 级旅游景点,最小的是 5A 级旅游景点。这说明,旅游景点总数在我国各省(市)内的空间分布相对均衡,而 5A 级旅游景点在安徽省各市的空间分布最不均衡,主要是由于 5A 级旅游景点在较多市内的空间分布个数为 0。

## 3.1.2 星级饭店发展现状分析

旅游饭店是旅游产业的核心要素,也是现代服务业的重要组成部分。它是以间(套)夜为单位出租客房,以住宿服务为主,并提供餐饮、商务、会议、休闲、度假等相应服务的住宿设施。按照国家《旅游饭店星级的划分与评定》(GB/T 14308—2023)[210]标准,饭店星级共有 5 个级别,即一至五星级,其中星级越高,表示饭店的等级越高。目前,安徽省旅游饭店业海外品牌与民族品牌并存,二者共同合作又相互竞争。截至 2020 年底,安徽省共有旅游星级饭店 262 个,其中,五星级饭店 30 个、四星级饭店 110 个、三星级饭店 110 个、二星级饭店 12 个(表 3-2)。可知,仅三星级和四星级饭店占星级饭店总数的 83.97%;共有客房 39373 间,床位 65660 张。

由表 3-2 可知,星级饭店在安徽省各市的分布并不均匀。2020 年,合肥市星级饭店最多,数量为 40 个,主要集中于三星级及以上饭店,且合肥市的五星级和四星级饭店数量均居全省之最;其次为安庆市和黄山市,分别为 35 个和 32 个。淮北市和铜陵市的星级饭店数量居全省末尾,均仅有 3 个;其次为宿州市和阜阳市,均为 5 个。就 2020 年安徽省各市星级饭店的客房数而言,合肥市、

黄山市、安庆市、芜湖市依次为前五位,铜陵市、淮北市、宿州市、阜阳市依次为后五位,其中,合肥市星级饭店的客房数是铜陵市的 22.77 倍。

表 3-2  2020 年安徽省区域旅游星级饭店(宾馆)住宿设施情况

| 区域 | 饭店(个) | 五星级(个) | 四星级(个) | 三星级(个) | 二星级(个) | 客房(间) | 床位(张) |
|---|---|---|---|---|---|---|---|
| 合肥市 | 40 | 8 | 18 | 13 | 1 | 7673 | 12375 |
| 淮北市 | 3 | 1 | 0 | 2 | 0 | 480 | 795 |
| 亳州市 | 11 | 1 | 5 | 5 | 0 | 1592 | 2514 |
| 宿州市 | 5 | 1 | 2 | 2 | 0 | 764 | 1125 |
| 蚌埠市 | 12 | 4 | 5 | 3 | 0 | 2160 | 3357 |
| 阜阳市 | 5 | 2 | 1 | 2 | 0 | 969 | 1513 |
| 淮南市 | 26 | 0 | 6 | 14 | 6 | 2373 | 3713 |
| 滁州市 | 9 | 0 | 4 | 4 | 1 | 1234 | 1917 |
| 六安市 | 16 | 1 | 9 | 6 | 0 | 2319 | 4106 |
| 马鞍山市 | 10 | 2 | 5 | 3 | 0 | 1586 | 2492 |
| 芜湖市 | 26 | 2 | 9 | 14 | 1 | 3739 | 6050 |
| 宣城市 | 15 | 2 | 6 | 6 | 1 | 2368 | 3951 |
| 铜陵市 | 3 | 0 | 2 | 1 | 0 | 337 | 522 |
| 池州市 | 14 | 0 | 7 | 7 | 0 | 2136 | 3694 |
| 安庆市 | 35 | 1 | 12 | 20 | 2 | 3845 | 6926 |
| 黄山市 | 32 | 5 | 19 | 8 | 0 | 5798 | 10610 |
| 安徽省 | 262 | 30 | 110 | 110 | 12 | 39373 | 65660 |

资料来源:《安徽省统计年鉴 2021》。

为了进一步研究安徽省星级饭店的空间分布状况,本书仍采用均衡度指数来量化其空间分布的均衡状况。经计算得出,安徽省全部星级饭店、五星级、四星级、三星级和二星级饭店的均衡度指数分别为 0.9127、0.7980、0.8926、0.8977 和 0.5348。由此可知,均衡度指数最大的是星级饭店总数,其次为三星级饭店,最小的是二星级饭店。这说明,星级饭店总数和三星级旅饭店在安徽省各市内的空间分布相对均衡,而二星级饭店在安徽省各市的空间分布最不均衡。

## 3.1.3 旅行社发展现状分析

旅行社是指从事招徕、组织、接待旅游者等活动,并为旅游者提供相关旅游服务,开展国内旅游业务、入境旅游业务或者出境旅游业务的企业法人[211]。作为联系游客与区域旅游资源之间的纽带,旅行社是旅游资源向经济优势转化的重要外在推力。改革开放以来,安徽省旅游业已取得了迅速、全面发展,截至2020年底,安徽省共有1157家旅行社(表3-3)。

表3-3 安徽省区域旅行社数量(2016—2020年)

| 区域 | 2016年(家) | 2017年(家) | 2018年(家) | 2019年(家) | 2020年(家) |
|---|---|---|---|---|---|
| 合肥市 | 222 | 233 | 239 | 255 | 252 |
| 淮北市 | 30 | 28 | 28 | 34 | 31 |
| 亳州市 | 25 | 25 | 25 | 25 | 26 |
| 宿州市 | 35 | 35 | 33 | 40 | 39 |
| 蚌埠市 | 43 | 43 | 45 | 47 | 46 |
| 阜阳市 | 40 | 40 | 42 | 42 | 41 |
| 淮南市 | 58 | 60 | 61 | 65 | 62 |
| 滁州市 | 52 | 51 | 52 | 55 | 55 |
| 六安市 | 52 | 56 | 52 | 45 | 47 |
| 马鞍山市 | 53 | 52 | 56 | 66 | 66 |
| 芜湖市 | 70 | 71 | 64 | 69 | 73 |
| 宣城市 | 61 | 65 | 69 | 76 | 76 |
| 铜陵市 | 31 | 29 | 28 | 31 | 30 |
| 池州市 | 73 | 71 | 71 | 69 | 62 |
| 安庆市 | 104 | 97 | 99 | 96 | 70 |
| 黄山市 | 164 | 150 | 164 | 178 | 181 |
| 安徽省 | 1113 | 1106 | 1128 | 1193 | 1157 |

资料来源:《安徽省统计年鉴2021》。

由表3-3可知,旅行社在安徽省各市的分布并不均匀。2020年,合肥市旅行社最多,有为252家;其次为黄山市,有181家。这两个城市旅行社数量占安徽省旅行社总数的37.42%。亳州市的旅行社数量居全省末尾,仅有26家,其次为铜陵市。为了进一步研究我国旅行社的空间分布状况,本书仍采用均衡度指数来量化其空间分布的均衡状况。经计算得出,2020年安徽省旅行社的均衡度指数为0.9143。由此可知,相比于2020年安徽省旅游景点(0.9760)和星级饭店(0.9127)的均衡度指数而言,旅行社的均衡度指数中等,说明旅行社在安徽省各市的空间分布不均衡程度一般,旅行社主要集中在皖南和皖中旅游经济较为发达的地区,而皖北地区旅行社数量则相对较少。

## 3.2 安徽省区域旅游经济增长的时空特征

### 3.2.1 安徽省旅游经济增长的时序发展特征

安徽省国内旅游和国际旅游等的收入、人次,以及旅游经济对国民经济的贡献均经历了一个从少到多、从小到大的发展历程。

首先,旅游经济快速增长,对国民经济的贡献不断增强。

2011—2019年,安徽省旅游经济呈现增长态势,对国民经济的贡献不断增强,但受新冠疫情影响,在2020年出现急速下滑。由表3-4可知,2011—2019年,安徽省旅游经济表现出强劲的增长趋势,旅游总收入由2011年的1891.1651亿元提升至2019年的8525.5893亿元。受新冠疫情影响,2020年安徽省旅游总收入降低至4240.4514亿元。

表3-4 安徽省旅游总收入占GDP的比重(2011—2020年)

| 年 份 | 旅游总收入(亿元) | GDP(亿元) | 旅游总收入占GDP比重 |
|---|---|---|---|
| 2011年 | 1891.1651 | 16284.92 | 11.61% |
| 2012年 | 2617.6844 | 18341.67 | 14.27% |
| 2013年 | 3010.5478 | 20584.04 | 14.63% |
| 2014年 | 3430.1598 | 22519.65 | 15.23% |

续表

| 年　份 | 旅游总收入(亿元) | GDP(亿元) | 旅游总收入占GDP比重 |
| --- | --- | --- | --- |
| 2015年 | 4121.4771 | 23831.18 | 17.29% |
| 2016年 | 4932.4126 | 26307.7 | 18.75% |
| 2017年 | 6197.1411 | 29676.22 | 20.88% |
| 2018年 | 7241.0172 | 34010.91 | 21.29% |
| 2019年 | 8525.5893 | 36845.49 | 23.14% |
| 2020年 | 4240.4514 | 38680.63 | 10.96% |

资料来源:《安徽省统计年鉴》(2012—2021年)。

旅游业的关联性较强、涉及面广,能最大限度地带动交通业、零售业等相关产业的发展,为解决农村人口就业、提高人民生活质量作出了重要贡献;同时,旅游业的发展还能促进产业融合发展,有利于国民经济产业结构的优化调整。因此,旅游业在安徽省国民经济中的地位不断提高。2011—2019年,安徽省旅游总收入占国内生产总值的比重逐渐增大,由2011年的11.61%提升到2019年的23.14%。2020年降低至10.96%,是近10年来的最低水平。

其次,国内旅游发展迅猛,国际旅游人数和外汇收入也迅速增长,成为重要的创汇手段。

除2020年受新冠疫情影响外,安徽省入境旅游经济和国内旅游经济均呈逐年增长态势。具体而言,2011—2019年,安徽省入境旅游发展迅猛,国际旅游人数和外汇收入迅速增长;受新冠疫情影响,在2020年出现了显著的下降。由表3-5可知,2011—2019年,安徽省国内旅游走上了快车道,成为我国扩大内需的重要力量和城乡居民的重要消费领域。在旅游人数上,2019年达到了81955万人次,是2011年的3.6368倍;在国内旅游收入上,2019年达到了8291.5亿元,是2011年的4.5683倍。受新冠疫情影响,在2020年出现断崖式下滑,旅游人数降低至47046万人次,国内旅游收入降低至4221.5亿元。

表3-5　安徽省国内旅游、入境旅游的人数与收入情况(2011—2020年)

| 年　份 | 国内旅游人数(万人次) | 国内旅游收入(亿元) | 入境旅游人数(万人次) | 入境旅游收入(万美元) |
| --- | --- | --- | --- | --- |
| 2011年 | 22535 | 1814.99 | 262.8662 | 117918.1 |
| 2012年 | 29229 | 2519.08 | 331.4679 | 156266.8 |

续表

| 年 份 | 国内旅游人数（万人次） | 国内旅游收入（亿元） | 入境旅游人数（万人次） | 入境旅游收入（万美元） |
| --- | --- | --- | --- | --- |
| 2013 年 | 33601 | 2903.2 | 385.5000 | 173141.6 |
| 2014 年 | 37899 | 3309.8 | 405.0562 | 196025.8 |
| 2015 年 | 44404 | 3980.5 | 444.6289 | 226287.5 |
| 2016 年 | 52241 | 4763.6 | 485.3497 | 254235.8 |
| 2017 年 | 62627 | 6002.4 | 549.1518 | 288078.5 |
| 2018 年 | 72147 | 7030 | 607.0422 | 318757.1 |
| 2019 年 | 81955 | 8291.5 | 655.7805 | 338768.9 |
| 2020 年 | 47046 | 4221.5 | 69.2652 | 27465.8 |

资料来源:《安徽省统计年鉴》(2012—2021年)。

旅游业具有就地出口、换汇成本低、即买即卖、可避开贸易壁垒等优点,因此各地区普遍认为应大力发展旅游产业,将其平衡地区经济的重要手段。2011—2019年,安徽省入境旅游人数和入境旅游收入均呈增长态势,入境旅游人数由2011年的262.8662万人次提升至2019年的655.7805万人次,入境旅游收入由2011年的117918.1万美元提升至2019年的338768.9万美元。2020年,受新冠疫情影响,入境旅游人数和收入分别降低至69.2652万人次和27465.8万美元。

## 3.2.2 安徽省区域旅游经济增长的空间分异特征

安徽省各区域旅游经济增长并不是均衡发展的,2019年和2020年安徽省旅游总收入最高的城市均为合肥市,其次均依次为芜湖市、安庆市、池州市、黄山市、六安市;2019年和2020年安徽省旅游总收入最低的城市均为淮北市。并且,2019年和2020年合肥市旅游总收入远远高于淮北市,约为淮北市的16倍。

为了直观地反映安徽省旅游经济增长的空间分布差异,将2020年安徽省16个城市的旅游总收入划分为四大类型:当旅游总收入大于50亿元且小于或等于100亿元时,属于低水平地区,包括淮北市;当旅游总收入大于100亿元且小于或等于180亿元时,属于较低水平地区,包括淮南市、铜陵市、宿州市、阜阳市、亳州市、滁州市；当旅游总收入大于 180 亿元且小于或等于 500 亿元时，属于较高水平地区，包括蚌埠市、宣城市、马鞍山市、六安市、黄山市、池州市、安庆市、芜湖市；当旅游总收入大于 500 亿元且小于或等于 1000 亿元时，属于高水平地区，包括合肥市。可知，安徽省旅游经济增长在地理分布上是不均衡的，皖中和皖南地区是安徽省旅游总收入的核心和主导地区。

### 3.2.3 安徽省区域旅游经济增长的时空演化特征

可以从绝对差异和相对差异两个方面来对区域差异程度进行衡量，前者反映了指标之间的绝对差额，后者消除了基数差异的影响，不同时点之间是可比的。本书采用标准差（$S_t$）和变异系数（$V_t$）分别测度安徽省各地级市 2011—2020 年旅游经济增长的绝对差异和相对差异。其中标准差的计算公式为

$$S_t = \sqrt{\frac{\sum_{i=1}^{n}(X_{ti} - \overline{X}_t)^2}{n}} \tag{3.2}$$

其中，$\overline{X}_t$ 的计算公式为

$$\overline{X}_t = \frac{1}{n}\sum_{i=1}^{n} X_i \tag{3.3}$$

变异系数的计算公式为

$$V_t = \frac{S_t}{\overline{X}_t} \tag{3.4}$$

式(3.2)~式(3.4)中，$X_{ti}$ 为第 $t$ 年第 $i$ 个市的旅游收入；$\overline{X}_t$ 为第 $t$ 年各市旅游收入的平均水平；$n$ 为研究区域个数（此处，$n=16$）。

由图 3-1 可知，近年来安徽省旅游经济的绝对差异呈不断增大的态势，除了 2020 年受新冠疫情影响有所下降外，旅游总收入标准差从 2011 年的 111.1629 上升到 2019 年的 455.3166，增长了 4.0959 倍。相对差异中，除 2016—2017 年有极小上升外，其余年份均呈下降趋势，旅游总收入变异系数从 2011 年的 0.9400 下降至 2020 年的 0.8113。由此可知，当前安徽省区域旅游经济增长的绝对差异和相对差异比较显著，在排除特殊事件影响外，发展态势在总体上表现为绝对差异不断扩大，而相对差异不断缩小。

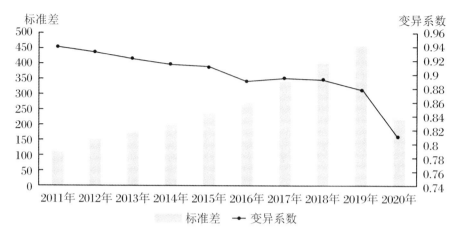

图 3-1 安徽省区域旅游总收入的总体差异(2011—2020 年)

## 3.3 安徽省区域旅游经济增长存在的问题

### 3.3.1 安徽省区域旅游经济增长方式仍为粗放型

#### 3.3.1.1 旅游资源利用率低下,旅游产品同质化竞争严重

安徽省区域旅游经济增长面临的问题主要集中在旅游资源利用率不高、产品同质化等方面,这些问题互相关联,共同影响了安徽省旅游产业的整体竞争力和可持续发展能力。

1. **安徽省区域旅游资源利用效率不高**

安徽省虽拥有众多旅游资源,但在实践中存在资源利用效率不高的问题,这一现象显著表现在对旅游资源使用的粗放型管理与开发。首先,现有的旅游资源开发往往注重数量扩张而非质量提升,以景点的增加和访客量的暴增作为衡量标准,忽视了旅游资源倦怠期后的可持续发展需求。其次,旅游资源的分布与开发存在不均衡现象,热门景区游客过度集中,而边远地区由于基础设施欠缺、投资回报周期长等因素,导致其自然与文化资源被较少利用或未能得到应有的开发。再次,旅游资源开发的同质化现象明显,众多旅游开发项目缺乏创新,致使游客体验单一,难以形成特色与标志性的旅游产品。同时,旅游资源开发的决策过程中往往缺乏科学规划与市场调研,未充分考虑目标市场的需求差异化,导致资源配置效率低下。而对旅游资源的保护与利用之间缺乏有效的平衡机制,既未能树立可持续旅游的理念,又忽略了环境保护对旅游资源长期价值的积极影响。这不仅不利于旅游资源的长远利用,还可能引起资源枯竭、环境退化等不利后果。进一步来看,营销推广策略的缺陷也是致使旅游资源利用效率不高的原因之一,安徽省多数旅游产品未能形成独特品牌,无法在竞争激烈的市场中脱颖而出,降低了资源的吸引力和市场占有率。最后,旅游人才结构与管理理念的不足也是造成旅游资源利用率低下的关键因素。由于缺少专业化、高素质的旅游人才支撑,地方旅游部门在资源规划、产品设计、服务质量提升等方面的动能不足,难以高效利用和管理旅游资源。综上所述,从旅游资源利用效率不高这个角度看,安徽省区域旅游资源开发面临的主要问题包括但不限于开发模式粗放、资源分布与开发不均衡、同质化严重、缺乏科学规划与市场调研、环境保护与资源利用失衡、营销策略缺陷以及旅游人才不足等。这些问题相互关联,共同制约着旅游资源的有效利用和旅游业的可持续发展。

**2. 旅游产品同质化问题严重**

安徽省在旅游产品开发中普遍存在同质化竞争的问题,旅游产品同质化问题的严重性体现在多个层面,是当前旅游业面临的一大挑战。首先,同质化现象导致了旅游产品的市场竞争模式转变为价格战,侵蚀了旅游企业的利润空间,降低了整个旅游业的服务质量与创新动力。由于过度追求规模经济和快速盈利,许多旅游开发者往往采用模仿或复制他人成熟产品的策略,忽略了对本地独特文化和自然资源的深入挖掘与创新性利用,导致市场上大量雷同的旅游产品无法满足游客多样化和个性化的需求。其次,旅游产品同质化不仅使得区域旅游品牌难以形成特色和记忆点,而且在消费者心中造成混淆,削弱了目的地的竞争力。消费者很难在众多相似的旅游产品中区分和选择,从而导致了市场信任度的降低。此外,同质化竞争还会引发恶性循环,长期来看,可能会导致旅游目的地的吸引力下降,游客重游率降低,进而影响当地的经济效益和社会效益。最后,同质化竞争的激烈会抑制行业的创新意识和创新活力,使得旅游产品的更新迭代速度放缓,新产品的推出无法有效抓住市场趋势,难以满足游客日益增长的旅游消费需求。长此以往,行业内缺乏创新的现象会导致旅游市场的整体活力下降。这种同质化现象也反映了旅游产品创新能力的不足,缺乏将地域文化、历史内涵与现代旅游需求相结合的产品开发模式。

### 3.3.1.2 旅游产业链条短弱,限制区域旅游经济深度发展

**1. 旅游产业链条不完整且缺乏多元化**

安徽省旅游产业链条呈现出较为不完整与单一化的特点,旅游产品的多样性也不足,过于依赖单一或少数景点的吸引力,忽视了文化、农业、科技等新兴旅游模式的融入与开发,导致旅游消费者的体验较为单一,难以满足不同旅游需求群体的多样化需求。首先,旅游产业链的不完整性主要表现在其结构上的断裂,即从旅游资源的开发到最终旅游产品和服务的提供之间存在明显脱节。例如,尽管安徽省拥有众多历史文化和自然风光资源(如黄山、九华山等),但相关服务设施及产业的配套发展却相对滞后,导致旅游价值链未能形成闭环,这种情况在很大程度上削弱了旅游吸引力的持续释放,以及旅游收益的最大化。其次,缺乏多元化是指旅游产业链在旅游产品和服务层面的同质化倾向。安徽省旅游产业过于依赖传统的观光旅游,而对体验式、教育性、娱乐性等旅游产品开发不足,使得旅游市场的竞争力和吸引力下降。最后,旅游产业链中各环节的联系不紧密,缺乏有效的协同机制,使得旅游资源的每一次转化都无法实现有效增值,进而影响旅游经济深度发展的潜力。由于产业链条的短弱,旅游产业的内生增长动能不足,这在一定程度上造成旅游资源潜在价值流失,限制了整个旅游经济体系的可持续发展。

**2. 旅游相关企业的规模偏小且运营效率低下**

在探讨安徽省区域旅游产业链条短弱对经济深度发展的限制性影响时,显而易见的一点是各区域旅游相关企业规模偏小且运营效率低下。首先,规模偏小的旅游企业往往意味着资本积累有限、人力资源缺乏、研发投入不足以及市场影响力较弱,这些特征导致其在产业链中的价值创造和利润空间受限。小规模经营通常难以实现经济规模效益,限制了成本控制和价格竞争能力,减弱了企业对外部风险的抵御能力,进而影响安徽省区域旅游产业的整体健康发展。其次,安徽省区域旅游企业运营效率低下则反映在这些企业对资源的配置和使用上存在明显的管理漏洞和技术落后,这不仅囊括了基础设施建设和维护效率

低下,也指服务流程优化速度慢和顾客满意度不高。低效率运营还可能体现在供应链管理的缺乏和市场营销策略的不精准等方面,特别是在数字化和网络营销日益重要的今天,许多小型旅游企业在这方面投入不足,未能充分捕捉快速变化的市场需求和消费者行为趋势。最后,由于规模小和效率低,这些旅游企业在创新驱动上的不足也成为了限制其发展的因素。由于缺乏创新,使得产品设计、服务体验更新以及市场拓展等方面存在较大劣势,从而影响了区域旅游产业的深层次发展。长此以往,这种局限性会导致区域旅游经济增长的潜力无法得到充分挖掘,形成产业升级的瓶颈,削减旅游产业对地方经济增长的贡献度。因此,旅游相关企业的规模偏小和运营效率低下是需要被认真对待的核心问题,它们直接影响整个旅游产业链条的稳定性和竞争力,并成为区域旅游经济深度发展的显著障碍。

### 3. 旅游人才与技术创新缺乏

在深度分析安徽省区域旅游产业链条短弱背景下的限制性因素时,不可忽视的是旅游人才与技术创新的缺乏对经济发展的影响。首先,旅游产业作为一个劳动与服务密集型行业,其核心竞争力在很大程度上取决于高质量的人才队伍建设和持续的技术创新。然而,在安徽省许多区域内,旅游人才的稀缺性以及教育培训体系的不健全导致了从业者专业技能和服务质量难以满足当前市场和消费者的多样化需求。从业者的专业技能不仅包含基础的旅游业务知识,更涉及外语沟通、国际礼仪、文化敏感性等方面的综合素养,这些都是提升旅游服务品质和增强顾客满意度的必要条件。其次,技术创新在现代旅游产业中起着至关重要的作用,技术的不断进步有助于提高企业的运营效率、改善客户体验,以及开辟新的市场渠道。安徽省区域旅游产业缺乏创新,表现在对信息技术的采用程度低,互联网、大数据、人工智能等现代科技在旅游产品开发、市场营销、顾客服务以及企业管理中应用不足。由于创新投入不足,导致了区域旅游业在增值服务、个性化体验以及智能化服务等方面难以与国际标准看齐,进而影响整个旅游产业链的竞争力和发展潜力。最后,技术创新的不足还导致安徽省区域旅游资源整合的能力较弱,无法有效地将分散的旅游资源和产品进行系统化、网络化的打造和推广,从而使得区域旅游产业链在延伸价值链和拓宽服务范围上面临重大挑战,阻碍了区域旅游经济的深度发展。总之,旅游人才短缺与技术创新缺乏共同构成了区域旅游产业深度发展的瓶颈。它们不仅影响了旅游服务的质量和效率,而且限制了产业的升级转型和持续健康发展。在全球化及科技快速变革的今天,这一问题的解决尤显紧迫,成为需要系统性分析和深入探讨的关键议题。

综上所述,安徽省旅游产业链条的短弱体现在产业链不完整、旅游企业规模效率不高及旅游人才技术创新缺乏等多个方面。这些问题的存在,不仅限制了安徽省旅游产业链的延伸与拓展,而且抑制了旅游经济深度发展的潜力,从而影响了区域旅游经济的整体竞争力和可持续发展能力。

### 3.3.1.3 旅游科技创新对旅游经济的贡献不足

**1. 旅游科技创新资源投入不足**

旅游业虽然成为安徽省支柱性产业之一,但相较于其他行业,旅游科技创新的投资力度较小,研发资金较为紧缺。由于缺乏足够的资金支持,直接影响了科技研发项目的启动和科研成果的转化应用,限制了旅游科技创新的发展深度和广度。首先,从资金投入的角度来看,尽管安徽省区域旅游业对经济增长的直接贡献日益凸显,相比制造业、信息技术等行业,旅游业在科技创新上的资金投入显得相对较少。具体体现在研发经费不足,旅游科技创新项目难以启动,创新动力和积极性受到抑制。研发经费的缺口限制了科研实验、新产品开发、新技术应用等活动的开展,进而影响了旅游经济增长方式向技术驱动型的转变。其次,旅游科技创新的基础设施建设同样面临资金短缺的问题。旅游业的服务性质要求其在信息技术、智能服务等方面持续创新,以提升游客体验感,然而相应的基础设施建设,如智慧旅游平台的研发和推广、移动支付系统的普及以及数字化管理工具的应用等,均需要较大的前期资金投入。由于投资回报周期较长,加之旅游业对市场环境的高度敏感性,导致企业资本投资意愿不高,产业发展在财政支持上也存在局限,使得科技基础设施的发展滞后。最后,旅游科技创新人力资源的投入不足也是一个不容忽视的问题。当前旅游科技创新亟须跨学科的高端人才,如数据分析师、系统开发者、市场营销专家等,但在实际操作中,高层次旅游科技创新人才的培养和引进遇到困难。高校和研究机构与旅游业界之间存在信息不对称的情况,导致相关人才培养方案与行业需求脱节,使得旅游科技创新领域无法获得充足的、具备实际应用能力的人力资源支持,从而制约了创新成果的产出和旅游产业的深度发展。整体而言,安徽省在旅游科技创新资源投入方面面临的资金短缺、基础设施建设滞后和高端人才缺乏三重困境,直接影响了旅游科技创新活动的广度和深度,制约了旅游经济的持续发展与升级。

**2. 旅游科技创新人才缺乏**

在旅游科技创新的发展过程中,人才资源作为推动科技进步和产业升级的关键因素,其供给状况直接影响着旅游经济的质量和效益。安徽省在旅游科技创新方面所面临的人才缺乏问题尤为突出。这一问题主要表现在高层次创新人才短缺、专业技能人才配置不均以及行业培训体系不完善等多个方面。首先,在高端旅游科技创新人才队伍建设方面,缺乏具备前瞻性视野和创新能力的领军人物。这种人才的稀缺限制了新理念、新模式、新业态的发展,降低了区域旅游科技创新的整体水平。人才结构的单一化,不符合多元化和专业化的市场需求,使得旅游业在产品开发、市场营销、服务流程等方面难以形成特色和竞争力。其次,专业技能型人才的不足也是一个显著问题。旅游科技创新涉及大数据分析、信息技术应用、智能化服务等多个领域,这些都需要有相应专业知识和技术操作能力的专门人才。然而,目前安徽省旅游科技创新人才的教育培训与实际产业需求之间存在较大脱节,学校教育往往偏重理论教育,缺乏与企业实际相结合的深度交流和协同培养机制,导致毕业生实际工作能力与企业需求不匹配。最后,安徽省旅游业对于在职员工的继续教育和技能提升投入不够,使得旅游从业人员在新技术、新模式的应用上缺乏必要的专业指导和实践机会。此外,行业内部对于人才的吸引力不足,如薪酬福利待遇相对较低、职业发展路径不明确等,进一步加剧了人才流失,降低了旅游科技创新人才的整体质量和稳定性。综上所述,安徽省旅游科技创新在人才培养方面存在着高层次领军人才匮乏、专业技能型人才不足以及人才培养与行业需求脱节等问题。这些问题导致旅游科技创新能力不强、创新成果转化率低,最终影响旅游经济发展的质量和竞争力。

**3. 旅游科技创新机制与体制不健全**

首先,旅游科技创新作为提升旅游产业竞争力的重要手段,应由一个有效的创新驱动机制来推动。然而,安徽省旅游业在这方面尚未形成一套成熟的机制,特别是在资源整合、项目立项、资金投入、成果转化等关键环节,缺少一种系统的、动态的管理与运作模式,致使创新资源不能高效聚集与利用,创新成果难以在旅游实践中得到广泛应用,进而影响创新对旅游经济的贡献。其次,产学研用协同创新是现代旅游科技创新的重要发展方向,但在安徽省,这样的协同机制还不够成熟。由于旅游企业、科研院所和高等院校之间缺乏紧密的合作机制,使得旅游科技研发与行业需求脱节,科研成果难以转化为实际生产力,影响了科技创新对经济增长的直接推动作用。再次,政策激励和支撑体系对于旅游科技创新的重要性不言而喻。然而现阶段,安徽省在旅游科技创新的相关政策支持上仍显不足,无论是财政投入、税收优惠还是金融服务,都未能形成一个有力的政策支撑体系,使得旅游科技创新缺乏必要的外部动力。最后,市场是科技创新成果转化的重要途径,但在安徽省,市场导向的不充分也成为了制约旅游科技创新发展的因素之一。市场需求未能有效传递给科技创新实践者,科技创新活动缺乏有效的市场反馈机制,影响了旅游科技创新活动的方向和效率。总的来说,安徽省的旅游科技创新机制与体制不健全,表现为创新发展机制不成熟、产学研用协同机制不完善、政策激励和支撑体系不健全、市场导向不明确等多个方面的问题,这些问题共同作用下,使得旅游科技创新对旅游经济的贡献不足,制约了旅游经济的整体发展水平。

综上所述,关于安徽省旅游科技创新对旅游经济的贡献不足,可以概括为资源配置不足、人才结构不完善以及创新机制与体制的不健全3个方面。这些问题构成了制约安徽省旅游经济由粗放型向集约型、高效型增长方式转变的重要因素。

## 3.3.2 安徽省区域旅游经济增长存在一定的不稳定性

### 3.3.2.1 旅游产业结构单一导致的脆弱性

**1. 旅游收入来源单一**

首先,安徽省区域旅游产业结构在区域性收入来源上表现出一定的单一性,这种单一性是指旅游收入高度依赖特定的区域和旅游产品,导致旅游经济的脆弱性加剧。以黄山和古城徽州文化为代表的旅游吸引物,虽然为安徽省带来了显著的知名度和经济效益,但是也使得该省旅游市场上特定旅游产品过度集中,从而忽略了对其他潜力旅游资源的开发与利用。其次,安徽省的旅游收入分布不均。从时间维度看,存在明显的季节性波动,如黄山冬季的游客量远低于春秋两季;从空间维度看,大部分旅游收入集中在黄山、九华山等知名景区。这种情况下,一旦上述主要旅游区域遭受自然灾害或其他不可抗力事件的影响,或者随着旅游市场竞争加剧和游客需求发生变化,可能会迅速影响到整个省旅游产业的收入稳定性。再次,安徽省的旅游市场在国际化程度上仍有较大提升空间。省内旅游产业相对于沿海经济发达地区在国际游客市场开发上的滞后,使得旅游收入更多依赖国内游客,尤其是周边省份。这种依赖性在面对国内经济波动、居民消费模式变化甚至公共卫生事件时,会显得尤为脆弱。最后,旅游产品类型的单一化也是安徽省必须面对和解决的结构问题。尽管近年来在文化体验游、乡村生态游等领域有所发展,但与黄山等传统旅游资源相比,这些新兴旅游产品在市场占有率、品牌影响力和收入贡献度上仍显不足,难以形成对传统旅游资源的有效补充。总体而言,安徽省旅游产业结构的单一性问题体现在旅游收入来源上的区域集中、季节性波动、国际市场开发不足以及产品类型单一等方面,这些因素共同影响着旅游产业的稳健性和可持续发展能力。

**2. 入境旅游市场的动荡不安**

安徽省旅游产业结构的脆弱性,在入境旅游市场的动荡不安中表现得尤为明显。入境旅游市场的不稳定因素多种多样,包括国际政治、经济波动,全球性公共卫生事件,以及国际关系中的紧张等,这些都可能导致入境旅游需求的剧烈波动,给原本单一的旅游产业结构带来严峻挑战。首先,国际政治经济格局的变化直接影响入境旅游市场的稳定性。例如,国际贸易争端可能导致某些国家公民对到中国的旅游意愿降低,或者由于国家间的签证政策收紧而造成入境旅客数量减少。这对依赖特定国际市场的安徽省旅游产业而言,是一个不容忽视的外部风险。其次,全球性公共卫生事件对于入境旅游市场的影响更是深远。譬如在新冠疫情期间,各国纷纷实施边境管控和旅行限制,导致国际旅游几近停滞,安徽省作为内陆省份,原本在入境旅游市场上就存在的不足被进一步放大,显示出产业结构单一带来的系统性风险。最后,文化交流障碍和安全问题也是入境旅游市场不稳定的重要因素。入境游客对目的地国的语言不通、文化差异以及可能的安全顾虑,等同于潜在的市场阻力。安徽省若不能充分解决这些问题,将无法有效吸引和维护广泛的国际客源,使得入境旅游市场无法作为其旅游产业多元化发展的有力支撑。综上所述,安徽省旅游产业在国际入境旅游市场上的脆弱性,主要源于国际环境的波动、全球公共卫生事件的影响、文化交流等因素的影响,这些复杂因素的不确定性增加了该省入境旅游市场的不稳定性,从而加剧了其旅游产业结构的单一导致的脆弱性。

**3. 地区内部旅游资源禀赋差异大**

首先,不均衡的旅游资源分配导致了旅客流向的极化。安徽省部分地区如黄山市旅游资源富集,由于其丰富的自然景观和文化遗产,吸引了大量的旅游人流,形成了强磁效应;而相对欠缺知名旅游资源的其他地区则难以享受同样的旅游发展红利,导致省内旅游经济发展水平参差不齐,进一步强化了区域间的经济差距。其次,旅游资源开发利用水平的差异,造成了旅游经济依赖度的地区性分化。资源丰富区域的旅游业往往更加成熟,对旅游基础设施和服务体系的依赖较高,而其他欠开发的区域,由于缺乏足够的投入和规划,旅游业的比重相对较低,导致整体省级旅游产业结构的不稳定与脆弱性增加。再次,资源分配不均衡还可能引发对旅游环境负担的过度集中。旅游热点地区因过度开发和游客过多造成的环境污染、生态破坏等问题日益凸显,这不仅会影响当地的可持续旅游发展,也在一定程度上削弱了整个安徽省旅游产业的吸引力和竞争力。最后,旅游资源的不均衡分配还会导致区域内部劳动力和资本的流动方向单一化,加剧地区间经济和社会的不平衡发展。资源富集地区吸引了大量劳动力和资金投入,而资源稀缺地区则面临人才流失和资金短缺,使得这些地区的旅游及其他经济活动受到制约,对整个区域经济发展产生负面影响。

综上所述,安徽省旅游产业结构的单一性在地区内部旅游资源分配不均衡的问题中得到了具体体现。旅客流向的极化、旅游经济依赖度的地区性分化、对旅游环境负担的过度集中、劳动力和资本流动的单一化等都是这种脆弱性的具体表现。这些问题在加剧地区间经济社会发展不平衡的同时,也为安徽省旅游产业的整体稳健发展埋下了隐患。

## 3.3.2.2 旅游政策及市场波动导致的敏感性

**1. 旅游政策的非连续性和不一致性对于地方旅游业的冲击巨大**

安徽省各区域在旅游政策制定与执行过程中呈现非连续性和不一致性特

征,对地方旅游业产生了明显的消极影响。政策的非连续性指的是在相对较短的时间内,旅游政策随着管理部门人事更迭或者政策制定者偏好的转变而频繁变化,这种变化可能是在政策方向、资金分配或是具体的管理实践层面。政策的不一致性则体现在不同管理部门之间旅游政策目标和执行手段上的差异。由于缺乏有效的沟通和协调机制,各个管理部门大都根据自身职能制定的政策执行,往往难以形成合力,甚至出现相互矛盾的情况。在此情景下,安徽省区域旅游企业和投资者难以作出长远规划,因为他们无法预测哪些旅游政策会在未来得到持续支持,而哪些又会被突然禁止或废除。由于市场预期不稳定,投资活动易受挫,可能导致重要旅游项目的延误或取消。同时,旅游从业者和游客也因为政策信息不对称及执行效果的波动而承受风险,如服务标准的不一致性、旅游营销信息的混乱等,这些都损害了旅游目的地的整体形象。归根结底,政策的非连续性与不一致性削弱了安徽省旅游市场的稳定性和竞争力,阻碍了旅游业的健康发展,并对旅游业参与者和消费者造成了深远的负面影响。

**2. 市场波动对区域旅游经济增长造成显著影响**

旅游业作为一种典型的经济活动,其产出和增长受到多种因素的影响,其中市场波动无疑是重要的影响因素之一。市场波动通常指的是导致旅游需求和供给短期内显著变动的各种因素,包括经济周期、自然灾害、社会政治事件、技术变革以及偶发的公共卫生事件等。这些因素既可以单独存在,也可以同时通过影响旅游参与者的预期和行为,进一步对区域旅游经济产生深刻的影响。安徽旅游业经济增长具有明显的周期性特征。在经济繁荣时期,居民收入水平提高,旅游消费意愿与能力增强,带动旅游需求整体提升。相反,在经济衰退时期,旅游作为一种弹性消费,往往会受到较大影响,需求萎缩。同时,国际经济环境的波动也可能通过影响外国游客入境而对地方旅游经济产生重要影响。另外,安徽省旅游业的市场波动还受到极端气候事件和自然灾害的影响。作为一个多山地区,安徽省内可能发生的山体滑坡、洪水等自然灾害会直接影响旅游资源的可达性和游览安全,从而导致旅游需求的急剧波动。在这些事件发生期间,旅游活动可能被迫中止,对旅游业经济增长产生负面冲击。可见,市场波动通过短期内改变旅游需求和供给的关系,对安徽省区域旅游经济的增长造成了显著影响。这些波动不仅影响旅游业本身的收益和就业,还可能对整个地区

**3. 旅游市场竞争激烈化给旅游经济的稳定增长带来了挑战**

在全球化的大背景下,旅游市场的竞争日益加剧,安徽省区域旅游经济也会面临着一系列由市场竞争激烈化引发的稳定增长挑战。首先,随着国内外旅游目的地的增多以及消费者需求的多样化,旅游者对于目的地的选择越来越倾向于个性化、差异化的体验,这对安徽省来说,既是机遇也是挑战。尽管安徽拥有黄山、宏村等独特景观,但在产品创新和旅游体验上的同质化倾向明显,这在一定程度上削弱了其在激烈的市场竞争中的吸引力。其次,随着国际和国内旅游市场竞争的加剧,营销和推广策略对于吸引旅游者变得更为关键。然而,安徽省在这方面存在着资源的有限性和宣传推广活动不足等缺点,导致其在国内外市场的知名度和影响力提升缓慢,进而影响了区域旅游经济的稳定增长。再次,随着经济全球化和区域一体化的进一步深入,旅游市场的竞争辐射范围已经从传统的国内市场扩展到跨国市场。安徽省在面对国际旅游市场的竞争时,不仅要克服语言和文化障碍,还需要应对国际旅游政策的变动和国际政治经济形势的不确定性,这些都给区域旅游经济的稳定增长带来了不小的挑战。最后,随着旅游市场竞争激烈化,投资者对旅游项目的选择更为慎重,这可能导致安徽省旅游项目投资的减少,进而影响旅游基础设施的完善和旅游产业链的发展。这一点在市场经济体制下尤为明显,资本为了追求最大化利润,往往优先选择那些回报率高、风险低的项目和地区,这对于旅游资源丰富但竞争力尚待提升的安徽省来说,无疑是一个现实的挑战。因此,旅游市场的竞争激烈化给安徽省的区域旅游经济稳定增长带来了一系列挑战,包括旅游产品同质化、营销推广力度不足、服务质量和可持续发展的压力以及对外开放与国际市场不确定性的应对等。

## 3.3.3 安徽省区域旅游经济空间发展不均衡现象突出

### 3.3.3.1 区域经济发展的差异性

**1. 基础设施建设与区域联动的不平衡**

虽然近年来安徽省加大了对交通、信息化等基础设施的投资,但东西部发展仍不均衡。安徽省东部地区因临近长江和较为便捷的交通条件，成为基础设施建设的重点区域，拥有相对发达的公路、铁路网络系统以及完善的城市服务设施。此外，东部沿江城市群和周围的经济圈在政策支持下形成较好的区域协同效应，物流、资金流以及信息流更为畅通，极大地促进了经济的聚集与发展。然而，西部区域的交通网络密度低，特别是地处偏远的西部县市，由于基础设施落后、外部投资匮乏、市场活力不足，导致区域经济发展缓慢，这种地理分割的客观存在，加上基础设施建设的不平衡发展，导致经济发展水平呈现明显梯度分化。从功能性角度考察，区域间的基础设施联动不仅是物理连接问题，更是经济动能流动和转换的关键因素。安徽省内部的基础设施联动性不足，影响了区域间经济互补与协同发展的可能性，制约了低效率产业的转型升级以及高附加值产业的引入与布局，进一步加深了区域经济发展的非均衡格局。综上所述，安徽省在基础设施建设与区域联动方面表现出的不平衡，不仅体现在硬件设施的投入差异上，还反映在经济联系的紧密程度与各地区经济发展水平的不均衡上。基础设施作为经济社会发展的物质基础，在推动区域经济平衡发展中起到了至关重要的作用。安徽省基础设施建设的不平衡性，既是省内区域发展不均衡的结果，也是影响未来发展前景的重要因素。

**2. 区域收入差距显著影响消费能力**

安徽省内部的区域收入差距就反映了一种结构性的经济发展不均衡现象。东部沿江城市如合肥、芜湖、马鞍山等地区，由于其较为优越的地理位置以及政策倾斜，形成了较强的产业集聚效应，促进了当地工业化和城镇化进程。这些地区的居民因而享受到了更多的经济增长红利，他们人均收入水平相对较高，有利于提高消费能力。相对而言，西部山区、淮北平原及其他经济欠发达区域，由于自然环境限制、产业基础薄弱及外部投资吸引力不足等因素，经济发展迟缓，居民收入增长有限，导致了消费能力不足。这种收入差距造成人均消费支出具有显著的地区差别，特别是在旅游、休闲娱乐等非基本生活需求领域表现得尤为明显。由于各市居民收入差距较大，安徽省总体消费能力增长速度放缓，制约了消费对经济增长的拉动作用。对于旅游经济而言，居民的旅游消费行为直接受其可支配收入水平的制约，进而影响旅游业的发展动力和潜力。此外，收入差距还能够影响居民的消费结构，较低收入群体倾向于将可支配收入用于满足基本生活需求，如食品、衣物、住房等，对于教育、文化和旅游等方面的支出则相对有限。这种收入差距反映的消费能力差距可能进一步助长地区经济发展不平衡的趋势,因为地区旅游收入的增加能有效拉动地方消费需求与就业,进而对促进当地经济发展有积极作用。然而,如果低收入地区因消费能力不足而无法充分发展旅游业,就可能陷入一个恶性循环,即经济发展滞后、收入水平低下、消费能力弱化、旅游市场萎靡,这些因素相互作用,最终导致旅游经济增长潜力未能得到有效释放。

### 3. 旅游市场开发水平及运营管理的地区差异

旅游市场的开发和管理水平直接影响旅游产业的质量和效益,而安徽省对旅游市场的开发存在明显的地区差异,沿江及沿海发达城市,如芜湖、马鞍山的旅游市场开发较为成熟,服务设施完善,营销策略多样,能够有效吸引并维护客户群体。反观一些欠发达地区,由于缺乏专业的旅游市场规划与运营管理,以及市场开发资金和人才的不足,不仅在旅游市场的拓展上步伐缓慢,同时在服务质量和客户体验上也难以与发达地区相抗衡,从而制约了旅游经济的快速发展。具体而言,一方面,在旅游运营管理方面,区域经济发展水平高的城市通常具有更加完善的旅游服务体系,包括酒店、交通、旅游信息服务等环节的协调发展,以及电子商务等现代旅游营销手段的有效应用。这些地区的旅游企业往往能更好地识别市场需求,快速响应市场变化,创新旅游产品与服务,形成较强的市场竞争力。反观经济欠发达地区,旅游业的配套服务和管理经验不足,容易导致市场潜力未被充分挖掘,造成客源流失,影响旅游业的可持续发展。另一方面,投资环境也是造成旅游市场开发水平差异的原因之一。旅游产业是资金密集型产业,旅游市场的开发在很大程度上依赖于资本投入。而投资者倾向于选择那些基础设施完善、政策扶持有力、市场前景明朗的地区进行投资。因此,一些经济发达、市场潜力大的地区更有可能吸引旅游投资,进而提升旅游市场的开发水平和运营管理质量。然而,资金流向不均可能会进一步加剧区域旅游市场的差异,使得一些区域的旅游业难以获得足够的资本进行基础设施建设和市场开拓。

## 3.3.3.2 区域旅游市场营销不平衡

### 1. 旅游品牌形象构建差异

安徽省在区域旅游市场营销中呈现出显著的品牌形象构建差异,这种差异不仅来源于自然景观和文化资源的天然分布,更与各地营销策略、品牌塑造能力及投入的不均衡有关。品牌形象的构建是一种基于区域旅游资源特性进行的价值包装和传播过程,关系旅游目的地在潜在游客心中的认知位置和吸引力。然而,在实际运作中,重点旅游景点,如黄山、九华山依托其深厚的历史文化积淀及广泛的知名度,成功打造了独特且影响深远的旅游品牌,例如,"黄山归来不看岳"等口号已深入人心,加之持续稳定的宣传推广和品牌活动投入,使得这些区域的品牌影响力不断增强。相较之下,其他区域由于缺乏鲜明的旅游资源特色或未能有效挖掘文化内涵,其旅游品牌形象模糊不清,缺少吸引力。此外,部分区域虽有独特旅游资源,但因资金、技术、人才等多方面制约,未能有效开展专业化的品牌建设与综合营销活动,使其在激烈的市场竞争中难以脱颖而出。更为严重的是,一些区域对品牌形象认识不足,忽视长期品牌战略规划,采取短期行为,导致区域旅游品牌建设缺乏连贯性和系统性,无法形成有效的品牌积累和传播效应。同时,由于不同区域间在营销资源投入上的不均衡,部分地区的旅游品牌形象建设得到政府与企业的大力支持,享受更多的政策优惠和市场推广机会。相比之下,资源较为匮乏的地区则很难获得相应的支持和关注,品牌形象建设受限,进而影响旅游产品的市场竞争力和旅游经济的整体发展。

**2. 旅游市场细分不明晰**

安徽省旅游市场营销在市场细分方面处理不够明晰,针对不同旅游消费群体的特定需求和喜好作出的市场策略并不成熟。一些区域未能准确识别和锁定目标市场,导致营销活动不能精准有效地吸引潜在游客,而是采取"一刀切"的营销策略,这在很大程度上降低了营销效率和游客引流效果。具体而言,首先,对于旅游消费者群体的划分并不细致,导致旅游产品和服务难以满足游客多样化和个性化的需求。例如,应针对不同年龄层、消费水平、旅游动机和偏好的游客,设计不同的旅游产品和服务方案,但现实中往往缺乏此类针对性的市场细分作业,从而使得产品和服务无法精准对接目标市场。其次,旅游产品的开发往往未能基于细分市场的特点进行优化,而是采取一种较为泛化的开发模式。这种做法忽视了不同细分市场间需求的异质性,如探险旅游、文化旅游、生态旅游等特色旅游市场的受众不同,未能作出有针对性的产品定位和创新,限制了市场潜力的完全发挥。最后,市场调研和数据分析工作的不充分导致旅游市场细分的基础信息缺乏。有效的市场细分需要大量的市场数据作为支撑,包括游客的行为习惯、偏好变化和消费模式等,但安徽省在这方面的投入不足,限制了市场细分准确度和可操作性。

### 3. 跨区域协同营销不足

安徽省在跨区域协同营销方面所面临的不平衡现象主要表现为沟通机制不畅、合作框架缺失以及统一品牌建设不足等方面。首先,从沟通机制来看,跨区域旅游营销涉及多方利益主体,如不同区域的管理部门、旅游企业以及相关的服务提供者,而这些主体之间有效沟通的渠道并不畅通,信息共享和资源整合程度有限。其次,在合作框架方面,尽管安徽省内部分地区已经尝试通过建立旅游发展联盟等形式来推进区域间的合作,但这样的合作往往局限于单一项目或短期活动,缺乏长期稳定的合作机制和明确的合作规则,导致跨区域营销活动的连续性和系统性不强。再次,各个区域在追求自身旅游市场份额的过程中,往往缺乏对于整体安徽旅游品牌价值的认识和有意识的投入,这直接影响到了安徽作为一个旅游目的地整体形象的塑造和推广。由此可以看出,尽管地理上相邻的区域在资源和文化上存在天然的衔接点和合作潜力,但由于缺少顶层设计,协同营销的概念未能深入人心,区域间的合作多停留在表面,未能发挥出"1+1>2"的协同效应。最后,在旅游产品开发上,跨区域协同营销的不足进一步体现在旅游产品的同质化竞争上。每个区域都倾向于发展自己的标志性产品,而忽视与周边区域的产品差异化和互补性,导致旅游产品市场的内耗和效率低下。这种现象不仅降低了旅游目的地的吸引力,也削弱了安徽省作为一个整体对外来游客的市场竞争力。

综上所述,安徽省在跨区域协同营销方面所呈现的问题复杂且交织,涉及旅游发展的战略规划、区域合作的深度与广度以及旅游品牌建设的系统性等方面。它们共同作用于安徽省区域旅游市场营销的不均衡发展,制约了旅游资源的优势互补和整体效益的提升。

## 3.3.4 安徽省区域旅游经济增长与生态环境保护存在矛盾

### 3.3.4.1 资源开发与环境承载能力的不均衡

**1. 资源开发集中性与地区环境承载能力差异性的矛盾**

安徽省旅游资源开发往往集中在特定的热点地区,如黄山、九华山等知名景区,这些地区的游客数量远超过其他地区,导致地方环境承载压力巨大。然而,这些热点地区的环境承载能力并不高于其他地区,长期过量的人流和开发活动可能会导致生态系统的破坏,如水土流失、生物多样性丧失等。

**2. 旅游发展与生态环境保护政策不协调**

旅游经济的增长通常需要大规模的基础设施建设与旅游服务设施布局,但是从宏观角度看,安徽省的这种开发往往没有与生态环境保护的需求相协调,缺乏统筹规划。在一些地区,旅游开发项目可能会与环境保护政策冲突甚至逾越了环境保护的红线,损害生态保护区的原有生态平衡。

**3. 传统旅游开发模式与环境可持续性的矛盾**

安徽省部分区域旅游开发项目依赖于传统的经济增长模式,即注重短期收益,缺乏长远的可持续性视角,从而导致资源的过度消耗和环境的非可持续破坏。例如,历史文化遗址由于缺乏恰当保护而遭到破坏,自然景观由于旅游设施建设而面临退化。

**4. 旅游季节性高峰与生态系统恢复能力冲突**

安徽省的旅游业呈现明显的季节性高峰特征,特定节假日或旅游旺季时出现旅游人数激增的现象。这种突发性的游客压力往往超过了当地生态系统的短期自我修复能力,造成短期内环境压力过大,对当地自然环境和社会环境均产生不利影响。

**5. 旅游产业链条对环境影响的扩散效应**

安徽省旅游业发展不仅仅局限于直接的旅游服务活动,更涉及旅游相关的产业,如交通、住宿、餐饮等。这些关联产业的发展对环境的影响是多方面的,从交通造成的空气污染与噪声问题到餐饮业产生的垃圾处理问题,都可能超出当地环境的承载能力,进而对生态环境造成负面影响。

综上所述,安徽省旅游资源开发与环境承载能力之间存在不均衡关系,并日渐成为制约安徽省旅游经济可持续发展的关键因素。因而,如何在旅游资源开发与环境保护之间找到平衡点,是当前旅游管理者和决策者必须面对和解决的紧迫问题。

### 3.3.4.2 传统旅游模式与生态环境可持续性的矛盾

**1. 生态承载力过度消耗与游客管理缺失**

传统旅游模式往往以最大化经济收入为导向,忽视了对游客数量和活动的适度控制,导致游客容量超过了自然景区的生态承载力。过度的人流集中会引发各类环境问题,如步道侵蚀、垃圾增多、水源污染等,严重时可能导致土壤退化、水质下降,甚至生物栖息地的破坏。这些现象不仅削弱了生态系统的自我修复能力,也降低了景区的旅游吸引力及其可持续发展的潜能。

**2. 旅游资源开发的非可持续性问题显著**

在安徽省部分地区,传统旅游模式倾向于单一的旅游资源开发,致使旅游业对自然资源的依赖性加剧。旅游开发往往伴随着对自然风光、历史文化遗址等资源的大规模挖掘和利用,但未必伴随着有效的保护和管理措施。这种开发方式会损害原生态系统的完整性,导致景观变质,生物多样性丧失,乃至文化遗产的破坏,削弱了旅游资源的再生能力和长期价值。

**3. 环境意识和环境治理的薄弱问题明显**

在安徽省旅游业的发展中,传统旅游模式往往没有将环境保护纳入核心议程。这种模式下,旅游企业、游客及地方政府可能更关注即时的经济回报而非长远的环境影响。这不仅表现为对环境保护意识的缺乏,还体现在环境治理上的不足,如在垃圾处理、污水排放、景区建设等方面缺乏科学和严格的环境标准和监管,对当地的自然环境造成了威胁。

为了确保旅游业的长期健康发展,需要认真审视上述问题,确保旅游经济的增长与生态环境保护之间能够实现平衡,以实现旅游业的可持续发展。

### 3.3.4.3 公众生态意识与旅游经济利益的冲突

**1. 公众生态意识滞后引发的环境管理困境**

在传统旅游经济增长中,部分公众在生态环境保护方面存在认知不足,这可能导致旅游活动期间生态保护措施被忽视,造成环境被进一步污染。例如,游客在自然景区中随意丢弃垃圾、随意涉水捕鱼,或者踏足敏感生态区域,这些行为可能是因为他们缺乏对生态系统脆弱性和维护生态平衡重要性的认识。这种滞后的公众生态意识与追求经济收益的旅游开发之间形成了显著的冲突,不仅会损害生态系统健康,还可能会降低旅游景点的持续吸引力。

**2. 地方管理部门与居民在旅游开发中的利益博弈问题**

为了促进地区旅游业的快速发展,政府可能会过分注重经济利益的追求,而忽略了生态环境的长远保护。在这一过程中,当地居民或许因受到旅游开发带来的直接经济利益而支持旅游目的地的开发决策,但同时可能忽视了长期生态环境保护的必要性。这里的冲突表现为公众生态意识的动摇。与旅游业带来的即时经济利益相比,长期的生态环境保护被相对边缘化,这种短期行为可能会对区域环境造成不可逆的损失。

**3. 旅游业发展与自然资源保护间的利益分配不均**

尽管越来越多的旅游者对生态旅游持有兴趣,并愿意为生态环境保护付出成本,但在旅游经济的实际运作中,如何平衡生态利益与经济收益,以及如何将旅游收入适当地分配给生态保护,依旧是一个值得思考的问题。在这一矛盾中,旅游业务可能更偏向于满足市场需求,优先发展经济效益高的旅游项目,导致自然资源的保护不充分,生态教育和公众参与环保的机会减少,进一步造成公众生态意识的落后,及其与旅游经济利益的冲突持续存在。

综合上述问题可知,在安徽省旅游经济增长与生态环境保护之间存在一系列复杂的矛盾关系,这些关系在公众生态意识与旅游经济利益的冲突中得到了深刻体现。

### 3.3.4.4 不均衡的区域旅游发展与生态环境改造的矛盾

**1. 由经济差异驱动的生态环境保护能力的区域不均衡性现象明显**

安徽省作为内陆省份,其区域旅游发展呈现明显的空间分异特征。在旅游业快速发展的驱动下,部分经济发达地区得以将更多资源投入到旅游基础设施建设和市场营销中,进而吸引大量游客,实现旅游收入的持续增长。然而,这样的发展往往使生态环境承载着巨大压力,包括对自然景观的过度商业化、对生态敏感区的过度开发等。与此同时,经济欠发达地区由于缺乏足够的资金和技术投入,其生态环境保护工作往往不足以应对旅游活动带来的负面影响,导致环境退化、生物多样性丧失等问题。

**2. 区域旅游发展规划与生态环境保护政策脱节的问题日益显著**

安徽省在制定旅游规划的过程中,由于各级政府对经济增长的重视往往高于生态环境保护的需求,导致旅游规划与环保政策在执行过程上存在显著偏差。例如,为了追求短期经济效益最大化,部分地区可能忽略了旅游开发对当地生态系统的长期影响,未能合理规划旅游承载量和游客管理。这种政策上的短视行为可能会对自然保护区、水源地、森林等重要生态系统产生不可逆转的损害。而在一些欠发达地区,即便有关注生态环境保护的意识,但由于缺乏有效的政策支持和监管力度,造成生态环境保护工作滞后,进而无法有效防范和减缓旅游开发带来的生态风险。

总之,在安徽省旅游经济发展过程中,存在着区域生态环境保护能力不均衡性以及区域旅游发展规划与生态环境保护政策脱节的问题,这些问题凸显了在推动经济增长和旅游开发的同时,兼顾并强化生态环境保护,以实现经济与生态双赢的可持续发展策略的重要性。

# 4 安徽省区域旅游经济增长质量评价指标体系构建、量化测度及其时空特征研究

## 4.1 安徽省区域旅游经济增长质量评价指标体系构建研究

### 4.1.1 安徽省区域旅游经济增长质量评价指标体系构建原则

#### 4.1.1.1 科学性原则

科学的评价指标是准确衡量安徽省区域旅游经济增长质量的关键,因此,一方面,评价指标的选择要以相关学科理论为指导,充分借鉴本领域的科学研究成果,同时咨询并吸收专家学者们的意见和建议,力求所选取的指标能科学合理地反映安徽省区域旅游经济增长质量的基本特征和内在机制;另一方面,指标权重的计算、评价方法的选取和评价标准的制定及相关数据的处理都要采取科学的方法。此外,安徽省区域旅游经济增长质量指标体系中所选择的各指标应符合国内外相关规范和标准的要求,这不仅有利于指导不同地区的发展实

践,也有利于不同地区之间的比较。

### 4.1.1.2　层次性原则

旅游经济增长质量评价是一项复杂的系统工程,融合了经济学、社会学、资源学等诸多学科,因此,安徽省区域旅游经济增长质量指标体系的构建应是一个有机的整体。与此同时,安徽省区域旅游经济增长质量评价指标体系构建应遵循层次性原则,这样才能使评价体系的结构清晰且逻辑性强,以系统地反映旅游经济增长质量的多个维度和层次。

层次性原则的基本理念是将复杂的旅游经济增长质量现象分解为若干个相互联系、逐级递进的层次,每个层次又由具体的指标构成。这样做的好处是:一方面,层次性原则有助于明确各指标之间的从属关系和作用路径,形成层次分明的评价结构,使得评价更加条理化和系统化;另一方面,它能够突出不同层次指标的重要性,体现旅游经济增长质量的核心要素和辅助要素,便于决策者抓住重点,进行有针对性的管理和调控。

此外,层次性原则还有利于评价过程的逐步深入和细致,从宏观到微观,从总体到局部,使得评价指标既具有广度,又具有深度,从而提高评价结果的科学性和准确性,为促进安徽省区域旅游经济的可持续发展提供有力支持。

### 4.1.1.3　代表性原则

指标体系并非越庞大越好,也并非越多越好,在尽可能反映安徽省区域旅游经济增长质量现状的基础上,应根据安徽省旅游经济增长的特征,选取具有典型代表意义的指标,避免相同或相近变量的重复出现。由此,应遵循代表性原则,以确保所选取的指标能够全面、准确地反映安徽省区域旅游经济增长质量的本质特征和关键影响因素。

具体而言,代表性原则强调指标应具备典型性和概括性,意味着每个指标都能在其所属维度上代表区域旅游经济增长质量的一个方面,避免指标的冗余和片面性。遵循这一原则,可以保证指标体系在有限的指标数量内,最大限度地覆盖区域旅游经济增长质量的多维度评价要求,包括经济、社会、环境、管理等多个方面。

这样的指标体系不仅能够高效地揭示区域旅游经济增长质量的整体状况，而且有助于突出关键问题和主要矛盾。同时，代表性原则还有助于减少数据收集和分析的难度，提高评价工作的可行性和适用性，确保评价指标体系在实践中具有较强的指导性和操作性。

#### 4.1.1.4 可操作性原则

因为构建的指标体系最终要被决策者乃至广大公众所应用，所以指标体系既要能够反映安徽省区域旅游经济增长质量的现状，又要易于被使用者理解和接受，应具有可操作性的特点。可操作性原则强调评价指标应易于理解、所用数据应易于收集和处理，确保评价过程能在现实条件下有效进行。因此，这就意味着评价指标应具备明确的定义、具体的测量方法和可行的数据来源，使得研究人员和管理者能够轻松地获取所需数据，减少评价过程中的主观判断和不确定性。

此外，可操作性原则还要求评价指标应与现行政策、管理规定和实际工作相结合，确保评价结果能够为政策制定和执行提供直接参考。这样的指标体系有助于提高评价效率，降低评价成本，使评价结果更加客观、公正，便于不同利益相关者理解和接受，同时能够更好地服务于安徽省区域旅游经济增长质量的监控、诊断和决策。

### 4.1.2 安徽省区域旅游经济增长质量评价指标确定及其体系构建研究

本书从旅游经济结构水平、旅游经济增长效率、旅游经济增长稳定性、旅游经济增长影响力、旅游经济增长可持续性五大方面来衡量安徽省区域旅游经济增长质量，其具体评价指标体系见表4-1。

表 4-1 安徽省区域旅游经济增长质量的评价指标体系及其指标权重

| 总目标层 | 子目标层 | 权重 | 准则层 | 权重 | 指标层 | 指标层单位 | 权重 |
|---|---|---|---|---|---|---|---|
| 旅游经济增长质量（H） | 旅游经济结构水平（A） | 0.2239 | 旅游经济结构合理化（A1） | 0.1165 | 高星级饭店比重（A11） | / | 0.0521 |
| | | | | | 区位熵（A12） | / | 0.0644 |
| | | | 旅游经济结构高度化（A2） | 0.1074 | 高弹性收入占旅游收入比重（A21） | / | 0.0466 |
| | | | | | 旅游总收入占第三产业增加值比重（A22） | / | 0.0608 |
| | 旅游经济增长效率（B） | 0.1857 | 旅游投入效率（B1） | 0.0785 | 旅游全员劳动生产率（B11） | 万元/人 | 0.0493 |
| | | | | | 旅游资本产出率（B12） | / | 0.0292 |
| | | | 旅游收入效率（B2） | 0.1072 | 一日游单位游客旅游收入（B21） | 万元/人次 | 0.0537 |
| | | | | | 过夜游单位游客旅游收入（B22） | 元/人次 | 0.0535 |
| | 旅游经济增长稳定性（C） | 0.3101 | 旅游经济增长率（C1） | 0.0793 | 国内旅游收入增长率（C11） | / | 0.0460 |
| | | | | | 入境旅游收入增长率（C12） | / | 0.0333 |
| | | | 旅游经济增长波动率（C2） | 0.2308 | 国内旅游收入增长波动率（C21） | / | 0.1039 |
| | | | | | 入境旅游收入增长波动率（C22） | / | 0.1269 |
| | 旅游经济增长影响力（D） | 0.1215 | 旅游经济增长就业率（D1） | 0.0617 | 旅游就业人员占总就业人员比重（D11） | / | 0.0617 |
| | | | 旅游经济增长经济贡献率（D2） | 0.0597 | 旅游总收入占地区生产总值比重（D21） | / | 0.0597 |
| | 旅游经济增长可持续性（E） | 0.1589 | 旅游创新能力（E1） | 0.0454 | 旅游专利个数（E11） | 个 | 0.0454 |
| | | | 旅游环境质量（E2） | 0.1135 | 城市空气质量达到及好于二级的天数比重（E21） | / | 0.0666 |
| | | | | | 城市人均公园绿地面积（E22） | 平方米 | 0.0469 |

### 4.1.2.1 旅游经济结构水平

旅游经济结构水平(A)可从旅游经济结构合理化(A1)和旅游经济结构高度化(A2)两个方面来表征。具体而言,旅游经济结构合理化(A1)是指使旅游经济活动中各种因素或结构之间在数量、规模的比例方面形成的一种动态协调状态,在此用高星级饭店比重(A11)、区位熵(A12)来表示。其中,高星级饭店比重(A11)用三星级以上饭店占星级饭店的比重来衡量;区位熵(A12)即旅游总收入,其计算公式为 $A12_{ij}=(e_{ij}/e_j)/(E_i/E)$,其中,$i$ 表示旅游总收入,$j$ 表示区域,$e_{ij}$ 为区域 $j$ 的旅游总收入,$e_j$ 为区域 $j$ 的地区生产总值,$E_i$ 为安徽省各地区旅游总收入,$E$ 为安徽省各地区的地区生产总值。旅游经济结构高度化(A2)是指利用社会分工优势和现代科技成果,来提高旅游业的技术构成和各要素的综合利用率,促使旅游业向高附加值方向发展,在此用高弹性收入占旅游收入比重(A21)、旅游总收入占第三产业增加值比重(A22)来表示。其中,高弹性收入占旅游收入比重(A21)用交通费、住宿费、餐饮费之外的收入占旅游收入的比重来衡量。

### 4.1.2.2 旅游经济增长效率

旅游经济增长效率(B)可从旅游投入效率(B1)和旅游收入效率(B2)两个方面来表征。具体而言,旅游投入效率(B1)考察旅游经济的投入产出比,包括劳动与资本两大要素的投入效率。其中,旅游全员劳动生产率(B11)反映每个旅游从业人员为旅游产值增加的平均贡献度,计算公式为旅游全员劳动生产率=旅游总收入/旅游从业人员。由于缺乏安徽省各地域旅游从业人员数据,在此用第三产业全员劳动生产率来代替;旅游资本产出率(B12)反映旅游投入资本的单位产出,计算公式为旅游资本产出率=旅游总收入/旅游业固定资产。由于缺乏安徽省各地域旅游业固定资产数据,在此用住宿和餐饮业的资本产出率来代替。旅游收入效率(B2)考察游客的人均花费,用一日游单位游客旅游收入(B21)与过夜游单位游客旅游收入(B22)两个指标来衡量。

### 4.1.2.3 旅游经济增长稳定性

旅游经济增长稳定性(C)可从旅游经济增长率(C1)和旅游经济增长波动

率(C2)两个方面来表征。具体而言:旅游经济增长率(C1)用国内旅游收入增长率(C11)、入境旅游收入增长率(C12)两个指标来衡量。旅游经济增长波动率(C2)=(旅游经济增长率－上一年旅游经济增长率)/上一年旅游经济增长率。根据旅游业自身特征,本书认为其波动范围没有超过上一年的100%,即可视为具有稳定性,即若计算出C2的绝对值大于1,则C2用0来衡量;若计算出C2的绝对值不大于1,则C2用1来衡量。

#### 4.1.2.4　旅游经济增长影响力

旅游经济增长影响力(D)可从旅游经济增长就业率(D1)和旅游经济增长经济贡献率(D2)两个方面来表征。具体而言,旅游经济增长就业率(D1)用旅游就业人员占总就业人员比重(D11)来衡量,由于缺乏安徽省各地域旅游从业人员数据,在此用第三产业就业人员占总就业人员比重与旅游总收入占第三产业生产总值比重的乘积来代替。旅游经济增长经济贡献率(D2)用旅游总收入占地区生产总值比重(D21)来衡量。

#### 4.1.2.5　旅游经济增长可持续性

旅游经济增长可持续性(E)可从旅游创新能力(E1)和旅游环境质量(E2)两个方面来表征。具体而言,旅游创新能力(E1)用旅游专利个数(E11)来衡量,它作为旅游行业最先进技术的载体,是衡量其科技进步与创新的重要指标。旅游环境质量(E2)用城市空气质量达到及好于二级的天数比重(E21)、城市人均公园绿地面积(E22)来衡量。

## 4.2　安徽省区域旅游经济增长质量的量化测度及其时空演化特征研究

### 4.2.1　安徽省区域旅游经济增长质量指标权重的确定

依据均方差法即式(1.2)～式(1.4),利用安徽省16个地级市各指标的原始数据计算出安徽省区域旅游经济增长质量的指标权重(表4-1)。可知,在旅游经济增长质量指标体系的子目标层中,旅游经济增长稳定性(C)、旅游经济结构水平(A)和旅游经济增长效率(B)的指标权重依次居前三位,权重数值分别为 0.3101、0.2239 和 0.1857,这表明它们是构成旅游经济增长质量的最主要内容。在准则层构成中,权重值由大到小依次为旅游经济增长波动率(C2)、旅游经济结构合理化(A1)、旅游环境质量(E2)、旅游经济结构高度化(A2)、旅游收入效率(B2)、旅游经济增长率(C1)、旅游投入效率(B1)、旅游经济增长就业率(D1)、旅游经济增长经济贡献率(D2)和旅游创新能力(E1),权重数值分别为 0.2308、0.1165、0.1135、0.1074、0.1072、0.0793、0.0785、0.0617、0.0597 和 0.0454,可以看出,它们对旅游经济增长质量的影响依次变小。在指标层构成中,权重值由大到小依次为入境旅游收入增长波动率(C22)、国内旅游收入增长波动率(C21)、城市空气质量达到及好于二级的天数比重(E21)、区位熵(A12)、旅游就业人员占总就业人员比重(D11)、旅游总收入占第三产业增加值比重(A22)、旅游总收入占地区生产总值比重(D21)、一日游单位游客旅游收入(B21)、过夜游单位游客旅游收入(B22)、高星级饭店比重(A11)、旅游全员劳动生产率(B11)、城市人均公园绿地面积(E22)、高弹性收入占旅游收入比重(A21)、国内旅游收入增长率(C11)、旅游专利个数(E11)、入境旅游收入增长率(C12)和旅游资本产出率(B12),权重数值分别为 0.1269、0.1039、0.0666、0.0644、0.0617、0.0608、0.0597、0.0537、0.0535、0.0521、0.0493、0.0469、0.0466、0.046、0.0454、0.0333 和 0.0292,可以看出,它们对旅游经济增长质量的重要性依次变弱。

## 4.2.2　安徽省旅游经济增长质量的衡量

本书利用 2011—2020 年安徽省 16 个地级市各指标的面板数据,采用加权平均法,即式(1.5)来测算 2011—2020 年安徽省平均及其各区域旅游经济增长质量准则层、子目标层指标的指数。

通过测算 2011—2020 年安徽省旅游经济增长质量指数,并绘制其时序发展图(图 4-1)。

参考分析数据和旅游经济增长质量的演化趋势后发现,近年来,安徽省旅游经济增长质量的波动性较大,其中在 2012 年、2017 年和 2019 年出现波峰,旅游经济增长质量指数分别为 0.4479、0.4368 和 0.4417;在 2015 年出现大波谷,在 2018 年出现小波谷。具体而言,2011—2012 年,安徽省旅游经济增长质量指数持续增长,由 2011 年的 0.2781 增加到 2012 年的 0.4479;2012—2015 年,呈递减态势,2015 年数值为 0.4024;2015—2017 年,又为持续增加态势,2017 年数值达到 0.4368;2018 年有所下滑,为 0.4315;2019 年,又出现波动上涨,为 0.4417;2020 年,由于新冠疫情影响,出现断崖式下降,为 0.2685。

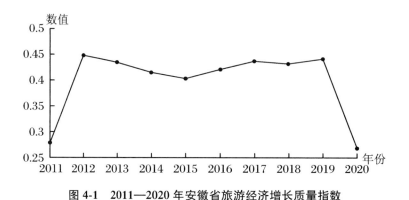

**图 4-1　2011—2020 年安徽省旅游经济增长质量指数**

#### 4.2.2.1　安徽省旅游经济结构水平的衡量

为直观体现安徽省旅游经济结构水平演变情况,本书根据其量化结果绘制图 4-2。

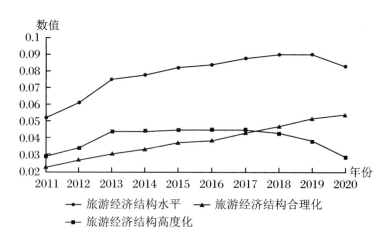

**图 4-2　2011—2020 年安徽省旅游经济结构水平演变情况**

参考分析数据和旅游经济结构水平的演化趋势后发现，除 2020 年有小幅度下降外，安徽省旅游经济结构水平呈持续上升态势，由 2011 年的 0.0519 增长至 2020 年的 0.0828。其中，就旅游经济结构合理化而言，2011—2020 年始终保持增长状态，由 2011 年的 0.0226 增长至 2020 年的 0.0540。出现该趋势的主要原因在于三星级以上饭店占星级饭店的比例和区位熵均逐年增长，三星级以上饭店占星级饭店的比例由 2011 年的 0.6316 增长至 2020 年的 0.9669，区位熵由 2011 年的 0.6434 增长至 2020 年的 1.2503。就旅游经济结构高度化而言，总体呈先增长后减弱的态势，2011—2016 年呈现增长状态，由 2011 年的 0.0292 增长到 2016 年的 0.0451，这是由于高弹性收入占旅游收入比重和旅游总收入占第三产业生产总值比重的增长而引起的，其中，高弹性收入占旅游收入比重由 2011 年的 0.4386 增长到 2016 年的 0.5182，旅游总收入占第三产业生产总值比重则由 2011 年的 0.4639 增长到 2016 年的 0.5793。在 2016 年之后，安徽省旅游经济结构高度化表现出减弱的态势，截至 2020 年，仅维持在 0.0287。这同样是由高弹性收入占旅游收入比重和旅游总收入占第三产业生产总值比重的波动而引起的。截至 2020 年，高弹性收入占旅游收入比重为 0.4656，旅游总收入占第三产业生产总值比重则为 0.2821。

#### 4.2.2.2 安徽省旅游经济增长效率的衡量

为直观体现安徽省旅游经济增长效率演变情况，根据其量化结果绘制图 4-3。

图 4-3　2011—2020 年安徽省旅游经济增长效率演变情况

观察数据结果和安徽省旅游经济增长效率演化趋势后发现,2011—2020年,安徽省旅游经济增长效率基本呈逐年增长态势,仅在2020年略有下降,由2011年的0.0299增长到2019年的0.0778,2020年时仍保持在0.0743。其中,就旅游投入效率而言,2011—2020年不断增长,由2011年的0.0070增长到2020年的0.0324,这主要是因为安徽省第三产业全员劳动生产率逐年递增(由2011年的4.0139增长到2020年的13.6302),而旅游资本产出率则在2011—2019年保持增长,由2011年的3.5239增长到2019年的8.7884,虽然在2020年有所降低,但仍然达到7.0178;就旅游收入效率而言,除2020年外,安徽省保持逐年增长的态势,由2011年的0.0229增长到2019年的0.0538,这是因为一日游单位游客旅游收入和过夜游单位游客旅游收入总体呈增长态势。其中,一日游单位游客旅游收入在2011—2019年呈增长态势,由2011年的408.6839增长到2019年的678.6616,虽然在2020年有所降低,但依然维持在563.2933;过夜游单位游客旅游收入也基本呈增长态势,仅在2013年和2020年出现一定的下降,在总体上还是由2011年的909.9973增长至2020年的1093.2586。

#### 4.2.2.3 安徽省旅游经济增长稳定性的衡量

为直观体现安徽省旅游经济增长稳定性演变情况,根据其量化结果绘制图4-4。

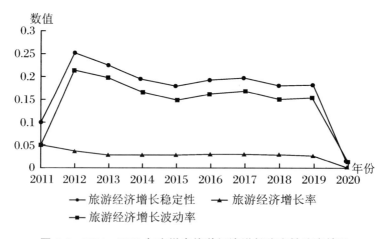

图4-4　2011—2020年安徽省旅游经济增长稳定性演变情况

观察数据结果和安徽省旅游经济增长稳定性演化趋势后发现,2011—2020

年,安徽省旅游经济增长较不稳定、波动性较大。具体而言,2011—2012 年表现为上升状态,在 2012 年达到 0.2512,为 10 年中的最大值;2012—2015 年则为递减状态,2015 年为 0.1804;2015—2017 年呈上升状态,在 2017 年达到 0.1987;2017—2018 年则又呈下降状态,在 2018 年达到 0.1803;在 2019 年出现短暂上升后,达到 0.1817;随后,在 2020 年出现直线下降趋势,数值为 0.0182,这也是 10 年中的最小值。其中,就安徽省旅游经济增长波动率而言,其与安徽省旅游经济增长稳定性的发展态势完全一致,2011—2012 年表现为上升状态,在 2012 年达到 0.2149,为 10 年中的最大值;2012—2015 年则为递减状态,2015 年达到 0.1515;2015—2017 年呈上升状态,在 2017 年达到 0.1688;2017—2018 年则又呈下降状态,在 2018 年达到 0.1515;在 2019 年出现短暂上升后,达到 0.1544;随后,在 2020 年出现直线下降趋势,数值为 0.0159,这也是 10 年中的最小值。安徽省旅游经济增长波动率演化趋势与入境旅游收入增长波动率基本相符,入境旅游收入增长波动率在 2011—2012 年表现为上升状态,在 2012 年达到 0.8750,这也是历年最高水平;2012—2015 年则为递减状态,2015 年达到 0.3750;2015—2017 年呈上升态势,在 2017 年达到 0.5625;2017—2018 年则又呈下降状态,在 2018 年达到 0.3750;在 2019 年出现短暂上升后,达到 0.5000;随后,在 2020 年出现直线下降趋势,数值为 0.1250,这也是历年最低水平。就旅游经济增长率而言,2011—2020 年均为正数,说明旅游经济逐年增加,旅游经济增长率可分为以下几个发展阶段:2011—2013 年呈逐年下降阶段,由 2011 年的 0.0488 降低到 2013 年的 0.0278,2013—2016 年呈逐年上升阶段,2016 年为 0.0308,2016—2020 年又呈下降状态,且 2020 年数值为 0.0023,下降态势极其明显。

### 4.2.2.4 安徽省旅游经济增长影响力的衡量

为直观体现安徽省旅游经济增长影响力演变情况,根据其量化结果绘制图 4-5。

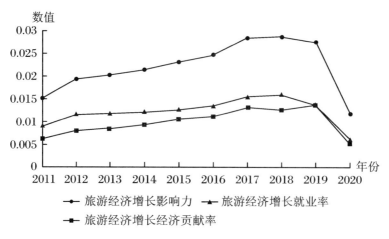

图 4-5 2011—2020 年安徽省旅游经济增长影响力演变情况

观察数据结果和安徽省旅游经济增长影响力演化趋势后发现,2011—2018年,安徽省旅游经济增长影响力呈逐年增长态势,由 2011 年的 0.0151 增长到 2018 年的 0.0286;2018—2020 年,安徽省旅游经济增长影响力则呈逐年递减态势,2020 年减低到 0.0117,这也是近 10 年来的最小值。其中,就安徽省旅游经济增长就业率而言,其与安徽省旅游经济增长影响力演化趋势保持一致,2011—2018 年保持递增,由 2011 年的 0.0089 上升至 2018 年的 0.0160,2018—2020 年,安徽省旅游经济增长就业率逐年递减,在 2020 年降至 0.0063,同样为历年最低。同时,安徽省旅游就业人员占总就业人员比重与安徽省旅游经济增长影响力、安徽省旅游经济增长就业率趋势也基本一致,即 2011—2018 年保持递增,由 2011 年的 0.1599 上升至 2018 年的 0.2592;2018—2020 年呈下降态势,在 2020 年达到 0.1241,为历年最低。相较于安徽省旅游经济增长就业率,安徽省旅游经济增长经济贡献率具有一定的波动性,2011—2017 年,安徽省旅游经济增长经济贡献率保持递增态势,由 2011 年的 0.0063 增长到 2017 年的 0.0131;在 2018 年出现一定下降,数值达到 0.0127;2019 年又有所提升,达到 0.0137;2020 年为低谷,且下降态势显著,数值为 0.0054。安徽省旅游总收入占 GDP 比重与安徽省旅游经济增长经济贡献率的态势吻合,2011—2017 年,安徽省旅游总收入占 GDP 比重保持递增态势,由 2011 年的 0.1604 增长到 2017 年的 0.2824,在 2018 年出现一定的下降,数值达到 0.2762,而在 2019 年又有所提升,数值达到 0.2939,最后在 2020 年达到低值,且下降态势显著,数值为 0.1456。

### 4.2.2.5 安徽省旅游经济增长可持续性的衡量

为直观体现安徽省旅游经济增长可持续性演变情况，根据其量化结果绘制图 4-6。

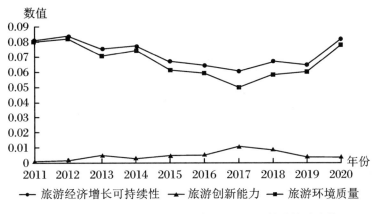

**图 4-6　2011—2020 年安徽省旅游经济增长可持续性演变情况**

观察数据结果和安徽省旅游经济增长可持续性演化趋势后发现，其波动性极大。具体而言，2011—2012 年为递增态势，由 2011 年的 0.0812 提升到 2012 年的 0.0834，2013 年出现下滑，数值为 0.0752，2014 年有所提升，达到 0.0771，2014—2017 年出现持续下降的状态，在 2017 年达到 0.0604，2018 年出现小幅度增长，数值为 0.0669，2019 年又下降至 0.0648，最终在 2020 年回升到 0.0815。其中，就安徽省旅游创新能力而言，2011—2013 年呈递增态势，由 2011 年的 0.0010 提升至 2013 年的 0.0045；2014—2017 年呈递增状态，由 2014 年的 0.0030 增长至 2017 年的 0.0106；2017—2020 年则出现持续的下降状态，在 2020 年为 0.0040。其间，安徽省旅游专利个数的演化趋势与安徽省旅游创新能力基本相符，2011—2013 年呈递增态势，由 2011 年的 0.4375 提升至 2013 年的 1.875，2014 年降低至 1.25；2014—2017 年呈递增状态，在 2017 年达到 4.4375；2017—2020 年则出现持续下降状态，在 2020 年达到 1.6875。就安徽省旅游环境质量而言，2011—2012 年呈递增状态，由 2011 年的 0.0802 提升到 2012 年的 0.0819；2013 年降低至 0.0707，2014 年又提升至 0.0741；2014—2017 年为持续下降状态，到 2017 年为 0.0498；2017—2020 年则出现持续上升态势,在 2020 年达到 0.0775。2011—2012 年,城市空气质量达到二级的天数比例呈递增状态,由 2011 年的 96.3185 提升到 2012 年的 96.5506;2013 年降低至 86.5411,2014 年提升至 87.7740;2014—2017 年呈显著下降态势,在 2017 年的数值为 66.6875;2017—2020 年则表现为递增状态,2020 年数值达到 82.9438。就城市人均公园绿地面积而言,2011—2020 年一直保持递增状态,由 2011 年的 12.1844 提升至 2020 年的 16.3013。

## 4.3 安徽省区域旅游经济增长质量的时空演化特征研究

### 4.3.1 安徽省区域旅游经济增长质量的时序发展特征

#### 4.3.1.1 合肥市旅游经济增长质量的时序发展特征

通过测算 2011—2020 年合肥市旅游经济增长质量指数,并绘制其时序发展图(图 4-7)。参考分析数据和该区域旅游经济增长质量演化趋势后发现,2011 年以来,合肥市旅游经济增长质量的波动态势极其明显,在 2013 年、2016 年和 2018 年出现波峰,数值分别为 0.5028、0.5480 和 0.4671,在 2014 年和 2017 年出现波谷,数值分别为 0.3891 和 0.4575。

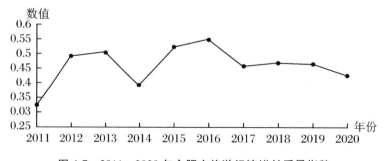

图 4-7 2011—2020 年合肥市旅游经济增长质量指数

## 1. 合肥市旅游经济结构水平的时序发展特征

为直观体现合肥市旅游经济结构水平演变情况,根据其量化结果绘制图 4-8。观察数据结果和该区域旅游经济结构水平演化趋势后发现,合肥市旅游经济结构水平的演变具有一定的波动性,但从总体有所提升,由 2011 年的 0.0402 上涨到 2020 年的 0.0833,其中在 2017 年、2019 年和 2020 年出现小幅度下滑。就旅游经济结构合理化指数而言,也呈现出明显的波动性,总体呈上升趋势,由 2011 年的 0.0246 提升到 2020 年的 0.0488,其中 2017 年和 2020 年出现下降。就旅游经济结构高度化而言,由 2011 年的 0.0157 提升到 2020 年的 0.0345,其中在 2016 年出现波峰,数值达到 0.057。

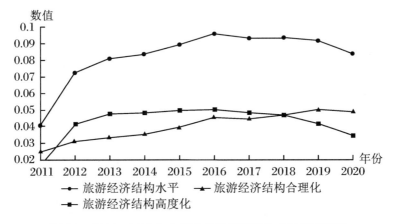

图 4-8　2011—2020 年合肥市旅游经济结构水平演变情况

## 2. 合肥市旅游经济增长效率的时序发展特征

为直观体现合肥市旅游经济增长效率演变情况,根据其量化结果绘制图 4-9。观察数据结果和该区域旅游经济增长效率演化趋势后发现,合肥市旅游经济增长效率在 2011—2020 年基本呈增长态势,仅在 2020 年出现下降,总体上由 2011 年的 0.0596 提升至 2020 年的 0.1341。就旅游投入效率而言,2011—2020 年呈逐年增长态势,由 2011 年的 0.0129 提升至 2020 年的 0.0505。就旅游收入效率而言,其演化趋势与该区域旅游经济增长效率的演变类似,在 2011—2019 年维持增长的状态,由 2011 年的 0.0467 提升至 2019 年的 0.1072,而在 2020 年出现下滑后达到 0.0836,较之于 2011 年依然在总体上有所提升。

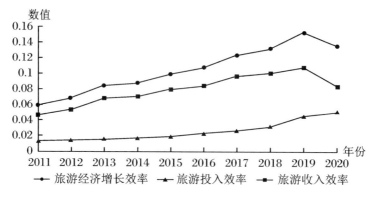

图 4-9　2011—2020 年合肥市旅游经济增长效率演变情况

**3. 合肥市旅游经济增长稳定性的时序发展特征**

为直观体现合肥市旅游经济增长稳定性演变情况,根据其量化结果绘制图 4-10。观察数据结果和该区域旅游经济增长稳定性演化趋势后发现,2011—2020 年合肥市旅游经济增长极不稳定,在 2012 年和 2015 年出现波峰,数值分别达到 0.2658 和 0.2608,在 2014 年出现波谷,数值达到 0.1308,总体呈现为下降的结果,即由 2011 年的 0.1451 降低至 2020 年的 0.1297。就合肥市旅游经济增长波动率而言,其与该区域旅游经济增长稳定性的发展态势完全一致,在 2012 年和 2015 年出现波峰,数值分别达到 0.2308 和 0.2308;在 2014 年出现波谷,数值达到 0.1039。就旅游经济增长率而言,2011—2020 年均为正数,说明合肥市旅游经济逐年增加。从演化趋势来看,2011—2014 年出现大幅度下降,2015—2018 年出现反复波动,2018—2020 年又呈现显著降低的趋势,在 2020 年达到最小值 0.0027。

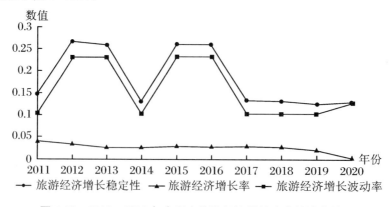

图 4-10　2011—2020 年合肥市旅游经济增长稳定性演变情况

### 4. 合肥市旅游经济增长影响力的时序发展特征

为直观体现合肥市旅游经济增长影响力演变情况,根据其量化结果绘制图 4-11。观察数据结果和该区域旅游经济增长影响力的演化趋势后发现,2011—2018 年,合肥市旅游经济增长影响力逐年增长,由 2011 年的 0.0101 提升到 2018 年的 0.0238,2018—2020 年出现下降的态势,在 2020 年达到近 10 年的最小值 0.0071。其中,就合肥市旅游经济增长就业率而言,其演化趋势与该区域旅游经济增长影响力保持一致,2011—2018 年保持递增状态,由 2011 年的 0.0064 提升到 2018 年的 0.0140,在 2018—2020 年出现下降态势,在 2020 年达到近 10 年的最小值,为 0.0039。就旅游经济增长经济贡献率而言,2011—2019 年呈递增态势,由 2011 年的 0.0037 提升至 2019 年的 0.0105,但在 2020 年出现断崖式下降,数值降低至 0.0031。

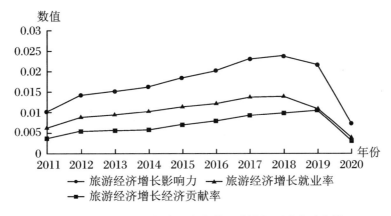

图 4-11　2011—2020 年合肥市旅游经济增长影响力演变情况

### 5. 合肥市旅游经济增长可持续性的时序发展特征

为直观体现合肥市旅游经济增长可持续性演变情况,根据其量化结果绘制图 4-12。观察数据结果和该区域旅游经济增长可持续性演化趋势后发现,合肥市旅游经济增长可持续性演化的波动性极大,在 2012 年、2014 年和 2018 年出现波峰,数值分别达到 0.0701、0.0711 和 0.0874;在 2013 年和 2015 年出现波谷,数值分别为 0.0648 和 0.0538。就合肥市旅游创新能力而言,其演化趋势依然具有较强的波动性,在 2014 年和 2017 年出现波峰,数值分别达到 0.0119 和 0.0454;在 2015 年出现波谷,数值达到 0.0072。就合肥市旅游环境质量而言,其演化波动性也同样明显,在 2014 年、2016 年和 2018 年出现波峰,数值分别为

0.0592、0.0485 和 0.0515;在 2013 年、2015 年、2017 年和 2019 年出现波谷,数值分别为 0.0552、0.0466、0.0399 和 0.0495。

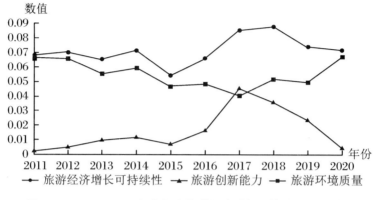

图 4-12　2011—2020 年合肥市旅游经济增长可持续性演变情况

### 4.3.1.2　淮北市旅游经济增长质量的时序发展特征

通过测算 2011—2020 年淮北市旅游经济增长质量指数,并绘制其时序发展图(图 4-13)。参考分析数据和该区域旅游经济增长质量演化趋势后发现,2011 年以来,淮北市旅游经济增长质量的波动态势极其明显,在 2013 年和 2017 年出现波峰,数值分别为 0.4255 和 0.4088;在 2014 年和 2018 年出现波谷,数值分别为 0.2887 和 0.3119。

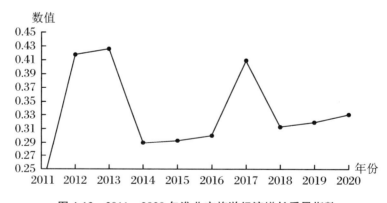

图 4-13　2011—2020 年淮北市旅游经济增长质量指数

**1. 淮北市旅游经济结构水平的时序发展特征**

为直观体现淮北市旅游经济结构水平演变情况,根据其量化结果绘制图

4-14。观察数据结果和该区域旅游经济结构水平的演化趋势后发现,淮北市旅游经济结构水平的演变具有一定的波动性,但从总体来看有所提升,由2011年的0.0317上涨到2020年的0.0715;在2013年、2015年和2019年出现波峰,数值分别为0.0529、0.0640和0.0768;在2014年和2017年出现波谷,数值分别为0.0498和0.0619。就旅游经济结构合理化指数而言,基本保持了增长的态势,由2011年的0.0073提升至2020年的0.0440,仅在2017年和2020年出现小幅度下降。就旅游经济结构高度化而言,在2013年出现波峰,达到0.0448;在2012年出现波谷,数值为0.0240。

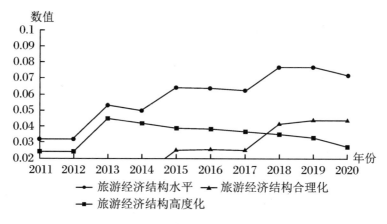

图4-14 2011—2020年淮北市旅游经济结构水平值

**2. 淮北市旅游经济增长效率的时序发展特征**

为直观体现淮北市旅游经济增长效率演变情况,根据其量化结果绘制图4-15。观察数据结果和该区域旅游经济增长效率演化趋势后发现,淮北市旅游经济增长效率在2011—2020年基本呈增长态势,总体上由2011年的0.0224提升至2020年的0.0589。其中,就旅游投入效率而言,该区域呈现出一定的波动性,在2013年和2015年出现波峰,数值为0.0133和0.0162;在2014年和2016年出现波谷,数值分别为0.0117和0.0153,总体呈增长态势。淮北市的旅游收入效率依然存在波动性,在2019年出现波峰,数值达到0.0290;在2013年出现波谷,数值为0.0132。近10年来,淮北市旅游经济增长效率总体上呈增长态势。

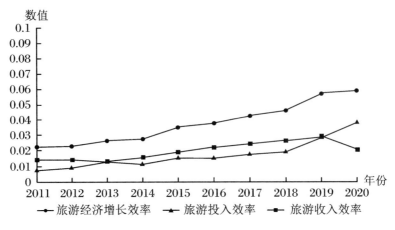

图 4-15　2011—2020 年淮北市旅游经济增长效率演变情况

**3. 淮北市旅游经济增长稳定性的时序发展特征**

为直观体现淮北市旅游经济增长稳定性演变情况,根据其量化结果绘制图 4.16。观察数据结果和该区域旅游经济增长稳定性演化趋势后发现,2011—2020 年淮北市旅游经济增长极不稳定,在 2012 年和 2017 年出现波峰,数值分别达到 0.2690 和 0.2588;在 2014 年和 2019 年出现波谷,数值分别为 0.1279 和 0.1243,总体呈增长态势,即由 2011 年的 0.0714 提升至 2020 年的 0.1291。其中,就淮北市旅游经济增长波动率而言,其与该区域旅游经济增长稳定性的发展态势完全一致,在 2012 年和 2017 年出现波峰,数值均为 0.2310;在 2014 年和 2019 年出现波谷,数值均为 0.1039。就旅游经济增长率而言,2011—2020 年均为正数,说明淮北市旅游经济逐年增加。就演化趋势来看,2011—2014 年出现呈持续下降态势,随后呈波动起伏状态,在 2020 年达到最小值,为 0.0022。

**4. 淮北市旅游经济增长影响力的时序发展特征**

为直观体现淮北市旅游经济增长影响力演变情况,根据其量化结果绘制图 4-17,观察数据结果和该区域旅游经济增长影响力演化趋势后发现,淮北市旅游经济增长影响力具有一定的波动性,在 2013 年和 2018 年出现波峰,数值达到 0.0050 和 0.0089;在 2014 年和 2019 年出现波谷,数值分别为 0.0049 和 0.0083。其中,就旅游经济增长就业率而言,其演化趋势该区域旅游经济增长影响力保持一致,在 2013 年和 2018 年出现波峰,数值分别达到 0.0038 和 0.0053;在 2014 年和 2019 年出现波谷,数值分别为 0.0034 和 0.0040。就旅游经济增长经济贡献率而言,2011—2019 年呈递增态势,由 2011 年的 0.0004 提升至 2019 年的 0.0043,但在 2020 年出现断崖式下降,数值降低至 0.0006。

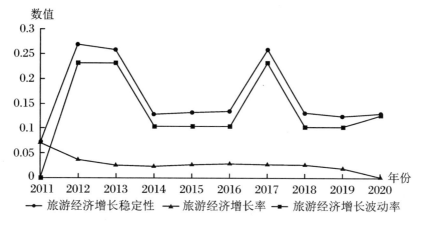

图 4-16　2011—2020 年淮北市旅游经济增长稳定性演变情况

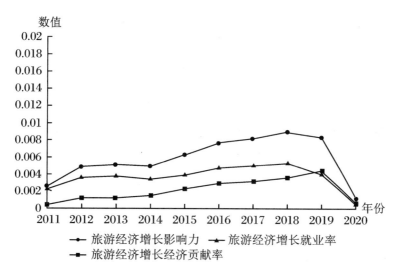

图 4-17　2011—2020 年淮北市旅游经济增长影响力演变情况

**5. 淮北市旅游经济增长可持续性的时序发展特征**

为直观体现淮北市旅游经济增长可持续性演变情况,根据其量化结果绘制图 4-18,观察数据结果和该区域旅游经济增长可持续性演化趋势后发现,淮北市旅游经济增长可持续性演化的波动性极大,在 2012 年和 2016 年出现波峰,数值分别达到 0.0886 和 0.0564;在 2015 年和 2017 年出现波谷,数值分别为 0.0545 和 0.0375。其中,就旅游创新能力而言,除了 2013 年和 2015 年不为 0

外,其余年份的统计结果均为0。就旅游环境质量而言,其演化波动性也同样明显,在2012年和2016年出现波峰,数值分别达到0.0886和0.0564;在2015年和2017年出现波谷,数值分别为0.0522和0.0375。

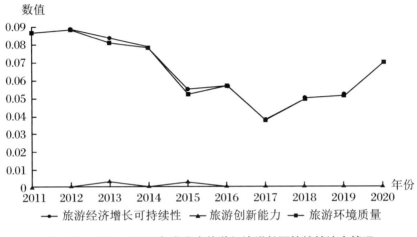

图4-18 2011—2020年淮北市旅游经济增长可持续性演变情况

### 4.3.1.3 亳州市旅游经济增长质量的时序发展特征

通过测算2011—2020年亳州市旅游经济增长质量指数,并绘制其时序发展图(图4-19)。参考分析数据和该区域旅游经济增长质量演化趋势后发现,2011年以来,亳州市旅游经济增长质量的演化具有波动性特征,在2015年和2019年出现波峰,数值分别为0.4512和0.4602;在2017年出现波谷,数值为0.2966。

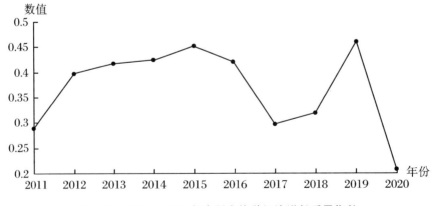

图4-19 2011—2020年亳州市旅游经济增长质量指数

## 1. 亳州市旅游经济结构水平的时序发展特征

为直观体现亳州市旅游经济结构水平演变情况,根据其量化结果绘制图 4-20。观察数据结果和该区域旅游经济结构水平演化趋势后发现,亳州市旅游经济结构水平呈现出多次起伏但总体上涨的态势,由 2011 年的 0.0379 上涨到 2020 年的 0.0747;在 2015 年、2017 年和 2019 年出现波峰,数值分别为 0.0640、0.0774 和 0.0778;在 2012 年、2016 年和 2018 年出现波谷,数值分别为 0.0286、0.0604 和 0.0748。就旅游经济结构合理化指数而言,基本保持了增长的态势,由 2011 年的 0.0057 提升到 2020 年的 0.0470,仅在 2016 年出现小幅度下滑。就旅游经济结构高度化而言,在 2016 年出现唯一一次波峰,数值达到 0.387,纵观 10 年数据统计发现,该数值由 2011 年的 0.0335 下滑至 2020 年的 0.0277。

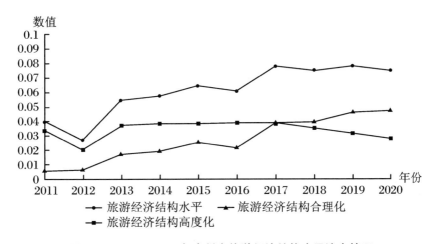

图 4-20　2011—2020 年亳州市旅游经济结构水平演变情况

## 2. 亳州市旅游经济增长效率的时序发展特征

为直观体现亳州市旅游经济增长效率演变情况,根据其量化结果绘制图 4-21。观察数据结果和该区域旅游经济增长效率演化趋势后发现,亳州市旅游经济增长效率在 2011—2020 年基本呈波动性增长态势,在 2015 年和 2019 年出现波峰,数值分别为 0.0600 和 0.0689;在 2016 年出现波谷,数值为 0.0360,总体呈增长态势。就旅游投入效率而言,其与旅游经济增长效率的演变趋势一致,在 2015 年和 2019 年出现波峰,数值分别为 0.0324 和 0.0283;在 2016 年出现波谷,数值为 0.0052。在旅游收入效率方面,仅在 2012 和 2020 年出现小幅度的下滑,其余年份均保持增长的态势,总体由 2011 年的 0.0198 提升至 2020

年的 0.0315。

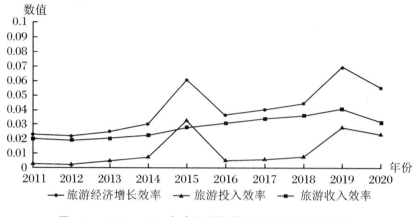

图 4-21　2011—2020 年亳州市旅游经济增长效率演变情况

**3. 亳州市旅游经济增长稳定性的时序发展特征**

为直观体现亳州市旅游经济增长稳定性演变情况,根据其量化结果绘制图 4-22。观察数据结果和该区域旅游经济增长稳定性演化趋势后发现,2011—2020 年亳州市旅游经济增长的起伏较大,在 2012 年、2015 年和 2019 年出现波峰,数值分别达到 0.2675、0.2616 和 0.2588;在 2014 年和 2017 年出现波谷,数值分别为 0.2601 和 0.1333。其中,就旅游经济增长波动率而言,在 2012 年和 2019 年出现波峰,数值均为 0.2308;在 2017 年出现波谷,数值为 0.1039。就旅游经济增长率而言,2011—2020 年均为正数,但演化趋势略显波动性,2011—2014 年持续下降,随后出现多次起伏。2020 年,亳州市旅游经济增长率降低至 0。

**4. 亳州市旅游经济增长影响力的时序发展特征**

为直观体现亳州市旅游经济增长影响力演变情况,根据其量化结果绘制图 4-23,观察数据结果和该区域旅游经济增长影响力演化趋势后发现,亳州市旅游经济增长影响力具有一定的波动性,在 2013 年和 2018 年出现波峰,数值分别达到 0.0069 和 0.0140;在 2014 年出现波谷,数值为 0.0066。就旅游经济增长就业率而言,其演化趋势该区域旅游经济增长影响力保持一致,在 2013 年和 2018 年出现波峰,数值分别为 0.0042 和 0.0076;在 2014 年出现波谷,数值为 0.0036。就旅游经济增长经济贡献率而言,2011—2018 年呈递增态势,由 2011

年的 0.0015 提升至 2018 年的 0.0063；2018—2020 出现下滑，最终数值为 0.0018。

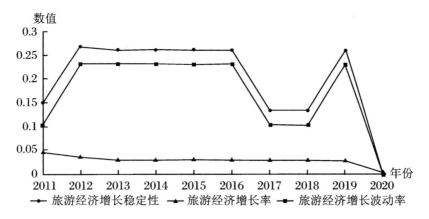

图 4-22　2011—2020 年亳州市旅游经济增长稳定性演变情况

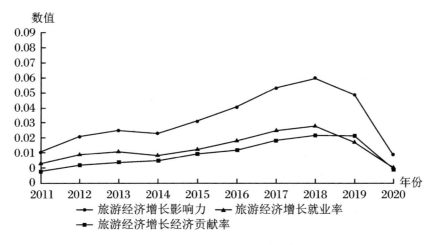

图 4-23　2011—2020 年亳州市旅游经济增长影响力演变情况

**5. 亳州市旅游经济增长可持续性的时序发展特征**

为直观体现亳州市旅游经济增长可持续性演变情况，根据其量化结果绘制图 4-24，观察数据结果和该区域旅游经济增长可持续性演化趋势后发现，亳州市旅游经济增长可持续性演化的波动性极大，在 2012 年和 2018 年出现波峰，数值分别为 0.0759 和 0.0536；在 2017 年和 2019 年出现波谷，数值分别为 0.0333 和 0.0430。就旅游创新能力而言，除 2013 年、2016 年、2018 年和 2020

年外,其余年份的统计结果均为0。就旅游环境质量而言,其与旅游经济增长可持续性的演化趋势一致,在2012年和2018年出现波峰,数值分别为0.0759和0.0464;在2017年和2019年出现波谷,数值分别为0.0333和0.0430。

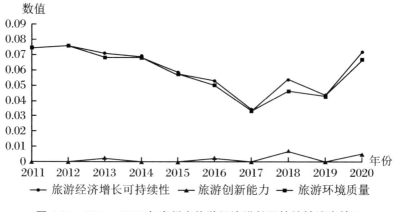

图4-24　2011—2020年亳州市旅游经济增长可持续性演变情况

### 4.3.1.4　宿州市旅游经济增长质量的时序发展特征

通过测算2011—2020年宿州市旅游经济增长质量指数,并绘制其时序发展图(图4-25)。参考分析数据和该区域旅游经济增长质量演化趋势后发现,近10年,宿州市旅游经济增长质量的波动性较强,出现多次起伏,在2014年、2016年和2019年出现波峰,数值分别为0.4113、0.3989和0.4228;在2015年和2018年出现波谷,数值分别为0.2839和0.2991。

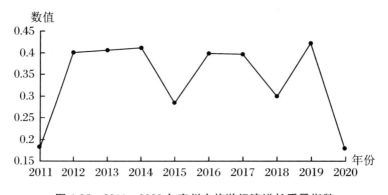

图4-25　2011—2020年宿州市旅游经济增长质量指数

**1. 宿州市旅游经济结构水平的时序发展特征**

为了直观体现宿州市旅游经济结构水平演变情况,根据其量化结果绘制图 4-26。观察数据结果和该区域旅游经济结构水平演化趋势后发现,宿州市旅游经济结构水平在总体上呈上涨态势,但波动性较大,在 2015 年和 2018 年出现波峰,数值分别为 0.0618 和 0.0665;在 2012 年和 2017 年出现波谷,数值分别为 0.0340 和 0.0592。就旅游经济结构合理化指数而言,在 2015 年出现波峰,数值为 0.0314;在 2013 年和 2016 年出现小波谷,数值分别为 0.0241 和 0.0303。就旅游经济结构高度化而言,在 2015 年出现波峰,数值为 0.0304;在 2012 年出现波谷,数值为 0.0128。

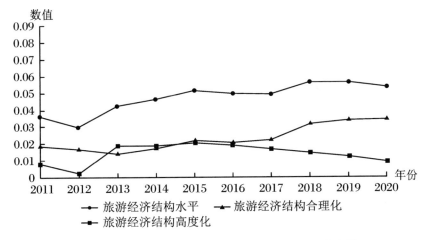

图 4-26 2011—2020 年宿州市旅游经济结构水平演变情况

**2. 宿州市旅游经济增长效率的时序发展特征**

为了直观体现宿州市旅游经济增长效率演变情况,根据其量化结果绘制图 4-27。观察数据结果和该区域旅游经济增长效率演化趋势后发现,宿州市旅游经济增长效率在 2011—2020 年基本呈增长态势,仅在 2018 年出现小幅度下降。总体而言,由 2011 年的 0.0138 提升至 2020 年的 0.0529。其中,就旅游投入效率而言,其发展趋势具有波动性,在 2012 年和 2017 年出现波峰,数值分别为 0.0044 和 0.0181;在 2013 年和 2018 年出现波谷,数值分别为 0.0042 和 0.0149。旅游收入效率则在 2011—2019 年保持持续提升态势,由 2011 年的 0.0106 提升至 2019 年的 0.0322;在 2020 年则出现明显下滑,数值降低至 0.2334。

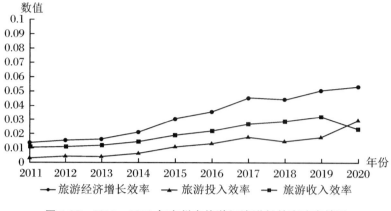

图 4-27  2011—2020 年宿州市旅游经济增长效率演变情况

### 3. 宿州市旅游经济增长稳定性的时序发展特征

为了直观体现宿州市旅游经济增长稳定性演变情况,根据其量化结果绘制图 4-28。观察数据结果和该区域旅游经济增长稳定性演化趋势后发现,2011—2020 年宿州市旅游经济增长极不稳定,在 2012 年和 2017 年出现波峰,数值分别达到 0.2670 和 0.2607;在 2015 年和 2018 年出现波谷,数值分别为 0.1354 和 0.1321。其中,就旅游经济增长波动率而言,其与该区域旅游经济增长稳定性的发展态势基本一致,在 2012 年和 2017 年出现波峰,数值均为 0.2308;在 2015 年和 2018 年出现波谷,数值均为 0.1039。就旅游经济增长率而言,2011—2020 年均为正数,说明该区域旅游经济逐年增加,但演化趋势具有波动性,2011—2014 年呈下降趋势,2015—2017 年出现反复波动,2017—2020 年呈持续下降态势,且在 2020 年降低至最小值 0.0026。

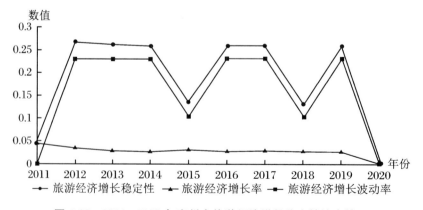

图 4-28  2011—2020 年宿州市旅游经济增长稳定性演变情况

#### 4. 宿州市旅游经济增长影响力的时序发展特征

为了直观体现宿州市旅游经济增长影响力演变情况,根据其量化结果绘制图 4-29,观察数据结果和该区域旅游经济增长影响力的演化趋势后发现,宿州市旅游经济增长影响力具有一定的波动性,在 2013 年和 2019 年出现波峰,数值达到 0.0028 和 0.0071;在 2014 年出现波谷,数值为 0.0028。就旅游经济增长就业率而言,在 2013 年和 2018 年出现波峰,数值分别为 0.0017 和 0.0032;在 2014 年出现波谷,数值为 0.0017。就旅游经济增长经济贡献率而言,2011—2019 年呈现递增态势,由 2011 年的 0.0002 提升至 2019 年的 0.0041;但在 2020 年出现断崖式下降,数值降低至 0.0007。

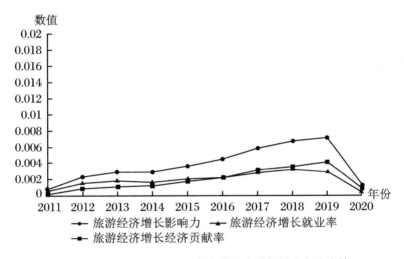

图 4-29　2011—2020 年宿州市旅游经济增长影响力演变情况

#### 5. 宿州市旅游经济增长可持续性的时序发展特征

为了直观体现宿州市旅游经济增长可持续性演变情况,根据其量化结果绘制图 4-30。观察数据结果和该区域旅游经济增长可持续性的演化趋势后发现,宿州市旅游经济增长可持续性演化具有一定的波动性特征,在 2012 年和 2018 年出现波峰,数值分别达到 0.0763 和 0.0499;在 2017 年和 2019 年出现波谷,数值分别为 0.0261 和 0.0410。就旅游创新能力而言,除 2011 年、2012 年、2014 年和 2016 年外,其余年份均有数据统计以展现该区域的旅游创新能力。就旅游环境质量而言,其波动性演化态势也较为突出,在 2012 年和 2014 年出现波峰,数值分别为 0.0763 和 0.0734;在 2013 年和 2017 年出现波谷,数值分别为 0.0717 和 0.0237。

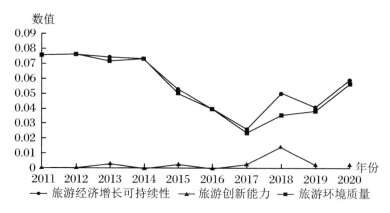

图 4-30　2011—2020 年宿州市旅游经济增长可持续性演变情况

### 4.3.1.5　蚌埠市旅游经济增长质量的时序发展特征

通过测算 2011—2020 年蚌埠市旅游经济增长质量指数,并绘制其时序发展图(图 4-31)。参考分析数据和该区域旅游经济增长质量的演化趋势后发现,近 10 年,该区域旅游经济增长质量呈现波动性演化趋势,在 2013 年、2017 年和 2019 年出现波峰,数值分别为 0.4203、0.4476 和 0.4644;在 2012 年、2015 年和 2019 年出现波谷,数值分别为 0.2976、0.3168 和 0.4454。

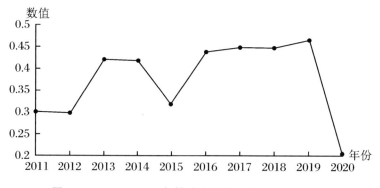

图 4-31　2011—2020 年蚌埠市旅游经济增长质量指数

**1. 蚌埠市旅游经济结构水平的时序发展特征**

为了直观体现蚌埠市旅游经济结构水平演变情况,根据其量化结果绘制图 4-32。观察数据结果和该区域旅游经济结构水平的演化趋势后发现,蚌埠市旅游经济结构水平呈现出波动上涨的总体态势,由 2011 年的 0.0407 上升至 2020 年的 0.0678;在 2014 年、2016 年和 2018 年出现波谷,数值分别为 0.0650、0.0724 和 0.0760。就旅游经济结构合理化指数而言,其呈现出波动性特征,在 2015 年出现波峰,数值为 0.0395;在 2012 年和 2016 年出现波谷,数值分别为 0.0178 和 0.0369。在旅游经济结构高度化方面,其演化趋势相对平稳,在 2012 年和 2016 年出现波峰,数值分别为 0.0380 和 0.0355。

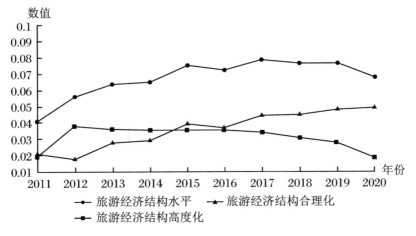

图 4-32　2011—2020 年蚌埠市旅游经济结构水平演变情况

**2. 蚌埠市旅游经济增长效率的时序发展特征**

为了彰显蚌埠市旅游经济增长效率演变情况,根据其量化结果绘制图 4-33,观察数据结果和该区域旅游经济增长效率的演化趋势后发现,蚌埠市旅游经济增长效率在 2011—2020 年基本呈增长态势,仅在 2020 年出现下降,总体从 2011 年的 0.0120 提升至 2020 年的 0.0572。就旅游投入效率而言,其发展具有波动性特征,在 2014 年出现波峰,数值达到 0.0115;在 2012 年和 2015 年出现波谷,数值分别为 0.0050 和 0.0131。就旅游收入效率而言,在 2011—2019 年呈现递增态势,由 2011 年的 0.0045 提升至 2019 年的 0.0304,在 2020 年下降至 0.0245。

**3. 蚌埠市旅游经济增长稳定性的时序发展特征**

为直观体现蚌埠市旅游经济增长稳定性演变情况,根据其量化结果绘制图 4-34。观察数据结果和该区域旅游经济增长稳定性的演化趋势后发现,2011—2020 年蚌埠市旅游经济增长的波动较大,在 2013 年、2017 年和 2019 年出现波峰,数值分别为 0.2587、0.2609 和 0.2592;在 2012 年和 2015 年出现波谷,数值分别为 0.1443 和 0.1379。就旅游经济增长波动率而言,在 2013 年、2016 年出现波峰,数值均为 0.2308;在 2012 年和 2015 年出现波谷,数值均为 0.1039。而旅游经济增长率的波动性较为明显,在 2015 年、2017 年和 2019 年出现波峰,数值分别为 0.0340、0.0301 和 0.0284,且最终在 2020 年旅游经济增长率降低至为 0。

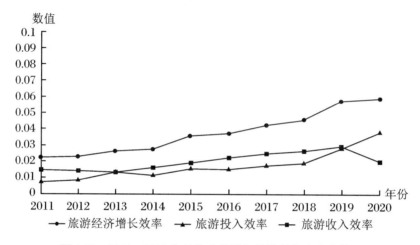

图 4-33　2011—2020 年蚌埠市旅游经济增长效率演变情况

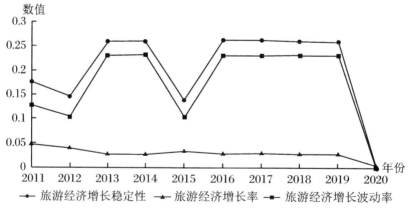

图 4-34　2011—2020 年蚌埠市旅游经济增长稳定性演变情况

**4. 蚌埠市旅游经济增长影响力的时序发展特征**

为直观体现蚌埠市旅游经济增长影响力演变情况,根据其量化结果绘制图

4-35，观察数据结果和该区域旅游经济增长影响力的演化趋势后发现，蚌埠市旅游经济增长影响力具有一定的波动性，在 2012 年和 2019 年出现波峰，数值分别为 0.0098 和 0.0147，在 2013 年出现波谷，数值为 0.0077。就旅游经济增长就业率而言，在 2012 年、2014 年和 2018 年出现波峰，数值分别为 0.0062、0.0059 和 0.0076；在 2013 年和 2015 年出现波谷，数值分别为 0.0041 和 0.0055。就旅游经济增长经济贡献率而言，其波动性也较为明显，在 2013 年和 2019 年出现波峰，数值分别为 0.0036 和 0.0077。

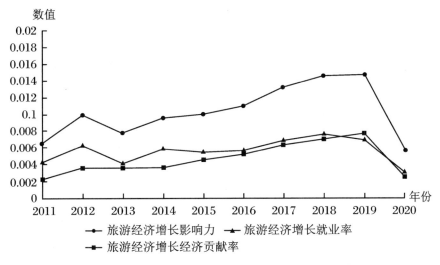

图 4-35　2011—2020 年蚌埠市旅游经济增长影响力演变情况

**5. 蚌埠市旅游经济增长可持续性的时序发展特征**

为直观体现蚌埠市旅游经济增长可持续性演变情况，根据其量化结果绘制图 4-36。观察数据结果和该区域旅游经济增长可持续性的演化趋势后发现，该区域旅游经济增长可持续性演化的波动性显著：在 2012 年和 2015 年出现波峰，数值分别为 0.0749 和 0.0620；在 2014 年和 2018 年出现波谷，数值分别为 0.0576 和 0.0481。就旅游创新能力而言，除 2014 年统计结果为 0 外，其余年份均有数据统计以展现该区域的旅游创新能力。就旅游环境质量而言，其演化趋势也展现了波动性特征，在 2012 年和 2014 年出现波峰，数值分别为 0.0677 和 0.0576；在 2013 年和 2017 年出现波谷，数值分别为 0.0574 和 0.0374。

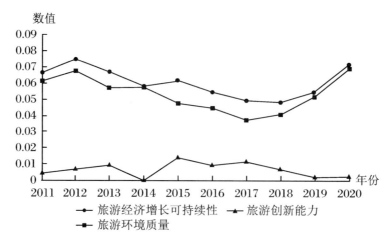

图 4-36  2011—2020 年蚌埠市旅游经济增长可持续性演变情况

### 4.3.1.6 阜阳市旅游经济增长质量的时序发展特征

通过测算 2011—2020 年阜阳市旅游经济增长质量指数,并绘制其时序发展图(图 4-37)。参考分析数据和该区域旅游经济增长质量的演化趋势后发现,2011 年以来,阜阳市旅游经济增长质量呈现波动状态,在 2014 年和 2018 年出现波峰,数值分别为 0.4105 和 0.3176;在 2017 年出现波谷,数值为 0.2901。

图 4-37  2011—2020 年阜阳市旅游经济增长质量指数

**1. 阜阳市旅游经济结构水平的时序发展特征**

为直观体现阜阳市旅游经济结构水平演变情况,根据其量化结果绘制图 4-38。观察数据结果和该区域旅游经济结构水平的演化趋势后发现,阜阳市旅游经济结构水平的演变具有一定的波动性,在 2013 年和 2016 年出现波峰,数值分别为 0.0536 和 0.0732；在 2014 年出现波谷，数值达到 0.0516。就旅游经济结构合理化指数而言，其演化趋势基本呈现增长的态势，仅在 2013 年出现的下滑，整体上由 2011 年的 0.0139 提升至 2020 年的 0.0426。就旅游经济结构高度化而言，其发展的波动性明显，在 2013 年和 2016 年出现波峰，数值分别为 0.0345 和 0.0318；在 2012 年和 2014 年出现波谷，数值分别为 0.0254 和 0.0307。

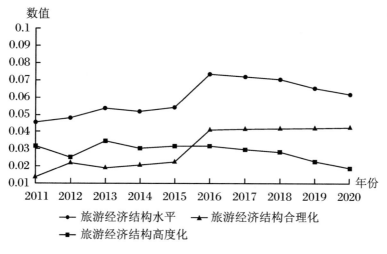

图 4-38　2011—2020 年阜阳市旅游经济结构水平演变情况

## 2. 阜阳市旅游经济增长效率的时序发展特征

为直观体现阜阳市旅游经济增长效率的演变情况，根据其量化结果绘制图 4-39。观察数据结果和该区域旅游经济增长效率的演化趋势后发现，阜阳市旅游经济增长效率在 2011—2020 年基本呈增长态势，仅在 2020 年出现下降，总体上由 2011 年的 0.0166 提升至 2020 年的 0.0480。就旅游投入效率而言，其演化趋势具有一定波动性，在 2012 年、2014 年和 2017 年出现波峰，数值分别为 0.0052、0.0061 和 0.0041；在 2013 年和 2015 年出现波谷，数值分别为 0.0043 和 0.0024。就旅游收入效率而言，其演化趋势与该区域旅游经济增长效率的演变类似，2011—2019 年维持增长状态，2020 年有所下降，总体上由 2011 年的 0.0126 提升至 2020 年的 0.0262。

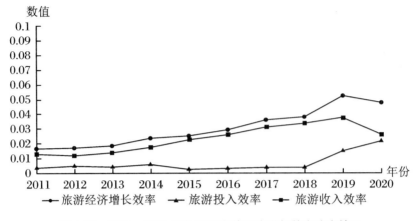

图 4-39 2011—2020 年阜阳市旅游经济增长效率演变情况

### 3. 阜阳市旅游经济增长稳定性的时序发展特征

为直观体现阜阳市旅游经济增长稳定性的演变情况,根据其量化结果绘制图 4-40。观察数据结果和该区域旅游经济增长稳定性的演化趋势后发现,2011—2020 年,该区域旅游经济增长稳定性的演化趋势出现较大的波动,在 2012 年、2015 年和 2019 年出现波峰,数值分别为 0.2655、0.2599 和 0.1322;在 2014 年和 2018 年出现波谷,数值分别为 0.2579 和 0.1315。就旅游经济增长波动率而言,于 2012 年出现波峰,数值为 0.2308。就旅游经济增长率而言,其发展的波动性明显,2011—2014 年出现下降态势,随后陆续出现反复波动的演变,在 2020 年降低至最小值 0.0022。

图 4-40 2011—2020 年阜阳市旅游经济增长稳定性演变情况

**4. 阜阳市旅游经济增长影响力的时序发展特征**

为直观体现阜阳市旅游经济增长影响力的演变情况,根据其量化结果绘制图 4-41。观察数据结果和该区域旅游经济增长影响力的演化趋势后发现,2011—2018 年,阜阳市旅游经济增长影响力逐年增长,由 2011 年的 0.0001 提升至 2018 年的 0.0085,但在 2018—2020 年出现急剧下滑趋势,最终在 2020 年达到最小值 0。就旅游经济增长就业率而言,在 2015 年和 2018 年出现波峰,数值分别为 0.0040 和 0.0048;在 2016 年出现波谷,数值为 0.0038。就旅游经济增长经济贡献率而言,2011—2018 年呈增长态势,由 2011 年的 0.0005 提升至 2018 年的 0.0037;2018—2020 年出现下降态势,最终在 2020 年达到最小值 0。

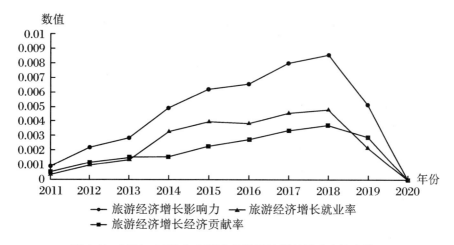

图 4-41　2011—2020 年阜阳市旅游经济增长影响力演变情况

**5. 阜阳市旅游经济增长可持续性的时序发展特征**

为直观体现阜阳市旅游经济增长可持续性的演变情况,根据其量化结果绘制图 4-42。观察数据结果和该区域旅游经济增长可持续性的演化趋势后发现,该区域旅游经济增长可持续性演化的波动性极大,在 2012 年、2014 年、2016 年和 2018 年出现波峰,数值分别为 0.0064、0.0725、0.0585 和 0.0696;在 2013 年、2015 年、2017 年和 2019 年出现波谷,数值分别为 0.0620、0.0571、0.0426 和 0.0527。就旅游创新能力而言,除 2016 年、2017 年、2019 年和 2020 年有数据统计外,其余年份均为 0。就旅游环境质量而言,其演化波动性也同样明显,在 2012 年、2014 年和 2018 年出现波峰,其数值分别为 0.0664、0.0725 和 0.0696;在 2013 年、2017 年和 2019 年出现波谷,数值分别为 0.0620、0.0379 和

0.0504。

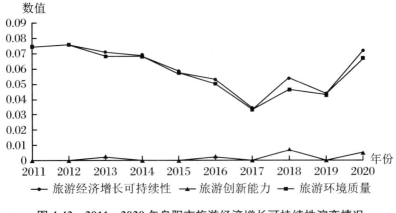

图 4-42 2011—2020 年阜阳市旅游经济增长可持续性演变情况

### 4.3.1.7 淮南市旅游经济增长质量的时序发展特征

通过测算 2011—2020 年淮南市旅游经济增长质量指数,并绘制其时序发展图(图 4-43)。参考分析数据和该区域旅游经济增长质量的演化趋势后发现,自 2011 年以来,淮南市旅游经济增长质量呈现波动性发展态势,在 2014 年、2017 年和 2019 年出现波峰,数值分别为 0.3930、0.3943 和 0.3004;在 2015 年和 2018 年出现波谷,数值分别为 0.2684 和 0.2752。

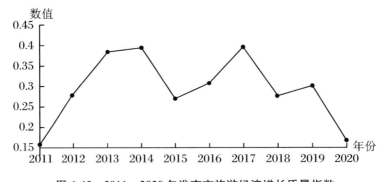

图 4-43 2011—2020 年淮南市旅游经济增长质量指数

**1. 淮南市旅游经济结构水平的时序发展特征**

为直观体现淮南市旅游经济结构水平演变情况,根据其量化结果绘制图 4-44。观察数据结果和该区域旅游经济结构水平的演化趋势后发现,淮南市旅游经济结构水平呈现出一定的波动性,2014 年和 2019 年出现波峰,数值分别为 0.0446 和 0.0546;2015 年出现波谷,数值为 0.0422。就旅游经济结构合理化指数而言,在 2014 年出现波峰,数值为 0.0209;在 2012 年和 2016 年出现波谷,数值分别为 0.0143 和 0.0151。就旅游经济结构高度化而言,其波动性特征表现在 2012 年和 2016 年出现波峰,数值分别为 0.0294 和 0.0295,在 2015 年出现波谷,数值为 0.2315。

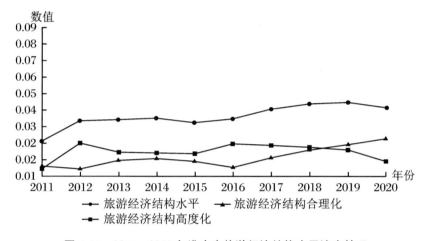

**图 4-44　2011—2020 年淮南市旅游经济结构水平演变情况**

### 2. 淮南市旅游经济增长效率的时序发展特征

为直观体现淮南市旅游经济增长效率演变情况,根据其量化结果绘制图 4-45。观察数据结果和该区域旅游经济增长效率的演化趋势后发现,该区域旅游经济增长效率在 2011—2020 年基本呈波动性增长态势,仅在 2020 年出现小幅下降,总体上由 2011 年的 0.0109 提升至 2020 年的 0.0560。就旅游投入效率而言,其发展趋势展现出一定波动性,在 2012 年和 2015 年出现波峰,数值分别为 0.0079 和 0.0099;在 2013 年和 2016 年出现波谷,数值分别为0.0072 和 0.0083。就旅游收入效率而言,仅在 2012 和 2020 年出现小幅度的下滑,其余年份均保持增长的态势,总体由 2011 年的 0.0052 提升至 2020 年的 0.0208。

### 3. 淮南市旅游经济增长稳定性的时序发展特征

为直观体现淮南市旅游经济增长稳定性演变情况,根据其量化结果绘制图 4-46。观察数据结果和该区域旅游经济增长稳定性的演化趋势后发现,2011—2020 年淮南市旅游经济增长的起伏较大,在 2013 年和 2017 年出现波峰,数值分别为 0.2598 和 0.2589；在 2015 年和 2018 年出现波谷,数据分别为 0.1343 和 0.1305。其中,就旅游经济增长波动率而言,在 2016 年和 2019 年末出现波峰,数值分别为 0.0394 和 0.0291；在 2014 年和 2018 年出现波谷,数值分别为 0.0260 和 0.0266。就旅游经济增长率而言,2011—2020 年均为正数,但演化趋势略显波动性；在 2013 年和 2017 年出现波峰,数值均为 0.2308；在 2015 年和 2018 年出现波谷,数值均为 0.1039,并最终在 2020 年旅游经济增长率降低至 0。

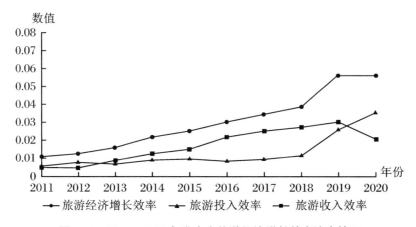

图 4-45　2011—2020 年淮南市旅游经济增长效率演变情况

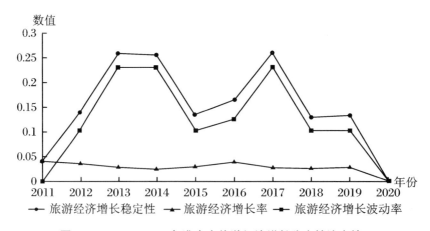

图 4-46　2011—2020 年淮南市旅游经济增长稳定性演变情况

**4. 淮南市旅游经济增长影响力的时序发展特征**

为直观体现淮南市旅游经济增长影响力演变情况,根据其量化结果绘制图 4-47。观察数据结果和该区域旅游经济增长影响力的演化趋势后发现,淮南市旅游经济增长影响力具有一定的波动性,在 2013 年和 2018 年出现波峰,数值分别达到 0.0069 和 0.0155;在 2015 年出现波谷,数值为 0.0066。就旅游经济增长就业率而言,其演化趋势与该区域旅游经济增长影响力保持一致,在 2013 年和 2018 年出现波峰,数值达到 0.0050 和 0.0090;在 2015 年出现波谷,数值为 0.0037。就旅游经济增长经济贡献率来说,2011—2019 年呈现递增态势,由 2011 年的 0.0006 提升至 2019 年的 0.0074,并在 2020 年下滑至 0.0019。

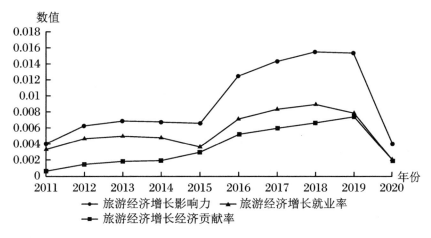

图 4-47 2011—2020 年淮南市旅游经济增长影响力演变情况

**5. 淮南市旅游经济增长可持续性的时序发展特征**

为直观体现淮南市旅游经济增长可持续性演变情况,根据其量化结果绘制图 4-48。观察数据结果和该区域旅游经济增长可持续性的演化趋势后发现,淮南市旅游经济增长可持续性演化的波动性极大,在 2012 年和 2014 年出现波峰,数值分别为 0.0762 和 0.0630;在 2013 年和 2017 年出现波谷,数值为 0.0565 和 0.0363。其中,就旅游创新能力而言,除 2015 年、2017 年、2019 年和 2020 年有统计数据外,其余年份的统计结果均为 0。就旅游环境质量而言,在 2012 年、2014 年和 2018 年出现波峰,数值分别为 0.0762、0.0630 和 0.0371;在 2013 年、2017 年和 2019 年出现波谷,数值分别为

0.0565、0.0340 和 0.0367。

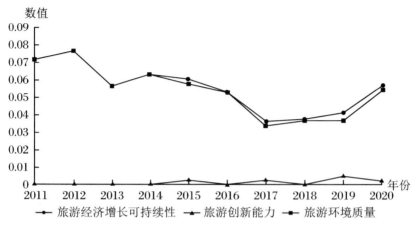

图 4-48　2011—2020 年淮南市旅游经济增长可持续性演变情况

### 4.3.1.8　滁州市旅游经济增长质量的时序发展特征

通过测算 2011—2020 年滁州市旅游经济增长质量指数,并绘制其时序发展图(图 4-49)。参考分析数据和该区域旅游经济增长质量的演化趋势后发现,近 10 年间,该区域旅游经济增长质量起伏较大,在 2012 年和 2019 年出现波峰,数值分别为 0.4223 和 0.3592;在 2016 年出现波谷,数值为 0.3054。

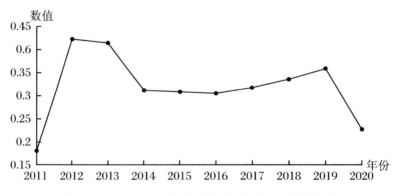

图 4-49　2011—2020 年滁州市旅游经济增长质量指数

**1. 滁州市旅游经济结构水平的时序发展特征**

为直观体现滁州市旅游经济结构水平演变情况,根据其量化结果绘制图

4-50。观察数据结果和该区域旅游经济结构水平的演化趋势后发现,滁州市旅游经济结构水平呈现出波动性发展的状态,在 2015 年和 2018 年出现波峰,数值分别为 0.0588 和 0.0715;在 2016 年出现波谷,数值为 0.0552。就旅游经济结构合理化指数而言,其发展的波动性也十分显著,在 2012 年、2015 年和 2018 年出现波峰,数值分别为 0.0122、0.0242 和 0.0372;在 2013 年和 2016 年出现波谷,数值分别为 0.0112 和 0.0192。就旅游经济结构高度化而言,其演化趋势分为两个阶段,2011—2016 年呈现增长趋势,2016—2020 年则表现为下降态势,总体由 2011 年的 0.0153 提升至 2020 年的 0.0239。

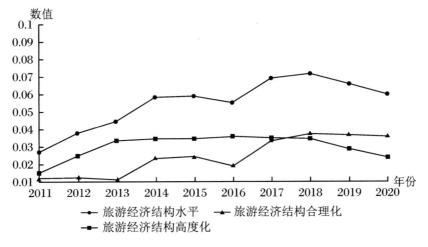

图 4-50　2011—2020 年滁州市旅游经济结构水平演变情况

**2. 滁州市旅游经济增长效率的时序发展特征**

为彰显滁州市旅游经济增长效率演变情况,根据其量化结果绘制图 4-51。观察数据结果和该区域旅游经济增长效率的演化趋势后发现,滁州市旅游经济增长效率在 2011—2020 年基本呈增长态势,仅在 2020 年出现微弱下降,总体从 2011 年的 0.0211 提升至 2020 年的 0.0760。就旅游投入效率而言,其发展具有波动性特征,在 2015 年和 2017 年出现波峰,其数值分别为 0.0156 和 0.0150。就旅游收入效率而言,2011—2019 年呈现递增态势,但在 2020 年出现下滑态势,总体由 2011 年的 0.0162 提升至 2020 年的 0.0420。

### 3. 滁州市旅游经济增长稳定性的时序发展特征

为直观体现滁州市旅游经济增长稳定性演变情况,根据其量化结果绘制图4-52。观察数据结果和该区域旅游经济增长稳定性的演化趋势后发现,2011—2020年滁州市旅游经济增长的波动较大,在2012年、2016年和2019年出现波峰,数值分别为0.2637、0.1351和0.1351;在2014年和2018年出现波谷,数值分别为0.1276和0.1321。就旅游经济增长波动率而言,2011—2014出现稳定的下降态势,但2014—2020年出现反复波动,在2020年降低至最小值0.0019。而旅游经济增长率的波动性较为明显,在2012年出现波峰,数值为0.0238,但在2020年降低至最小值0。

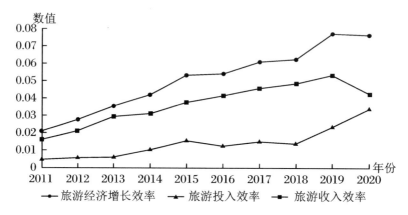

图4-51　2011—2020年滁州市旅游经济增长效率演变情况

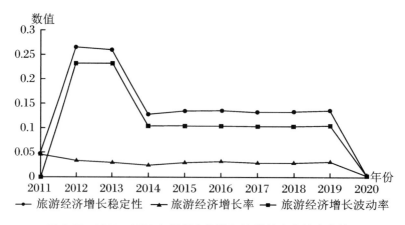

图4-52　2011—2020年滁州市旅游经济增长稳定性演变情况

## 4. 滁州市旅游经济增长影响力的时序发展特征

为直观体现滁州市旅游经济增长影响力演变情况,根据其量化结果绘制图 4-53。观察数据结果和该区域旅游经济增长影响力的演化趋势后发现,滁州市旅游经济增长影响力在 2011—2018 年呈现稳步增长的状态,但在 2018—2020 年出现明显的下降,最终在 2020 年降至最小值 0.0009。就旅游经济增长就业率而言,2011—2018 年呈稳步增长的状态,2018—2020 年出现明显的下降,最终在 2020 年降至最小值 0.0007。就旅游经济增长经济贡献率而言,其演化趋势与旅游经济增长影响力和旅游经济增长就业率一致,2011—2018 年呈现稳步增长的状态,在 2018—2020 年出现明显的下降,最终在 2020 年降至最小值 0.0002。

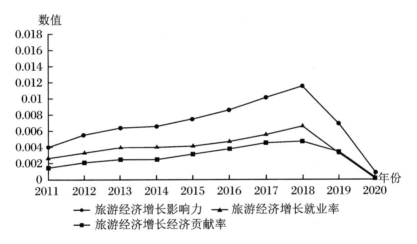

图 4-53　2011—2020 年滁州市旅游经济增长影响力演变情况

## 5. 滁州市旅游经济增长可持续性的时序发展特征

为直观体现滁州市旅游经济增长可持续性演变情况,根据其量化结果绘制图 4-54。观察数据结果和该区域旅游经济增长可持续性的演化趋势后发现,该区域旅游经济增长可持续性演化的波动性显著。在 2012 年和 2014 年出现波峰,数值分别为 0.0884 和 0.0792;在 2013 年和 2017 年出现波谷,数值分别为 0.0681 和 0.0454。就旅游创新能力而言,除 2011—2013 年没有统计结果外,其余年份均显示有旅游创新能力。就旅游环境质量而言,其演化趋势也具有波动性,在 2012 年和 2014 年出现波峰,数值分别为 0.0884 和 0.0720。

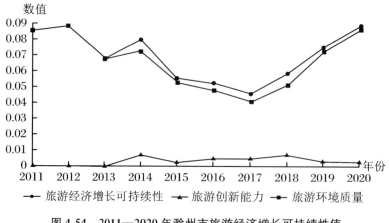

图 4-54 2011—2020 年滁州市旅游经济增长可持续性值

### 4.3.1.9 六安市旅游经济增长质量的时序发展特征

通过测算 2011—2020 年六安市旅游经济增长质量指数,并绘制其时序发展图(图 4-55)。参考分析数据和该区域旅游经济增长质量的演化趋势后发现,近 10 年,六安市旅游经济增长质量的波动性较强,出现多次起伏,在 2012 年、2015 年和 2017 年出现波峰,数值分别为 0.4460、0.4476 和 0.4776;在 2014 年和 2016 年出现波谷,数值分别为 0.3132 和 0.3280。

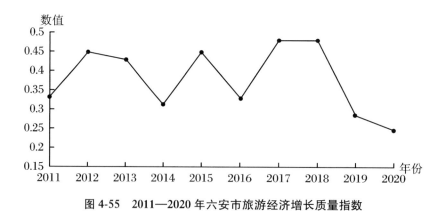

图 4-55 2011—2020 年六安市旅游经济增长质量指数

**1. 六安市旅游经济结构水平的时序发展特征**

为直观体现六安市旅游经济结构水平演变情况,根据其量化结果绘制图 4-56。观察数据结果和该区域旅游经济结构水平的演化趋势后发现,六安市旅游经济结构水平在总体上呈上涨态势,但波动性较大,在 2012 年、2017 年和 2019 年出现波峰,数值分别为 0.0570、0.0796 和 0.0876;在 2013 年和 2018 年出现波谷,数值分别为 0.0522 和 0.0796。就旅游经济结构合理化指数而言,在 2012 年出现波峰,数值为 0.0281;在 2013 年出现波谷,数值为 0.0274。就旅游经济结构高度化而言,在 2012 年和 2016 年出现波峰,数值分别为 0.0289 和 0.0328;在 2013 年出现波谷,数值为 0.0248。

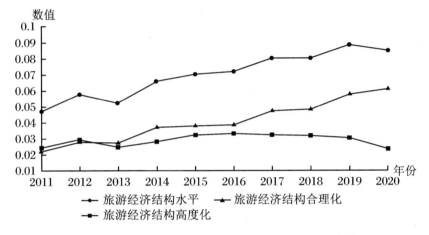

图 4-56　2011—2020 年六安市旅游经济结构水平演变情况

**2. 六安市旅游经济增长效率的时序发展特征**

为直观体现六安市旅游经济增长效率演变情况,根据其量化结果绘制图 4-57。观察数据结果和该区域旅游经济增长效率的演化趋势后发现,六安市旅游经济增长效率在 2011—2020 年一直保持增长态势,由 2011 年的 0.0106 提升至 2020 年的 0.0562。就旅游投入效率而言,总体上由 2011 年的 0.0029 提升至 2020 年的 0.0188,其中,2011—2012 年呈递增趋势,2012—2014 年呈递减趋势,在 2014—2020 年呈递增趋势。旅游收入效率则在 2011—2019 年持续提升,由 2011 年的 0.0077 提升至 2019 年的 0.0485,而在 2020 年则出现明显下滑,数值降低至 0.0374。

**3. 六安市旅游经济增长稳定性的时序发展特征**

为直观体现六安市旅游经济增长稳定性演变情况,根据其量化结果绘制图 4-58。观察数据结果和该区域旅游经济增长稳定性的演化趋势后发现,2011—2020 年六安市旅游经济增长极不稳定:在 2012 年、2015 年和 2017 年出现波峰,数值分别达到 0.2722、0.2598 和 0.2618;在 2014 年和 2016 年出现波谷,数值分别达到 0.1355 和 0.1312。就旅游经济增长波动率而言,其与该区域旅游经济增长稳定性的发展态势基本一致,在 2012 年、2015 年和 2017 年出现波峰,数值均为 0.2308;在 2014 年和 2016 年出现波谷,数值均达到 0.1039。就旅游经济增长率而言,其演化趋势呈现较强的波动性特征,在 2014 年和 2017 年出现波峰,数值分别为 0.3166 和 0.3104;在 2013 年、2016 年和 2018 年出现波谷,数值分别为 0.0282、0.0273 和 0.0284。

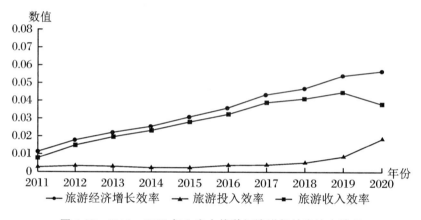

图 4-57　2011—2020 年六安市旅游经济增长效率演变情况

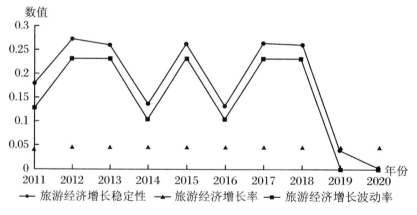

图 4-58　2011—2020 年六安市旅游经济增长稳定性演变情况

**4. 六安市旅游经济增长影响力的时序发展特征**

为直观体现六安市旅游经济增长影响力演变情况,根据其量化结果绘制图

4-59。观察数据结果和该区域旅游经济增长影响力的演化趋势后发现,六安市旅游经济增长影响力的发展趋势相对稳定,2011—2019 年呈现递增态势,由 2011 年的 0.0036 提升至 2019 年的 0.0312,仅在 2020 年出现显著下降态势,降低至 0.0148。就旅游经济增长就业率而言,2011—2019 年呈递增态势,由 2011 年的 0.0019 提升至 2019 年的 0.0156,但在 2020 年下降至 0.0075。就旅游经济增长经济贡献率而言,其演变趋势与旅游经济增长影响力、旅游经济增长就业率基本一致,2011—2019 年呈递增态势,由 2011 年的 0.0018 提升至 2019 年的 0.0157,但在 2020 年下降至 0.0073。

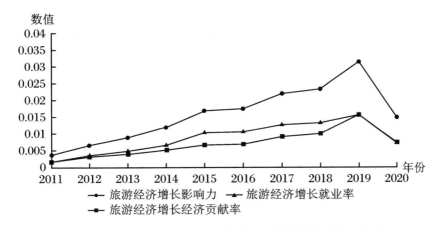

图 4-59　2011—2020 年六安市旅游经济增长影响力演变情况

**5. 六安市旅游经济增长可持续性的时序发展特征**

为直观体现六安市旅游经济增长可持续性演变情况,根据其量化结果绘制图 4-60。观察数据结果和该区域旅游经济增长可持续性的演化趋势后发现,六安市旅游经济增长可持续性演化具有一定的波动性特征,在 2012 年和 2016 年出现波峰,数值分别达到 0.0926 和 0.0724;在 2015 年和 2018 年出现波谷,数值分别达到 0.0707 和 0.0689。就旅游创新能力而言,除 2012 年外,其余年份均有数据统计以展现该区域的旅游创新能力。就旅游环境质量而言,其波动性演化态势也较为突出,在 2012 年和 2016 年出现波峰,数值分别为 0.0926 和 0.0700;在 2015 年和 2018 年出现波谷,数值分别达到 0.0683 和 0.0593。

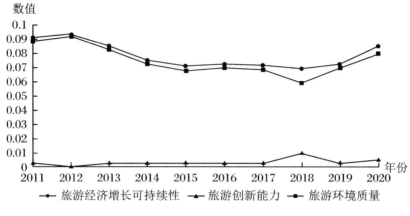

图 4-60　2011—2020 年六安市旅游经济增长可持续性演变情况

### 4.3.1.10　马鞍山市旅游经济增长质量的时序发展特征

通过测算 2011—2020 年马鞍山市旅游经济增长质量指数,并绘制其时序发展图(图 4-61)。参考分析数据和该区域旅游经济增长质量的演化趋势后发现,自 2011 年以来,马鞍山市旅游经济增长质量呈现波动状态,2012 年、2014 年、2017 年和 2019 年出现波峰,数值分别为 0.0046、0.3323、0.4600 和 0.4793;在 2013 年、2015 年和 2018 年出现波谷,数值分别为 0.3015、0.3241 和 0.3388。

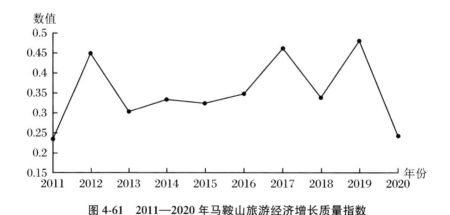

图 4-61　2011—2020 年马鞍山旅游经济增长质量指数

**1. 马鞍山市旅游经济结构水平的时序发展特征**

为直观体现马鞍山市旅游经济结构水平演变情况,根据其量化结果绘制图 4-62。观察数据结果和该区域旅游经济结构水平的演化趋势后发现,马鞍山市旅游经济结构水平的演变具有一定的波动性,在2016年和2019年出现波峰,数值分别为0.0731和0.0721;在2018年出现波谷,数值为0.0684。就旅游经济结构合理化指数而言,2011—2017年呈递增态势,2017—2020年波动性明显,总体来看,由2011年的0.0171提升至2020年的0.0495。就旅游经济结构高度化而言,其发展的波动性明显,在2015年出现波峰,数值为0.0364;在2012年出现波谷,数值为0.0211。

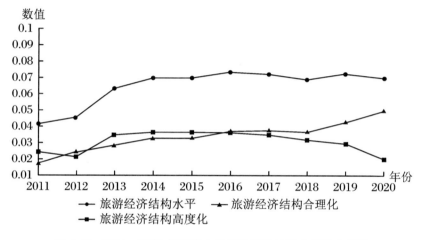

图4-62　2011—2020年马鞍山市旅游经济结构水平演变情况

**2. 马鞍山市旅游经济增长效率的时序发展特征**

为直观体现马鞍山市旅游经济增长效率演变情况,根据其量化结果绘制图4-63。观察数据结果和该区域旅游经济增长效率的演化趋势后发现,马鞍山市旅游经济增长效率在2011—2020年基本呈增长态势,仅在2012年出现下降,总体上由2011年的0.0395提升至2020年的0.0747。就旅游投入效率而言,其演化趋势为持续增长态势,由2011年的0.0143提升至2020年的0.0415。就旅游收入效率而言,仅在2012年和2020年出现下降,总体上由2011年的0.0253提升至2020年的0.0332。

**3. 马鞍山市旅游经济增长稳定性的时序发展特征**

为直观体现马鞍山市旅游经济增长稳定性演变情况,根据其量化结果绘制图4-64。观察数据结果和该区域旅游经济增长稳定性的演化趋势后发现,2011—2020年该区域旅游经济增长稳定性出现较大波动,在2012年、2017年和2019年出现波峰,数值分别为0.2666、0.2601和0.2591;在2013年和2018

年出现波谷,数值分别为 0.1274 和 0.1321。就旅游经济增长波动率而言,在 2014 年、2016 年和 2019 年出现波峰,数值分别为 0.0271、0.0383 和 0.0283;在 2013 年、2015 年和 2018 年出现波谷,数值分别为 0.0235、0.0264 和 0.0282。就旅游经济增长率而言,其发展的波动性明显,在 2012 年、2017 年和 2019 年出现波峰,数值均为 0.2308。

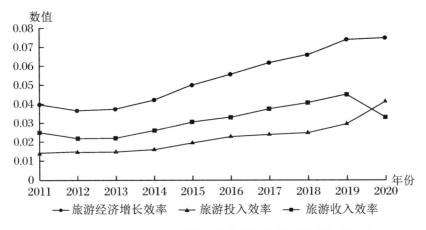

图 4-63　2011—2020 年马鞍山市旅游经济增长效率演变情况

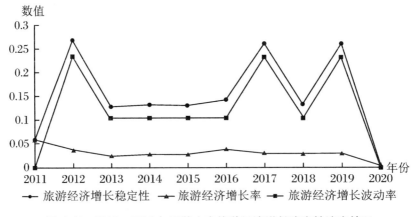

图 4-64　2011—2020 年马鞍山市旅游经济增长稳定性演变情况

**4. 马鞍山市旅游经济增长影响力的时序发展特征**

为直观体现马鞍山市旅游经济增长影响力演变情况,根据其量化结果绘制图 4-65。观察数据结果和该区域旅游经济增长影响力的演化趋势后发现,2011—2019 年,马鞍山市旅游经济增长影响力逐年增长,由 2011 年的 0.0055

提升至 2019 年的 0.0186,但在 2020 年出现急剧下滑趋势,最终达到 0.0072。就旅游经济增长就业率而言,2011—2019 年保持持续上升态势,由 2011 年的 0.0042 提升至 2019 年的 0.0107,在 2020 年下降至 0.0045。就旅游经济增长经济贡献率而言,2011—2019 年呈增长态势,由 2011 年的 0.0013 提升至 2019 年的 0.0079,在 2020 年降低至 0.0028。

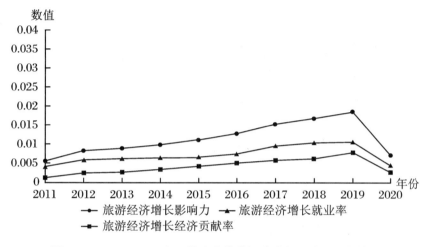

图 4-65　2011—2020 年马鞍山市旅游经济增长影响力演变情况

**5. 马鞍山市旅游经济增长可持续性的时序发展特征**

为直观体现马鞍山市旅游经济增长可持续性的演变情况,根据其量化结果绘制图 4-66。观察数据结果和该区域旅游经济增长可持续性的演化趋势后发现,该区域旅游经济增长可持续性演化的波动性极大,在 2012 年、2014 年、2016 年和 2018 年出现波峰,数值分别为 0.0926、0.0826、0.0634 和 0.0557;在 2013 年、2015 年、2017 年和 2019 年出现波谷,数值分别为 0.0651、0.0803、0.0511 和 0.0557。就旅游创新能力而言,除 2011 年、2015 年和 2019 年没有统计数据外,其余年份均有旅游创新能力的统计结果。就旅游环境质量而言,其演化波动性也同样明显,在 2012 年、2014 年、2016 年和 2018 年出现波峰,数值分别为 0.0919、0.0779、0.0610 和 0.0533;在 2013 年和 2017 年出现波谷,数值分别为 0.0603 和 0.0487。

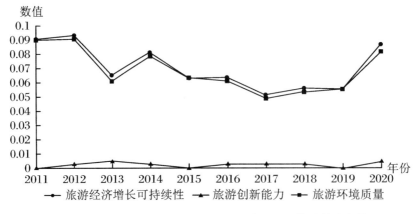

图 4-66　2011—2020 年马鞍山市旅游经济增长可持续性演变情况

### 4.3.1.11　芜湖市旅游经济增长质量的时序发展特征

通过测算 2011—2020 年芜湖市旅游经济增长质量指数,并绘制其时序发展图(图 4-67)。参考分析数据和该区域旅游经济增长质量的演化趋势后发现,2011—2019 年,芜湖市旅游经济增长质量呈持续提升的状态,由 2011 年的 0.2679 提升至 2019 年的 0.5822,但在 2020 年出现显著下滑,数值降低至 0.3048。

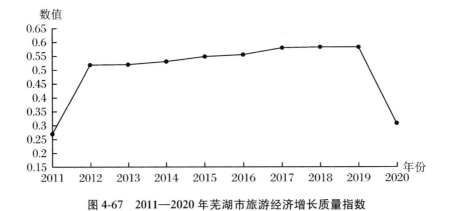

图 4-67　2011—2020 年芜湖市旅游经济增长质量指数

**1. 芜湖市旅游经济结构水平的时序发展特征**

为直观体现芜湖市旅游经济结构水平演变情况,根据其量化结果绘制图 4-68。观察数据结果和该区域旅游经济结构水平的演化趋势后发现,芜湖市旅游经济结构水平呈现出多次起伏但总体上涨的态势,在 2013 年、2016 年和 2019 年出现波峰,数值分别为 0.0864、0.0966 和 0.1005;在 2014 年和 2017 年出现波谷,数值分别为 0.0863 和 0.097。就旅游经济结构合理化指数而言,其演化的波动性较为明显,在 2016 年和 2019 年出现波峰,数值分别为 0.0410 和 0.0510;在 2017 年出现波谷,数值为 0.0399。就旅游经济结构高度化而言,在 2013 年和 2016 年出现波峰,数值分别为 0.0558 和 0.0556;在 2014 年出现波谷,数值为 0.0540。

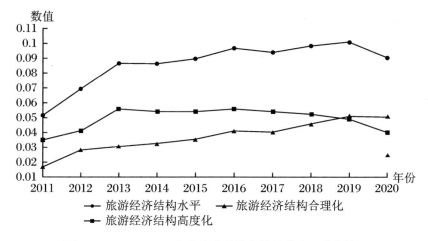

图 4-68　2011—2020 年芜湖市旅游经济结构水平演变情况

**2. 芜湖市旅游经济增长效率的时序发展特征**

为直观体现芜湖市旅游经济增长效率演变情况,根据其量化结果绘制图 4-69。观察数据结果和该区域旅游经济增长效率的演化趋势后发现,芜湖市旅游经济增长效率在 2011—2019 年基本呈增长态势,数值由 2011 年的 0.0555 提升至 2019 年的 0.1332,但在 2020 年出现了下降态势,数值降低至 0.1214。就旅游投入效率而言,其保持了持续提升的态势,由 2011 年的 0.0091 提升至 2020 年的 0.0435。就旅游收入效率而言,其演化趋势与旅游经济增长效率保持一致,2011—2019 年基本呈现增长态势,数值由 2011 年的 0.0464 提升至 2019 年的 0.0981,在 2020 年下降至 0.0780。

**3. 芜湖市旅游经济增长稳定性的时序发展特征**

为直观体现芜湖市旅游经济增长稳定性演变情况,根据其量化结果绘制图 4-70。观察数据结果和该区域旅游经济增长稳定性的演化趋势后发现,2011—

2020年芜湖市旅游经济增长的起伏较大,在2012年、2015年和2017年出现波峰,数值分别达到0.2685、0.2607和0.2630;在2014年和2016年出现波谷,数值分别为0.2591和0.2602。就旅游经济增长率而言,其演化的波动性比较明显,在2015年和2017年出现波峰,数值分别为0.0299和0.0322;在2014年和2016年出现波谷,数值分别为0.0283和0.0294。就旅游经济增长波动率而言,2012—2019年保持同一水平,数值为0.2308,而在2011年和2020年则为0。

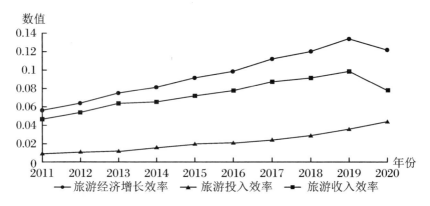

图4-69　2011—2020年芜湖市旅游经济增长效率演变情况

图4-70　2011—2020年芜湖市旅游经济增长稳定性演变情况

**4. 芜湖市旅游经济增长影响力的时序发展特征**

为直观体现芜湖市旅游经济增长影响力演变情况,根据其量化结果绘制图4-71。观察数据结果和该区域旅游经济增长影响力的演化趋势后发现,芜湖市旅游经济增长影响力具有一定的波动性,在 2013 年和 2019 年出现波峰,数值达到 0.0171 和 0.0276;在 2014 年出现波谷,数值为 0.0168。就旅游经济增长就业率而言,在 2013 年和 2019 年出现波峰,数值达到 0.0126 和 0.0155;在 2015 年出现波谷,数值为 0.0119。就旅游经济增长经济贡献率而言,2011—2019 年呈现递增态势,由 2011 年的 0.0025 提升至 2019 年的 0.0122,在 2020 年下降至 0.0041。

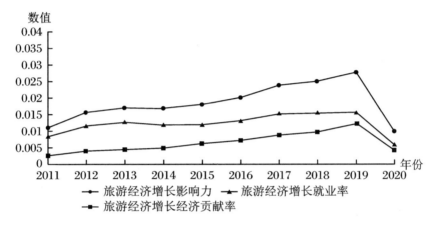

图 4-71　2011—2020 年芜湖市旅游经济增长影响力演变情况

### 5. 芜湖市旅游经济增长可持续性的时序发展特征

为直观体现芜湖市旅游经济增长可持续性演变情况,根据其量化结果绘制图 4-72。观察数据结果和该区域旅游经济增长可持续性的演化趋势后发现,芜湖市旅游经济增长可持续性演化的波动性极大,在 2012 年、2014 年和 2017 年出现波峰,数值分别为 0.0983、0.0864 和 0.0849;在 2013 年、2016 年和 2019 年出现波谷,数值分别为 0.0795、0.0800 和 0.0614。就旅游创新能力而言,2011—2020 年均大于 0,但其演化的波动性较强,在 2015 年和 2017 年出现波峰,数值分别为 0.0311 和 0.0382;在 2013 年和 2016 年出现波谷,数值分别为 0.0072 和 0.0167。就旅游环境质量而言,其演化的波动性较强,在 2012 年和 2016 年出现波峰,数值分别为 0.0887 和 0.0632;在 2015 年和 2018 年出现波谷,数值分别为 0.0552 和 0.0411。

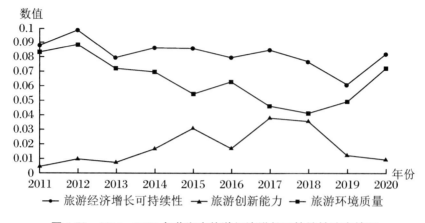

图 4-72 2011—2020 年芜湖市旅游经济增长可持续性演变情况

## 4.3.1.12 宣城市旅游经济增长质量的时序发展特征

通过测算 2011—2020 年宣城市旅游经济增长质量指数,并绘制其时序发展图(图 4-73)。参考分析数据和该区域旅游经济增长质量的演化趋势后发现,2011 年以来,宣城市旅游经济增长质量的波动态势极其明显,在 2012 年、2016 年和 2018 年出现波峰,数值分别为 0.4382、0.4710 和 0.5056;在 2013 年和 2017 年出现波谷,数值分别为 0.3165 和 0.3643。

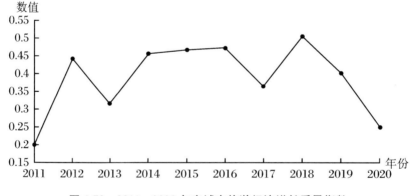

图 4-73 2011—2020 年宣城市旅游经济增长质量指数

**1. 宣城市旅游经济结构水平的时序发展特征**

为直观体现宣城市旅游经济结构水平演变情况,根据其量化结果绘制图 4-74。观察数据结果和该区域旅游经济结构水平的演化趋势后发现,宣城市旅游经济结构水平的演变具有一定的波动性,在 2013 年、2015 年和 2019 年出现波峰,数值分别为 0.0689、0.0847 和 0.0857;在 2016 年出现波谷,数值为 0.0763。就旅游经济结构合理化指数而言,在 2015 年和 2019 年出现波峰,数值分别为 0.0461 和 0.0497。就旅游经济结构高度化而言,在 2013 年、2015 年和 2018 年出现波峰,数值分别为 0.0363、0.0385 和 0.0381;在 2014 年和 2017 年出现波谷,数值分别为 0.0359 和 0.0368。

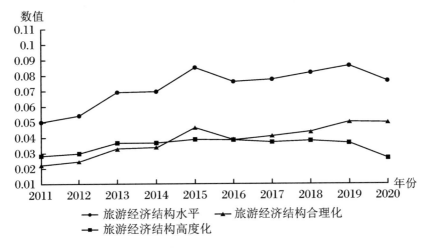

图 4-74　2011—2020 年宣城市旅游经济结构水平演变情况

### 2. 宣城市旅游经济增长效率的时序发展特征

为直观体现宣城市旅游经济增长效率演变情况,根据其量化结果绘制图 4-75。观察数据结果和该区域旅游经济增长效率的演化趋势后发现,宣城市旅游经济增长效率在 2011—2019 年呈增长态势,由 2011 年的 0.0232 提升至 2019 年的 0.0684;在 2020 年略微有所下滑,数值降低至 0.0611。就旅游投入效率而言,10 年间均保持增长的态势,由 2011 年的 0.0050 提升至 2020 年的 0.0217。其旅游收入效率的发展趋势与旅游经济增长效率类似,2011—2019 年呈增长态势,由 2011 年的 0.0183 提升至 2019 年的 0.0515,在 2020 年下降至 0.0395。

### 3. 宣城市旅游经济增长稳定性的时序发展特征

为直观体现宣城市旅游经济增长稳定性演变情况,根据其量化结果绘制图 4-76。观察数据结果和该区域旅游经济增长稳定性的演化趋势后发现,宣城市旅游经济增长稳定性的发展态势极具波动性,在2012年、2015年和2018年出现波峰,数值分别达到0.2698、0.2615和0.2689;在2013年和2017年出现波谷,数值分别达到0.1344和0.1401。就淮北市旅游经济增长波动率而言,其与该区域旅游经济增长稳定性的发展态势完全一致,在2012年、2015年和2018年出现波峰,数值均为0.2308;在2013年和2017年出现波谷,数值均为0.1039。就旅游经济增长率而言,2011—2014年呈递减态势,2014—2020年出现反复波动变化的状态,最终在2020年降低至0。

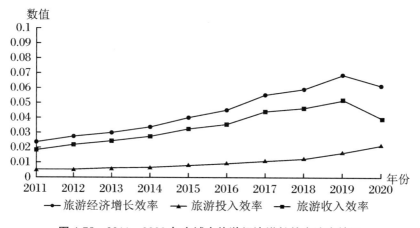

图4-75 2011—2020年宣城市旅游经济增长效率演变情况

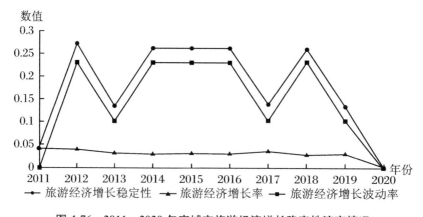

图4-76 2011—2020年宣城市旅游经济增长稳定性演变情况

**4. 宣城市旅游经济增长影响力的时序发展特征**

为直观体现宣城市旅游经济增长影响力演变情况,根据其量化结果绘制图

4-77。观察数据结果和该区域旅游经济增长影响力的演化趋势后发现,宣城市旅游经济增长影响力在 2011—2019 年出现持续增长的态势,由 2011 年的 0.0065 提升至 2019 年的 0.0271,在 2020 年下降至 0.0113。就旅游经济增长就业率而言,其演化趋势该区域旅游经济增长影响力保持一致,2011—2019 年出现持续增长的态势,由 2011 年的 0.0038 提升至 2019 年的 0.0144,在 2020 年下降至 0.0068。就旅游经济增长经济贡献率而言,2011—2019 年呈递增态势,数值由 2011 年的 0.0027 提升至 2019 年的 0.0127,在 2020 年下降至 0.0045。

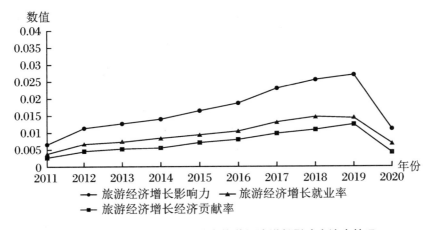

图 4-77　2011—2020 年宣城市旅游经济增长影响力演变情况

**5. 宣城市旅游经济增长可持续性的时序发展特征**

为直观体现宣城市旅游经济增长可持续性演变情况,根据其量化结果绘制图 4-78。观察数据结果和该区域旅游经济增长可持续性的演化趋势后发现,宣城市旅游经济增长可持续性演化的波动性极大,在 2014 年和 2016 年出现波峰,数值分别为 0.0776 和 0.0699;在 2013 年、2015 年和 2017 年出现波谷,数值分别为 0.0702、0.0641 和 0.0689。就旅游创新能力而言,2011—2015 年均为 0,2016—2020 年开始呈现稳步发展的态势。就旅游环境质量而言,其演化波动性也同样明显,在 2014 年和 2016 年出现波峰,数值分别为 0.0776 和 0.0675;在 2013 年、2015 年和 2017 年出现波谷,数值分别为 0.0702、0.0641 和 0.0665。

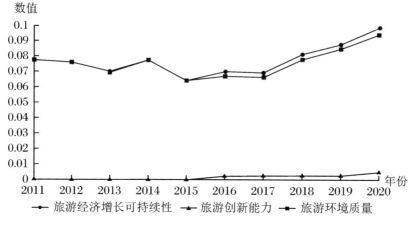

图 4-78　2011—2020 年宣城市旅游经济增长可持续性演变情况

## 4.3.1.13　铜陵市旅游经济增长质量的时序发展特征

通过测算 2011—2020 年铜陵市旅游经济增长质量指数,并绘制其时序发展图(图 4-79)。参考分析数据和该区域旅游经济增长质量的演化趋势后发现,2011 年以来,铜陵市旅游经济增长质量呈现波动性发展态势,2012 年、2014 年、2016 年和 2019 年出现波峰,数值分别为 0.4103、0.2988、0.3559 和 0.4963;2013 年、2015 和 2017 年出现波谷,数值分别为 0.2971、0.2811 和 0.3375。

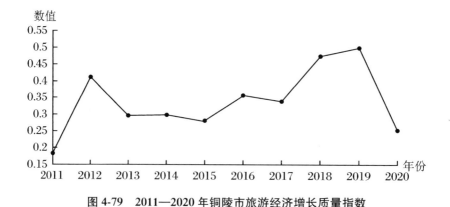

图 4-79　2011—2020 年铜陵市旅游经济增长质量指数

**1. 铜陵市旅游经济结构水平的时序发展特征**

为直观体现铜陵市旅游经济结构水平演变情况,根据其量化结果绘制图 4-80。观察数据结果和该区域旅游经济结构水平的演化趋势后发现,铜陵市旅游经济结构水平呈现出一定的波动性,在 2014 年出现波峰,数值为 0.0485,总体由 2011 年的 0.0114 提升至 2020 年的 0.0754。就旅游经济结构合理化指数而言,其演化的波动性特征也非常明显,在 2012 年和 2014 年出现波峰,数值分别为 0.0048 和 0.0101;在 2013 年和 2016 年出现波谷,数值分别为 0.0046 和 0.0078。就旅游经济结构高度化而言,在 2014 年和 2016 年出现波峰,数值分别为 0.0385 和 0.0405。

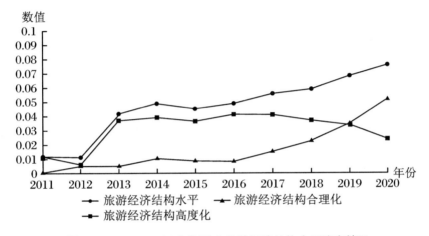

图 4-80　2011—2020 年铜陵市旅游经济结构水平演变情况

**2. 铜陵市旅游经济增长效率的时序发展特征**

为直观体现铜陵市旅游经济增长效率演变情况,根据其量化结果绘制图 4-81。观察数据结果和该区域旅游经济增长效率的演化趋势后发现,该区域旅游经济增长效率在 2011—2020 年呈稳定增长态势,总体上由 2011 年的 0.0328 提升至 2020 年的 0.0673。就旅游投入效率而言,其展现出一定的波动性,在 2014 年出现波峰,数值为 0.0189;在 2016 年出现波谷,数值为 0.0125。就旅游收入效率而言,总体呈波动增长态势,由 2011 年的 0.0174 提升至 2020 年的 0.0351,仅在 2012 年和 2020 年出现下滑。

**3. 铜陵市旅游经济增长稳定性的时序发展特征**

为直观体现铜陵市旅游经济增长稳定性演变情况,根据其量化结果绘制图 4-82。观察数据结果和该区域旅游经济增长稳定性的演化趋势后发现,2011—2020 年铜陵市旅游经济增长的起伏较大,2012 年、2014 年、2016 年和 2019 年出现波峰,数值分别为 0.2667、0.1318、0.1703 和 0.2585;2013 年、2015 年和

2017年出现波谷,数值分别为0.1298、0.1288和0.1389。就旅游经济增长波动率而言,2012年、2016年和2018年出现波峰,数值分别为0.2038、0.1269和0.2038;2013年和2017年出现波谷,数值均为0.1039。就旅游经济增长率而言,2011—2020年均为正数,但演化趋势略显波动性,在2014年、2016年出现波峰,数值分别为0.0279和0.0434;2013年和2018年出现波谷,数值分别为0.0259和0.0274。

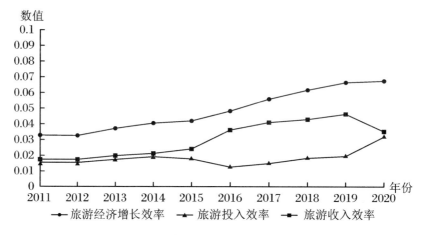

图4-81　2011—2020年铜陵市旅游经济增长效率演变情况

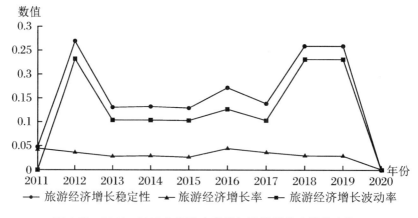

图4-82　2011—2020年铜陵市旅游经济增长稳定性演变情况

**4. 铜陵市旅游经济增长影响力的时序发展特征**

为直观体现铜陵市旅游经济增长影响力演变情况,根据其量化结果绘制图

4-83。观察数据结果和该区域旅游经济增长影响力的演化趋势后发现,铜陵市旅游经济增长影响力具有一定的波动性,在2013年和2019年出现波峰,数值分别为0.0086和0.0218;在2015年出现波谷,数值为0.0042。就旅游经济增长就业率而言,在2014年、2017年和2019年出现波峰,数值分别为0.0071、0.0102和0.0121;在2015年和2018年出现波谷,数值分别为0.0024和0.0099。就旅游经济增长经济贡献率而言,其波动性也较为明显,在2013年和2019年出现波峰,数值分别为0.0017和0.0097;在2014年出现波谷,数值为0.0010。

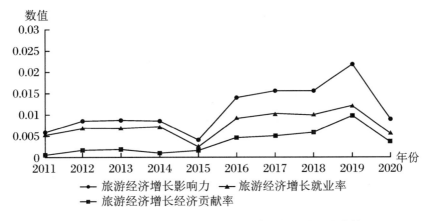

图4-83 2011—2020年铜陵市旅游经济增长影响力演变情况

**5. 铜陵市旅游经济增长可持续性的时序发展特征**

为直观体现铜陵市旅游经济增长可持续性演变情况,根据其量化结果绘制图4-84。观察数据结果和该区域旅游经济增长可持续性的演化趋势后发现,铜陵市旅游经济增长可持续性演化的波动性极大,在2012年和2016年出现波峰,数值分别为0.0920和0.0750;在2015年和2017年出现波谷,数值分别为0.0616和0.0722。就旅游创新能力而言,除2011年、2013年、2017年和2020年的数值不为0外,其余年份的统计结果均为0。就旅游环境质量而言,其演化趋势和旅游经济增长可持续性类似,在2012年和2016年出现波峰,数值分别为0.0920和0.0750;在2015年和2017年出现波谷,数值分别为0.0616和0.0698。

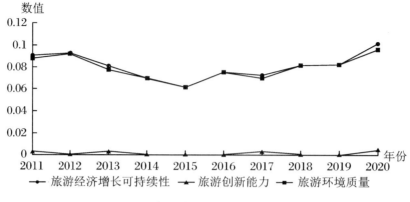

图 4-84　2011—2020 年铜陵市旅游经济增长可持续性演变情况

### 4.3.1.14　池州市旅游经济增长质量的时序发展特征

通过测算 2011—2020 年池州市旅游经济增长质量指数,并绘制其时序发展图(图 4-85)。参考分析数据和该区域旅游经济增长质量的演化趋势后发现,2011 年以来,池州市旅游经济增长质量呈现波动性发展趋势,在 2013 年、2017 年和 2019 年出现波峰,数值分别为 0.7022、0.6985 和 0.7138;在 2016 年和 2018 年出现波谷,数值分别为 0.5553 和 0.6020。

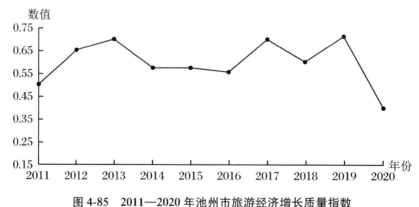

图 4-85　2011—2020 年池州市旅游经济增长质量指数

**1. 池州市旅游经济结构水平的时序发展特征**

为直观体现池州市旅游经济结构水平演变情况,根据其量化结果绘制图 4-86。观察数据结果和该区域旅游经济结构水平的演化趋势后发现,池州市旅游经济结构水平呈现出一定的波动性,2013年、2017年和2019年出现波峰,数值分别为0.1823、0.1860和0.1787;2014年和2018年出现波谷,数值分别为0.1672和0.1780。就旅游经济结构合理化指数而言,2013年出现波峰,数值为0.0921;2014年出现波谷,数值为0.0817。就旅游经济结构高度化而言,其波动性特征显著,2013年和2017年出现波峰,数值分别为0.0902和0.0964。

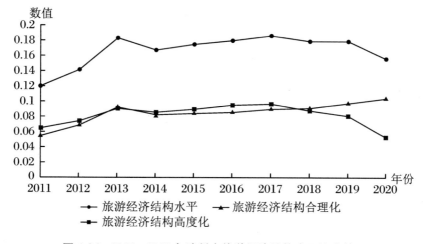

图4-86　2011—2020年池州市旅游经济结构水平演变情况

### 2. 池州市旅游经济增长效率的时序发展特征

为直观体现池州市旅游经济增长效率演变情况,根据其量化结果绘制图4-87。观察数据结果和该区域旅游经济增长效率的演化趋势后发现,在2012年和2019年出现波峰,数值分别为0.0625和0.0961;在2013年出现波谷,数值为0.0597。就旅游投入效率而言,2011—2020年均保持持续提升的态势,数值由2011年的0.0043提升至2020年的0.0309。就旅游收入效率而言,其发展趋势具有一定的波动性,在2012年和2019年出现波峰,数值为0.0563和0.0781;在2013年出现波谷,数值为0.0523。

### 3. 池州市旅游经济增长稳定性的时序发展特征

为直观体现池州市旅游经济增长稳定性演变情况,根据其量化结果绘制图4-88。观察数据结果和该区域旅游经济增长稳定性的演化趋势后发现,2011—2020年池州市旅游经济增长的起伏较大,2012年、2017年和2019年出现波峰,数值分别为 0.2658、0.2552 和 0.2548;2016 年和 2018 年出现波谷,数值分别为 0.1279 和 0.1478。就旅游经济增长率而言,其波动性较强,2014 年和 2018 出现波峰,数值分别为 0.0441 和 0.0439;2013 年出现波谷,数值为 0.0269。就旅游经济增长波动率而言,2012 年、2017 年和 2019 年出现波峰,数值均为 0.2308;2016 年和 2018 年出现波谷,数值分别为 0.0240 和 0.0439。

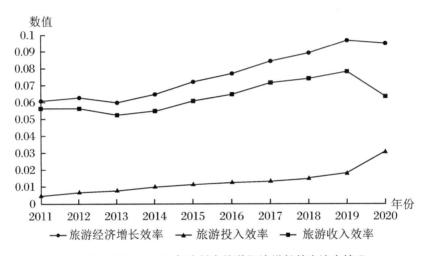

**图 4-87  2011—2020 年池州市旅游经济增长效率演变情况**

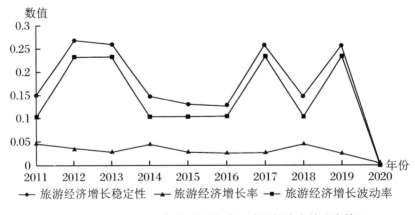

**图 4-88  2011—2020 年池州市旅游经济增长稳定性演变情况**

**4. 池州市旅游经济增长影响力的时序发展特征**

为直观体现池州市旅游经济增长影响力演变情况,根据其量化结果绘制图

4-89。观察数据结果和该区域旅游经济增长影响力的演化趋势后发现,池州市旅游经济增长影响力具有一定的波动性,2015年和2018年出现波峰,数值分别为0.0985和0.1106;2016年出现波谷,数值为0.0957。就旅游经济增长就业率而言,其演化趋势该区域旅游经济增长影响力保持一致,在2015年和2018年出现波峰,数值分别为0.0521和0.0568;在2016年出现波谷,数值为0.0489。就旅游经济增长经济贡献率而言,2011—2018年呈递增态势,由2011年的0.0280提升至2018年的0.0538,但2018—2020年出现下降态势,2020年降低至最小值0.0244。

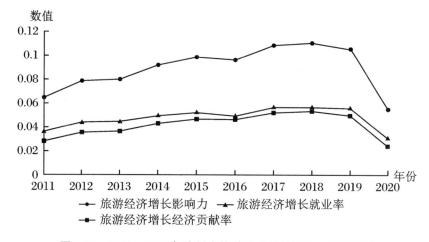

图4-89　2011—2020年池州市旅游经济增长影响力演变情况

**5. 池州市旅游经济增长可持续性的时序发展特征**

为直观体现池州市旅游经济增长可持续性演变情况,根据其量化结果绘制图4-90。观察数据结果和该区域旅游经济增长可持续性的演化趋势后发现,池州市旅游经济增长可持续性的发展趋势呈现出一定的波动性特点,2013年出现波峰,数值为0.1220;2017年出现波谷,数值为0.0646。其中,就旅游创新能力而言,2011年、2012年、2014年、2016年和2018年统计值为0,其余年份均为正值。就旅游环境质量而言,2014年和2018年出现波峰,数值分别为0.1022和0.0770;2017年和2019年出现波谷,数值分别为0.0622和0.0740。

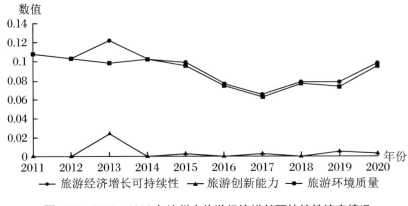

图 4-90 2011—2020 年池州市旅游经济增长可持续性演变情况

### 4.3.1.15 安庆市旅游经济增长质量的时序发展特征

通过测算 2011—2020 年安庆市旅游经济增长质量指数,并绘制其时序发展图(图 4-91)。参考分析数据和该区域旅游经济增长质量的演化趋势后发现,自 2011 年以来,安庆市旅游经济增长质量呈现波动状态,2012 年、2017 年和 2019 年出现波峰,数值分别为 0.4756、0.4458 和 0.4437。

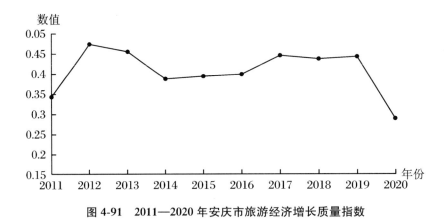

图 4-91 2011—2020 年安庆市旅游经济增长质量指数

**1. 安庆市旅游经济结构水平的时序发展特征**

为直观体现安庆市旅游经济结构水平演变情况,根据其量化结果绘制图 4-92。观察数据结果和该区域旅游经济结构水平的演化趋势后发现,安庆市旅游经济结构水平的演变具有一定的波动性,2012 年和 2019 年出现波峰,数值分别为 0.0827 和 0.1113;在 2013 年出现波谷,数值为 0.0709。就旅游经济结构合理化指数而言,其演化趋势基本呈增长的态势,仅在 2017 年和 2020 年出现略微下降,总体由 2011 年的 0.0175 提升至 2020 年的 0.0556。就旅游经济结构高度化而言,其发展的波动性明显,2012 年、2015 年和 2018 年出现波峰,数值分别为 0.0612、0.0623 和 0.0605。

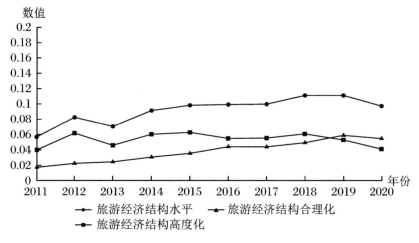

图 4-92　2011—2020 年安庆市旅游经济结构水平演变情况

**2. 安庆市旅游经济增长效率的时序发展特征**

为直观体现安庆市旅游经济增长效率演变情况,根据其量化结果绘制图 4-93。观察数据结果和该区域旅游经济增长效率的演化趋势后发现,安庆市旅游经济增长效率在 2011—2020 年基本呈增长态势,仅在 2020 年出现下降,总体上由 2011 年的 0.0332 提升至 2020 年的 0.0890。就旅游投入效率而言,仅在 2016 年出现小幅度下降,总体保持增长态势,且由 2011 年的 0.0044 提升至 2020 年的 0.0324。就旅游收入效率而言,2011—2019 年维持上涨的态势,数值由 2011 年的 0.0287 提升至 2019 年的 0.0716;2020 年有所下滑,数值降低至 0.0566。

**3. 安庆市旅游经济增长稳定性的时序发展特征**

为直观体现安庆市旅游经济增长稳定性演变情况,根据其量化结果绘制图 4-94。观察数据结果和该区域旅游经济增长稳定性的演化趋势后发现,2011—2020 年该区域旅游经济增长稳定性的演化趋势出现较大的波动,2012 年、2016

年和 2019 年出现波峰,数值分别为 0.2641、0.1340 和 0.1314;2015 年和 2018 年出现波谷,数值分别为 0.1310 和 0.1305。就旅游经济增长波动率而言,2012—2013 年的均值为 0.2308,但在 2020 年降低至 0。就旅游经济增长率而言,其波动性相对较大,2014 年、2016 年和 2019 年出现波峰,数值分别为 0.0324、0.0301 和 0.0275;在 2013 年、2015 年和 2018 年出现波谷,数值分别为 0.0282、0.0272 和 0.0267。

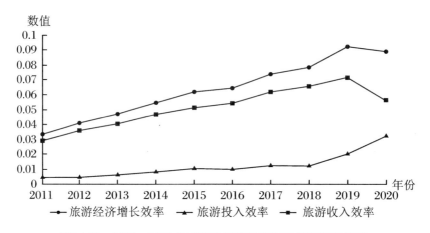

图 4-93 2011—2020 年安庆市旅游经济增长效率演变情况

图 4-94 2011—2020 年安庆市旅游经济增长稳定性演变情况

**4. 安庆市旅游经济增长影响力的时序发展特征**

为直观体现安庆市旅游经济增长影响力演变情况,根据其量化结果绘制图 4-95。观察数据结果和该区域旅游经济增长影响力的演化趋势后发现,安庆市旅游经济增长影响力在 2011—2018 年为持续提升的态势,数值由 2011 年的 0.0146 提升至 2018 年的 0.0389;2018—2020 年出现下降;2020 年降低至 0.0131。就旅游经济增长就业率而言,2011—2018 年保持持续提升的态势,数值由 2011 年的 0.0084 提升至 2018 年的 0.0210;2018—2020 年出现下降,2020 年降低至 0.0064。就旅游经济增长经济贡献率而言,2011—2019 年呈增长态势,数值由 2011 年的 0.0062 提升至 2019 年的 0.0181,但在 2020 年降低至 0.0067。

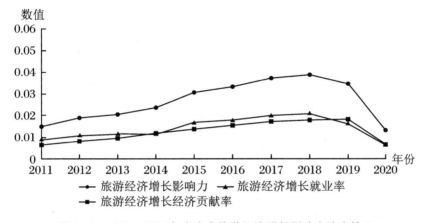

图 4-95　2011—2020 年安庆市旅游经济增长影响力演变情况

**5. 安庆市旅游经济增长可持续性的时序发展特征**

为直观体现安庆市旅游经济增长可持续性演变情况,根据其量化结果绘制图 4-96。观察数据结果和该区域旅游经济增长可持续性的演化趋势后发现,该区域旅游经济增长可持续性演化的波动性极大,2012 年、2014 年和 2017 年出现波峰,数值分别为 0.0696、0.0835 和 0.1024,2013 年、2016 年和 2019 年出现波谷,数值分别为 0.0592、0.0679 和 0.0746。其中,就旅游创新能力而言,除 2011 年和 2012 年统计结果为 0 外,其余年份均大于 0,但整体波动性显著。就旅游环境质量而言,其演化波动性也同样明显,2012 年和 2014 年出现波峰,数值分别为 0.0696 和 0.0763;2013 年、2016 年出现波谷,数值分别为 0.0544 和 0.0560。

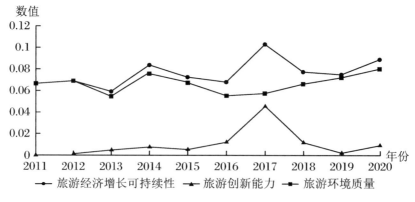

图 4-96　2011—2020 年安庆市旅游经济增长可持续性演变情况

## 4.3.1.16　黄山市旅游经济增长质量的时序发展特征

通过测算 2011—2020 年黄山市旅游经济增长质量指数，并绘制其时序发展图（图 4-97）。参考分析数据和该区域旅游经济增长质量的演化趋势后发现，近 10 年，该区域旅游经济增长质量呈现波浪式演化趋势，2012 年、2014 年、2016 年和 2018 年出现波峰，数值分别为 0.6767、0.6958、0.6850 和 0.7153；2013 年、2015 年和 2017 年出现波谷，数值分别为 0.5718、0.5632 和 0.6199；2020 年受新冠疫情影响而急剧下降。

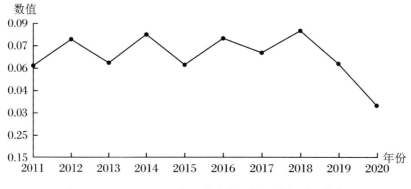

图 4-97　2011—2020 年黄山市旅游经济增长质量指数

**1. 黄山市旅游经济结构水平的时序发展特征**

为直观体现黄山市旅游经济结构水平演变情况，根据其量化结果绘制图 4-98。观察数据结果和该区域旅游经济结构水平的演化趋势后发现，黄山市旅游经济结构水平呈波动发展态势,2013年和2018年出现波峰,数值分别为0.1805和0.1778;2016年出现波谷,数值为0.1689。就旅游经济结构合理化指数而言,其呈波动性特征,2012年、2014年和2018年出现波峰,数值分别为0.0894、0.0892和0.0960;2013年、2015年和2019年出现波谷,数值分别为0.0887、0.0882和0.0949。就旅游经济结构高度化而言,其发展态势的波动性特征也较为明显,2013年和2017年出现波峰,数值分别为0.0918和0.0832;2012年和2016年出现波谷,数值分别为0.0691和0.0806。

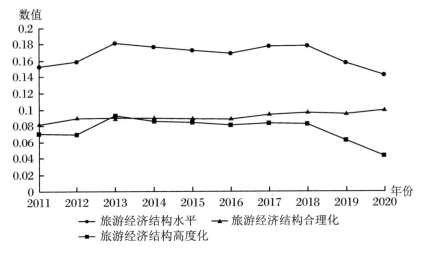

图4-98 2011—2020年黄山市旅游经济结构水平演变情况

**2. 黄山市旅游经济增长效率的时序发展特征**

为彰显黄山市旅游经济增长效率的演变情况,根据其量化结果绘制图4-99。观察数据结果和该区域旅游经济增长效率的演化趋势后发现,黄山市旅游经济增长效率在2011—2019年保持增长态势,数值由2011年的0.0437提升至2019年的0.0879,但在2020年下降至0.0863。就旅游投入效率而言,黄山市在2011—2020年保持持续增长态势,由2011年的0.0070提升至2020年的0.0319。在旅游收入效率方面,在2011—2019年保持增长态势,数值由2011年的0.0366提升至2019年的0.0648,但在2020年出现下滑,数值降低至0.0545。

**3. 黄山市旅游经济增长稳定性的时序发展特征**

为直观体现黄山市旅游经济增长稳定性演变情况,根据其量化结果绘制图

4-100。观察数据结果和该区域旅游经济增长稳定性的演化趋势后发现，2011—2020 年黄山市旅游经济增长的波动较大，在 2012 年、2014 年、2016 年和 2018 年出现波峰，数值分别为 0.2631、0.2555、0.2549 和 0.2577；2013 年、2015 年和 2017 年出现波谷，数值分别为 0.1279、0.1285 和 0.1571。就旅游经济增长波动率而言，其演化轨迹和旅游经济增长稳定性相类似，2012 年、2014 年、2016 年和 2018 年出现波峰，数值均为 0.2308；2013 年、2015 年和 2017 年出现波谷，数值分别为 0.1039、0.1039 和 0.1269。而旅游经济增长率方面也存在显著波动性特征，2014 年和 2017 年出现波峰，数值分别为 0.0247 和 0.0301；2013 年和 2016 年出现波谷，数值均为 0.0241。

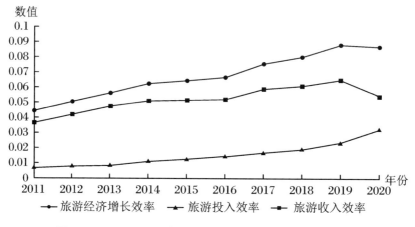

图 4-99　2011—2020 年黄山市旅游经济增长效率演变情况

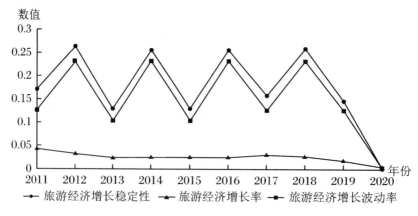

图 4-100　2011—2020 年黄山市旅游经济增长稳定性演变情况

#### 4. 黄山市旅游经济增长影响力的时序发展特征

为直观体现黄山市旅游经济增长影响力演变情况,根据其量化结果绘制图 4-101。观察数据结果和该区域旅游经济增长影响力的演化趋势后发现,黄山市旅游经济增长影响力具有一定的波动性,2013 年和 2017 年出现波峰,数值分别为 0.1131 和 0.1161;2016 年出现波谷,数值为 0.1013。就旅游经济增长就业率而言,2012 年和 2018 年出现波峰,数值分别为 0.0617 和 0.0565;2016 年出现波谷,数值为 0.0506。就旅游经济增长经济贡献率而言,其波动性也较为明显,2015 年、2017 年和 2019 年出现波峰,数值分别为 0.0531、0.0597 和 0.0472;2016 年和 2018 年出现波谷,数值分别为 0.0507 和 0.0046。

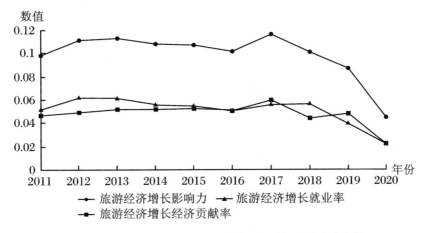

图 4-101　2011—2020 年黄山市旅游经济增长影响力演变情况

#### 5. 黄山市旅游经济增长可持续性的时序发展特征

为直观体现黄山市旅游经济增长可持续性演变情况,根据其量化结果绘制图 4-102。观察数据结果和该区域旅游经济增长可持续性的演化趋势后发现,该区域旅游经济增长可持续性波动性显著,2013 年和 2018 年出现波峰,数值分别为 0.0947 和 0.0990;2015 年和 2019 年出现波谷,数值分别为 0.0907 和 0.0927。就旅游创新能力而言,2011—2014 年的统计结果均为 0,其余年份均有数据统计以展现该区域的旅游创新能力。就旅游环境质量而言,其演化趋势也展现了波动性特征,2013 年和 2018 年出现波峰,数值分别为 0.0947 和 0.0942;2015 年和 2019 年出现波谷,数值分别为 0.0883 和 0.0903。

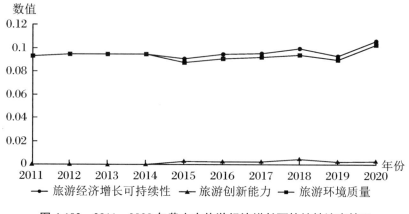

图 4-102　2011—2020 年黄山市旅游经济增长可持续性演变情况

## 4.3.2　安徽省区域旅游经济增长质量的空间分布格局

本书将安徽省区域旅游经济增长质量指数划分为五个层次,即第一层次的旅游经济增长质量指数为[0.1,0.2),第二层次的旅游经济增长质量指数为[0.2,0.3),第三层次的旅游经济增长质量指数为[0.3,0.4),第四层次的旅游经济增长质量指数为[0.4,0.5),第五层次的旅游经济增长质量指数为[0.5,+∞)。由此可知,安徽省区域旅游经济增长质量指数具有空间分异性,具体而言:2011年,黄山市旅游经济增长质量指数明显高于安徽省区域的其他城市,池州市位居次席,黄山市和池州市也是全省仅存的位于第四层次的城市。在第三层次中有安庆市、六安市、合肥市和蚌埠市 4 个城市,它们的旅游经济增长质量指数仅低于第四层次的城市。在第二层次中有亳州市、芜湖市、马鞍山市和淮北市 4 个城市,其旅游经济结构水平、旅游经济增长效率、旅游经济增长稳定性等指标相较处于落后水平。在第一层次中则有宣城市、铜陵市、滁州市、宿州市、阜阳市和淮南市 6 个城市,它们的旅游经济增长质量在全省处于末流水平,亟须大力发展和提升。相较于 2011 年,2019 年安徽省区域旅游经济增长质量得到显著提升,其中,池州市、芜湖市和黄山市位列前三位,且上述 3 个城市已提升至第五层次。在第四层次中有 8 个城市,按旅游经济增长质量指数的高低排序为铜陵市、马鞍山市、蚌埠市、合肥市、亳州市、安庆市、宿州市和宣城市。在第三层次中有滁州市、淮北市、阜阳市和淮南市 4 个城市,仅有六安市位于第二层次,位居全省处于末流水平,亟须快速提升。由于新冠疫情影响,安徽省区域旅游经济增长质量指数在 2020 年出现较大变化,分析结果发现,仅有合肥市和池州市位于第四层次,黄山市、淮北市和芜湖市位列第三层次,第二层次中有 8 个城市,按顺序排列分别为安庆市、铜陵市、宣城市、六安市、马鞍山市、滁州市、亳州市和蚌埠市,阜阳市、宿州市和淮南市则在全省处于末流水平,整体位列第一层次。

另外,不考虑新冠疫情影响,安徽省各区域旅游经济增长质量指数的层次呈提升态势,具体时空演变情况如下:2011 年合肥市旅游经济增长质量指数位居第三层次,在 2019 年变化为第四层次,2020 年依然处于第四层次;2011 年淮北市旅游经济增长质量指数处于第二层次,在 2019 年变化为第三层次,2020 年依然处于第三层次;2011 年亳州市和马鞍山市旅游经济增长质量指数处于第二层次,在 2019 年变化为第四层次,2020 年变化为第二层次;2011 年宿州市旅游经济增长质量指数处于第一层次,在 2019 年变化为第四层次,2020 年变化为第一层次;2011 年蚌埠市和安庆市旅游经济增长质量指数位居第三层次,在 2019 年变化为第四层次,2020 年变化为第二层次;2011 年阜阳市和淮南市旅游经济增长质量指数处于第一层次,在 2019 年变化为第三层次,2020 年变化为第一层次;2011 年滁州市旅游经济增长质量指数处于第一层次,在 2019 年变化为第三层次,2020 年变化为第二层次;2011 年六安市旅游经济增长质量指数处于第三层次,在 2019 年变化为第二层次,2020 年变化为第二层次;2011 年芜湖市旅游经济增长质量指数处于第二层次,在 2019 年变化为第五层次,2020 年变化为第四层次;2011 年宣城市和铜陵市旅游经济增长质量指数处于第一层次,在 2019 年变化为第四层次,2020 年变化为第二层次;2011 年池州市旅游经济增长质量指数处于第四层次,在 2019 年变化为第五层次,2020 年变化为第四层次;2011 年黄山市旅游经济增长质量指数处于第四层次,在 2019 年变化为第五层次,2020 年变化为第三层次。

# 5 安徽省区域旅游经济增长质量与数量耦合协调关系及其时空演化研究

## 5.1 区域旅游经济增长质量与数量耦合协调机理研究

### 5.1.1 区域旅游经济增长质量与数量的要素耦合机理

首先,地理气候、自然禀赋、人文历史、制度环境等区域宏观环境影响区域旅游经济增长数量和质量耦合协调发展的广度和深度。具体而言:

(1) 地理气候条件通常直接决定了一个地区旅游资源的类型和旅游季节性,从而影响旅游经济的规模。例如,温暖宜人的气候、丰富多样的地形地貌是吸引游客的重要因素,而极端气候和自然灾害的发生往往对旅游活动造成负面影响。

(2) 自然禀赋包括了一个区域内所有的自然资源和景观,如山川、湖泊、野生动植物等,资源的丰富程度直接关系旅游产品的多样性和吸引力。自然资源的可持续利用和保护同样是提高旅游经济质量的关键,如生态旅游的发展不仅能够保护自然禀赋,还可以通过教育和体验活动提升游客的环保意识和旅游体验的深度。

(3) 人文历史是区域旅游的灵魂,历史遗迹、文化传统、民俗风情等无形资产对于吸引文化和历史爱好者具有不可替代的作用,并且可以提供丰富多样的旅游体验,增加游客的停留时间和旅游消费,有助于增加旅游的附加值和提升行业的竞争力。

(4)区域的政策法规、行政管理和社会治安等制度环境因素会直接影响旅游业的运作和发展。良好的制度环境能够吸引投资,优化旅游业结构,促进旅游产品和服务的创新,如相关政策的引导和扶持可以激励旅游企业投入更多资源于旅游产品开发和市场营销,提高整个区域旅游业的国际竞争力;同时,稳定的社会环境和良好的治安状况也能够增强游客的信心和安全感,有利于旅游业的发展。

其次,区域旅游经济增长数量和质量反过来对区域宏观环境产生正向激励或负面制约作用。具体而言:

(1)旅游业的快速发展和经济增长往往会吸引更多的投资,包括基础设施建设、酒店和旅游设施建设等,这将促进区域宏观环境的改善;但同时也可能会对自然资源和生态环境造成负面影响,如过度开发、水源短缺、生态系统破坏等,从而对区域环境产生制约作用。

(2)旅游业的发展通常会创造更多的就业机会,提高就业率,从而改善社会稳定局面和人民生活水平,进一步提高区域改善宏观环境的积极性;但与此同时,大规模旅游业的发展也可能会引发社会矛盾,如土地征用、居民收入分配不均等问题,导致社会不稳定,对区域宏观环境产生负面影响。

(3)旅游业的繁荣会促进地方文化和历史遗产的保护和传承,激励居民和政府更好地维护和弘扬本地区的文化,提高文化自信心;但是,过度商业化和大规模旅游业的发展可能会导致文化冲突或文化价值观的丧失,破坏地方特色和传统文化,影响区域宏观环境的社会和文化氛围。

最后,区域旅游资本、旅游资源、旅游从业者、旅游信息等要素的配置与流动为区域旅游经济增长数量和质量的耦合提供内在动力。具体而言:

(1)在区域旅游资本方面,合理配置流动的旅游资本可以促进旅游业的发展,如将其用于基础设施建设、旅游景点开发等,有利于区域旅游经济增长;并且,充分流动的旅游资本可以引入创新的旅游产品和服务,提高旅游业的竞争力和吸引力,进而推动旅游经济增长质量与数量的协调发展。

(2)在旅游资源方面,合理配置流动的旅游资源可以提供丰富多样的旅游方案供游客选择,以满足不同需求,这将为区域旅游经济增长数量与质量提供内在动力;并且,科学利用和整合包括自然景观、文化遗产等在内的旅游资源,可以形成区域旅游的空间优势,推动旅游经济快速发展。

(3)在旅游从业者方面,有素质高、专业技能强的旅游从业者,可以为游客提供更优质的旅游服务和体验,提高游客满意度和忠诚度,促进区域旅游经济增长的质量与数量的耦合;同时,有一定数量的旅游从业者流动,可以推动旅游企业创新和创业,引入新的经营模式和产品,提升区域旅游经济增长的质量与数量。

(4)在旅游信息方面,良好的旅游信息配置和流动可以提高旅游市场的透明度和效率,使游客更容易了解目的地的各种信息,提高游客对旅游目的地的兴趣和信任度;同时,充分流动的旅游信息有助于市场的正常运作,促进旅游需求与供给的匹配,推动区域旅游经济增长的质量与数量的协调发展。

## 5.1.2 区域旅游经济增长质量与数量的发展协同机理

首先,区域旅游经济增长数量和质量在耦合发展过程中,经过不断调整,形成了一套有效的自我循环体系,这主要源于市场引导与反馈、投资回报与创新驱动、政策引导与规范作用、产业联动与协同效应和品牌建设与口碑效应等因素。具体而言:

(1)市场引导与反馈。区域旅游经济增长的数量和质量是由市场需求和供给相互作用决定的,随着旅游市场的发展,市场机制能够通过价格变动、市场竞争等方式引导和反馈旅游要素的配置和流动,从而逐渐形成一种适应市场需求的自我调整机制。

(2)投资回报与创新驱动。在区域旅游经济增长的过程中,投资回报和创新扮演着重要角色,高质量的旅游增长将吸引更多资本的投入,而这些投资会推动创新发展,进一步提升旅游产品和服务的质量。

(3)政策引导与规范作用。政府在区域旅游经济增长过程中发挥着重要的引导和规范作用,通过制定相关政策和规定,政府能够促进旅游要素的配置和流动,保障旅游市场的健康发展,从而促进区域旅游经济增长数量和质量的耦合发展。

(4)产业联动与协同效应。在区域旅游经济增长中,旅游业往往与其他相关产业紧密相连,良好的产业联动和协同效应有助于不断推动旅游产业的发展,提升区域旅游经济增长的数量和质量。

(5) 品牌建设与口碑效应。随着旅游目的地或旅游企业的品牌建设和口碑效应的形成,能够吸引更多游客和资源的流入,进一步推动旅游经济增长的数量和质量。

其次,当区域旅游经济增长数量和质量系统受到的外部环境冲击较小时,仍可按照原有的组织规律演化,并形成一定的内部结构和功能;当受到的外部环境冲击较大时,在系统涨落和协同效应作用下,区域旅游经济增长数量和质量将形成新的时空结构,并向新的耦合效果发展,这主要源于系统涨落的调整机制、协同效应的促进作用、新的时空结构的形成和创新发展的推动等。具体而言:

(1) 系统涨落的调整机制。当外部环境冲击较大时,旅游经济系统可能会出现涨落或不稳定状态,这种系统涨落可以激发旅游经济系统内部的自我调整机制,促使系统在不断适应和调整中形成新的时空结构。系统涨落可以被视为一种自我纠正机制,通过调整旅游要素的配置和流动,从而逐渐恢复和提高区域旅游经济增长的数量和质量。

(2) 协同效应的促进作用。外部环境冲击可能推动旅游要素之间的协同效应加强,即在面对挑战和困境时,旅游企业、政府、相关产业等各方面合作的意愿和行动往往会增强,通过发挥协同效应,各方共同应对外部冲击,实现旅游经济增长的数量和质量的提升。

(3) 新的时空结构的形成。外部环境冲击可能导致旅游资源被重新评估和再配置,即在适应新的外部环境要求的过程中,区域旅游经济将形成新的时空结构,如寻找新的旅游市场、改善旅游产品和服务的质量、拓宽旅游业态等,这些时空结构的形成为区域旅游经济增长数量和质量的提升创造了新的机遇和条件。

(4) 创新发展的推动。受到外部环境冲击时,旅游企业和相关产业往往会加大创新力度,寻求新的发展机会,从而推动旅游经济增长的数量和质量向新的耦合效果发展;由于创新可以带来新的产品、新的市场和新的竞争优势,有利于促进区域旅游经济增长的质的提升。

区域旅游经济增长数量和质量的耦合发展构成区域旅游经济增长的发展

轨迹,计算二者之间相互作用的协调发展状况,是为了更好地把握区域旅游经济数量和质量在区域旅游经济增长过程中的促进作用和偏离情况。

## 5.2 安徽省旅游经济增长质量与数量耦合协调度的衡量

区域旅游经济增长数量是指一个区域旅游总产出(或人均产出)的增长,本书将其分解为旅游经济增长规模与旅游经济增长速度两个方面。其中,前者用人均旅游收入(旅游总收入与旅游总人数的比例)来衡量,后者用旅游总收入增长率来衡量。根据上文的均方差法计算出各指标的权重,详见表5-1。根据耦合协调度模型,即式(1.6)和式(1.7),本书计算了2011—2020年安徽省及其各区域旅游经济增长质量与数量的耦合协调度,并依据表1-1对其进行了等级划分。

表 5-1 安徽省区域旅游经济增长数量的评价指标体系及其指标权重

| 总目标层 | 子目标层或准则层 | 指标层 | 权重 |
| --- | --- | --- | --- |
| 旅游经济增长数量 | 旅游经济增长规模 | 人均旅游收入 | 0.5661 |
| | 旅游经济增长速度 | 旅游总收入增长率 | 0.4339 |

### 5.2.1 安徽省旅游经济增长质量与数量耦合协调度

通过绘制2011—2020年安徽省旅游经济增长质量与数量耦合协调度时序演变图(图5-1)可知,2011—2019年,安徽省旅游经济增长质量与数量耦合协调度呈波动上升态势,总体由2011年的0.4294提升至2019年的0.4735,但在2020年出现严重下降,数值降低至0.3479;在2012年、2017年和2019年出现波峰;在2014年和2018年出现波谷。2011—2019年,安徽省旅游经济增长质量与数量的耦合协调等级均为濒临失调,但在2020年演变为轻度失调。在耦合协调类型上,2011年为质量滞后型,2012—2013年为数量滞后型,2014—2019年为质量滞后型,最终在2020年变化为数量滞后型。

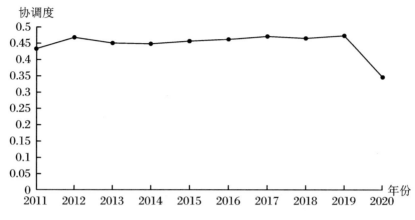

图 5-1　2011—2020 年安徽省旅游经济增长质量与数量耦合协调度

## 5.2.2　安徽省旅游经济增长质量与规模耦合协调度

通过绘制 2011—2020 年安徽省旅游经济增长质量与规模耦合协调度时序演变图(图 5-2)可知,2011—2019 年,安徽省旅游经济增长质量与规模耦合协调度呈上升态势,由 2011 年的 0.3194 提升至 2019 年的 0.4114,而在 2020 年出现严重下降,数值降低至 0.3424,但相对于 2011 年依然有所提升。耦合协调等级在 2011—2016 年表现为轻度失调,在 2017—2019 年为濒临失调,在 2020 年又转变为轻度失调。

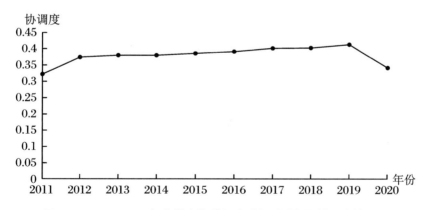

图 5-2　2011—2020 年安徽省旅游经济增长质量与规模耦合协调度

### 5.2.3 安徽省旅游经济增长质量与速度耦合协调度

通过绘制 2011—2020 年安徽省旅游经济质量与增长速度耦合协调度时序演变图(图 5-3)可知,2011 年以来,安徽省旅游经济质量与增长速度耦合协调度波动较大,总体呈下降态势。具体如下:在 2012 年、2017 年和 2019 年出现波峰,数值分别为 0.4106、0.3909 和 0.3834;在 2014 年和 2018 年出现波谷,数值分别为 0.3736 和 0.3792;总体由 2011 年的 0.3919 变化为 2020 年的 0.1734。在耦合协调等级上,由 2011 年的轻度失调转变为 2012 年的濒临失调,但 2013—2019 年又变化为轻度失调,而在 2020 年变化为严重失调。

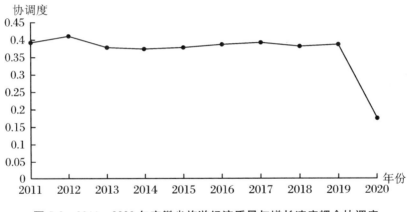

图 5-3　2011—2020 年安徽省旅游经济质量与增长速度耦合协调度

### 5.2.4 安徽省旅游经济增长数量与结构水平耦合协调度

通过绘制 2011—2020 年安徽省旅游经济增长数量与结构水平耦合协调度的时序演变图(图 5-4)可知,2011—2019 年,安徽省旅游经济增长数量与结构水平耦合协调度基本呈持续增长态势,仅在 2018 年出现小幅度下降,总体由 2011 年的 0.2822 提升至 2019 年的 0.3179,但在 2020 年出现急速下降,数值降低至 0.2592。耦合协调等级在 2011—2014 年表现为中度失调,在 2015—2019 年表现为轻度失调,在 2020 年又呈中度失调状态。

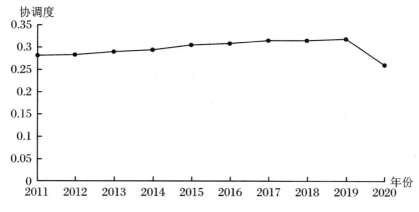

图 5-4　2011—2020 年安徽省旅游经济增长数量与结构水平耦合协调度

## 5.2.5　安徽省旅游经济增长数量与效率耦合协调度

通过绘制 2011—2020 年安徽省旅游经济增长数量与效率耦合协调度时序演变图(图 5-5)可知,安徽省旅游经济增长数量与效率耦合协调度在 2011 年为 0.2459,2012 年降低至 0.2435,2012—2019 年保持持续增长态势,2019 年达到 0.3067,但 2020 年又下滑至 0.2523。2011—2018 年和 2020 年耦合协调等级均表现为中度失调,在 2019 年表现为轻度失调。

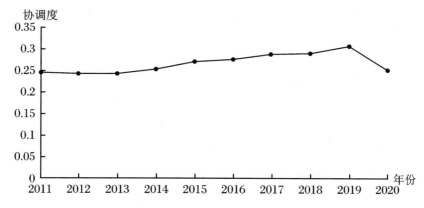

图 5-5　2011—2020 年安徽省旅游经济增长数量与效率耦合协调度

## 5.2.6 安徽省旅游经济增长数量与稳定性耦合协调度

通过绘制 2011—2020 年安徽省旅游经济增长数量与稳定性耦合协调度时序演变图(图 5-6)可知,安徽省旅游经济增长数量与稳定性耦合协调度在 2012 年呈迅猛递增态势,数值由 0.3325 提升至 0.4045;2012—2015 年呈持续降低态势,2015 年达到 0.3711;2015—2017 年呈递增态势,在 2017 年达到 0.3868;2018 年降低至 0.3745,2019 年又提升至 0.3792;2020 年出现严峻下降,数值降低为 0.1774。在耦合协调等级上,2011 年为轻度失调,但在 2012 变化为濒临失调,随后在 2013—2019 年表现为轻度失调,最终在 2020 年变化为严重失调。

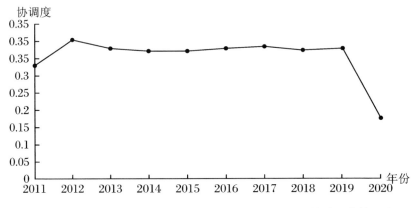

图 5-6　2011—2020 年安徽省旅游经济增长数量与稳定性的耦合协调度

## 5.2.7 安徽省旅游经济增长数量与影响力耦合协调度

通过绘制 2011—2020 年安徽省旅游经济增长数量与影响力耦合协调度时序演变图(图 5-7)可知,2011—2019 年,安徽省旅游经济增长数量与影响力耦合协调度呈波动上升态势,由 2011 年的 0.2074 提升至 2019 年的 0.2370,最终在 2020 年迅猛下降至 0.1591。在耦合协调等级方面,2011—2019 年均保持为中度失调的状态,在 2020 年变化为严重失调状态。

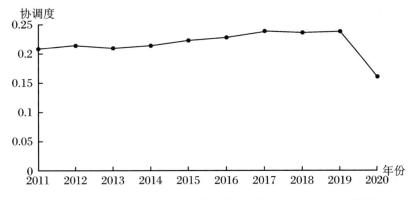

图 5-7　2011—2020 年安徽省旅游经济增长数量与影响力耦合协调度

## 5.2.8　安徽省旅游经济增长数量与可持续性耦合协调度

通过绘制 2011—2020 年安徽省旅游经济增长数量与可持续性耦合协调度时序演变图(图 5-8)可知,自 2011 年以来,安徽省旅游经济增长数量与可持续性耦合协调度呈波动下降态势。2011—2013 年表现为下降趋势,由 2011 年的 0.3157 降低至 2013 年的 0.2903;2014 年有所提升,数值转变为 0.2941;2015 年降低至 0.2890,2016 年提升至 0.2892,2017 年降低至 0.2872;2017—2019 年又呈递增态势,2019 年达到 0.2930;2020 年则降低至 0.2852。在耦合协调等级上,2011—2012 年呈现出轻度失调状态,2013—2020 年维持在中度失调状态。

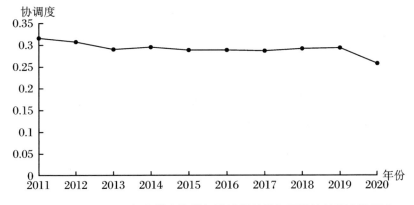

图 5-8　2011—2020 年安徽省旅游经济增长数量与可持续性耦合协调度

## 5.3 安徽省区域旅游经济增长质量与数量耦合协调度的时空演化特征研究

### 5.3.1 安徽省区域旅游经济增长质量与数量耦合协调度的时序演变

**1. 合肥市旅游经济增长质量与数量耦合协调度的时序演变**

由图5-9可知,合肥市旅游经济增长数量与质量耦合协调度的整体波动性较大。具体而言:在2012年、2016年和2019年出现波峰,数值分别为0.5305、05553和0.5445;在2014年和2018年出现波谷,数值分别为0.4983和0.5409;受新冠疫情影响,在2020年回落至0.4678。在耦合协调等级上,2011年为濒临失调,2012—2013年均为勉强协调,2014年变化为濒临失调,2015—2019年均为勉强协调,最终在2020年变化为濒临失调。在耦合协调类型上,2011—2020年均为质量滞后型。

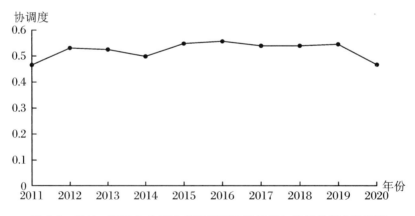

图5-9 2011—2020年合肥市旅游经济增长质量与数量的耦合协调度

**2. 淮北市旅游经济增长质量与数量耦合协调度的时序演变**

由图5-10可知,淮北市旅游经济增长数量与质量的耦合协调度呈波动下降的演化趋势。具体而言:2011—2013年呈递增态势,由2011年的0.3853提升至2013年的0.4698,2014年降低至0.4256,2015年提升至0.4536,2015—2018呈递减态势,在2018年变化为0.3900,在2019年有所回升后,受新冠疫情影响,于2020年出现断崖式下滑,数值降至0.2956。在耦合协调等级上,2011年为轻度失调,2012—2017年为濒临失调,2018—2019年为轻度失调,2020年呈中度失调状态。在耦合协调类型上,2011年、2013—2016年为质量滞后型,其余年份均为数量滞后型。

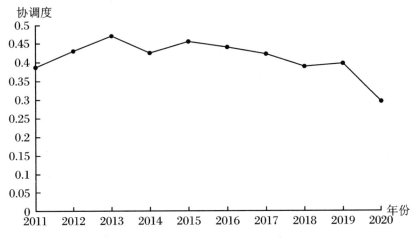

图5-10　2011—2020年淮北市旅游经济增长质量与数量的耦合协调度

**3. 亳州市旅游经济增长质量与数量耦合协调度的时序演变**

由图5-11可知,2011—2018年亳州市旅游经济增长质量与数量耦合协调度波动性较小。具体而言:在2012年和2015年出现波峰,数值分别为0.4413和0.4500;在2017年出现波谷,数值为0.4141;在2019年迅猛上升,但在2020年又迅猛下降;总体由2011年的0.4242降低至2020年的0.3132。在耦合协调等级上,2011—2019年均为濒临失调,2020年变化至轻度失调。在耦合协调类型上,2011年、2017—2018年为质量滞后型,其余年份均为数量滞后型。

**4. 宿州市旅游经济增长质量与数量耦合协调度的时序演变**

由图5-12可知,宿州市旅游经济增长质量与数量耦合协调度的波动性较大。具体而言:在2012年、2017年和2019年出现波峰,数值分别为0.4241、0.4271和0.4365;在2015年和2018年出现波谷,数值分别为0.3830和0.3947;总体由2011年的0.3618变化至2020年的0.2773。在耦合协调等级上,2011 年为轻度失调,2012—2014 年为濒临失调,2015 年为轻度失调,2016—2017 年为濒临失调,2018 年为轻度失调,2019 年为濒临失调,2020 年为中度失调。在耦合协调类型上,2011 年、2015 年和 2018 年为质量滞后型,其余年份均为数量滞后型。

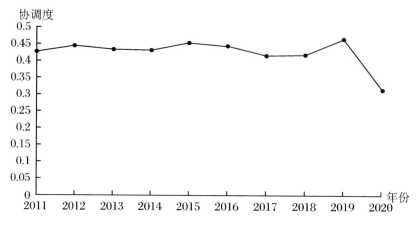

图 5-11　2011—2020 年亳州市旅游经济增长质量与数量耦合协调度

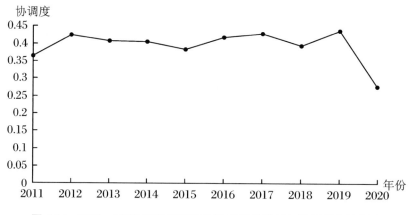

图 5-12　2011—2020 年宿州市旅游经济增长质量与数量耦合协调度

**5. 蚌埠市旅游经济增长质量与数量耦合协调度的时序演变**

由图 5-13 可知,蚌埠市旅游经济增长质量与数量耦合协调度在 2012 年出现大幅度下降后,于 2012—2019 年呈波动上升态势。具体而言:在 2014 年和 2017 年出现波峰,数值分别为 0.4017 和 0.4375;在 2012 年、2015 年和 2018 年出现波谷,数值分别为 0.3849、0.3920 和 0.4324;在 2020 年表现为断崖式下降;总体由2011年的0.4135变化至2020年的0.2775。在耦合协调等级上,2011年为濒临失调,2012—2013年为轻度失调,2014年为濒临失调,2015年为轻度失调,2016—2019年为濒临失调,2020年为中度失调。在耦合协调类型上,2011年为质量滞后型,2012—2020年均为数量滞后型。

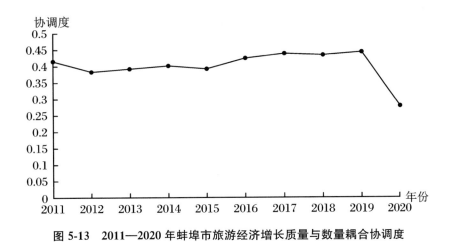

图 5-13　2011—2020 年蚌埠市旅游经济增长质量与数量耦合协调度

**6. 阜阳市旅游经济增长质量与数量耦合协调度的时序演变**

由图 5-14 可知,2011—2019 年,阜阳市旅游经济增长质量与数量耦合协调度表现出平稳的波动性特征。具体而言:在 2012 年和 2015 年出现波峰,数值分别为 0.4056 和 0.413;在 2013 年和 2016 年出现波谷,数值分别为 0.3810 和 0.3950;受新冠疫情影响,在 2020 年出现显著下滑,数值降低至 0.2822。在耦合协调等级上,2011 年为轻度失调,2012 年为濒临失调,2013—2014 年为轻度失调,2015 年为濒临失调,2016 年为轻度失调,2017—2019 年为濒临失调,2020 年为中度失调。在耦合协调类型上,2011 年和 2016—2019 年为质量滞后型,其余年份均为数量滞后型。

**7. 淮南市旅游经济增长质量与数量耦合协调度的时序演变**

由图 5-15 可知,淮南市旅游经济增长质量与数量耦合协调度表现出较大的波动性特征。具体而言:在 2014 年、2017 年和 2019 年出现波峰,数值分别为 0.3922、0.4193 和 0.3939;在 2015 年和 2018 年出现波谷,数值分别为 0.3691 和 0.3800;受新冠疫情影响,在 2020 年数值迅猛降低至 0.2427。在耦合协调等级上,2011—2015 年为轻度失调,2016—2017 年为濒临失调,2018—2019 年为轻度失调,2020年变化为中度失调。在耦合协调类型上,2011—2012年、2015—2016年和2018—2019年为质量滞后型,其余年份均为数量滞后型。

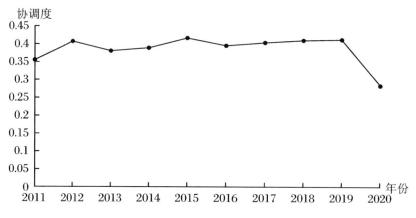

图 5-14 2011—2020年阜阳市旅游经济增长质量与数量耦合协调度

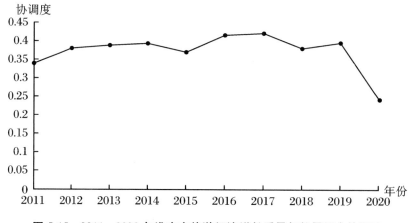

图 5-15 2011—2020年淮南市旅游经济增长质量与数量耦合协调度

## 8. 滁州市旅游经济增长质量与数量耦合协调度的时序演变

由图 5-16 可知,滁州市旅游经济增长质量与数量耦合协调度在 2014—2019 年呈递增态势;在 2012 年和 2019 年出现波峰,数值分别为 0.4556 和 0.4521;在 2014 年出现波谷,数值为 0.4118;受新冠疫情影响,在 2020 年数值大幅度降低至 0.3371。在耦合协调等级上,2011 年为轻度失调,2012—2019 年为濒临失调,2020 年又变化为轻度失调。在耦合协调类型上,2011 年、2014—2019 年为质量滞后型,其余年份均为数量滞后型。

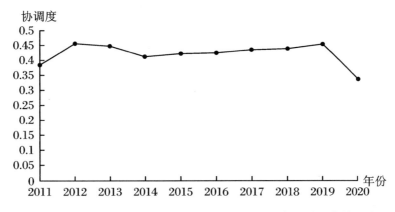

图 5-16　2011—2020 年滁州市旅游经济增长质量与数量耦合协调度

### 9. 六安市旅游经济增长质量与数量耦合协调度的时序演变

由图 5-17 可知,六安市旅游经济增长质量与数量耦合协调度基本为波浪式的发展特征。具体而言:在 2012 年、2015 年、2017 年和 2019 年出现波峰,数值分别为 0.4502、0.4130、0.4210 和 0.4371;在 2014 年、2016 年和 2018 年出现波谷,数值分别为 0.3702、0.3664 和 0.4087;受新冠疫情影响,在 2020 年数值降低至 0.3435。在耦合协调等级上,2011—2013 年为濒临失调,2014 年为轻度失调,2015 年为濒临失调,2016 年为轻度失调,2017—2019 年均为濒临失调,2020 年为轻度失调。在耦合协调类型上,2011 年和 2019 年为质量滞后型,其余年份均为数量滞后型。

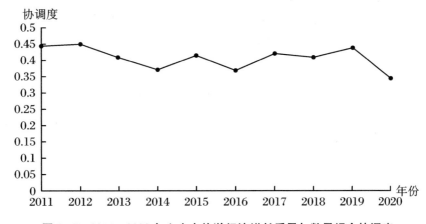

图 5-17　2011—2020 年六安市旅游经济增长质量与数量耦合协调度

## 10. 马鞍山市旅游经济增长质量与数量耦合协调度的时序演变

由图 5-18 可知,马鞍山市旅游经济增长质量与数量耦合协调度在 2011—2013 年、2017—2020 年表现出较大的波动性特征,2013—2017 年呈递增态势。具体而言:在 2012 年、2017 年和 2019 年出现波峰,数值分别为 0.4585、0.4619 和 0.4704;在 2013 年和 2018 年出现波谷,数值分别为 0.3891 和 0.4265;受新冠疫情影响,在 2020 年数值降低至 0.3366。在耦合协调等级上,2011—2012 年为濒临失调,2013 年为轻度失调,2014—2019 年均为濒临失调,2020 年又变为轻度失调。在耦合协调类型上,2011 年、2013 年、2015—2016 年和 2018 年为质量滞后型,其余年份均为数量滞后型。

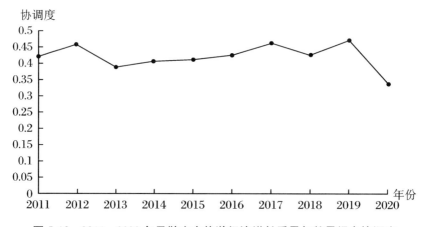

图 5-18　2011—2020 年马鞍山市旅游经济增长质量与数量耦合协调度

## 11. 芜湖市旅游经济增长质量与数量耦合协调度的时序演变

由图 5-19 可知,芜湖市旅游经济增长质量与数量耦合协调度在 2013—2019 年基本呈递增态势,其中 2011—2013 年、2019—2020 年表现出一定的波动性。具体而言:在 2012 年、2017 年和 2019 年出现波峰,数值分别为 0.5391、0.5629 和 0.5681;在 2013 年和 2018 年出现波谷,数值分别为 0.5258 和 0.5621;受新冠疫情影响,在 2020 年降低至 0.4201。在耦合协调等级上,2011 年为濒临失调,2012—2019 年均为勉强协调,2020 年为濒临失调。在耦合协调类型上,2011—2020 年均为质量滞后型。

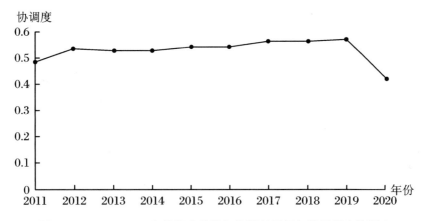

图 5-19　2011—2020 年芜湖市旅游经济增长质量与数量耦合协调度

### 12. 宣城市旅游经济增长质量与数量耦合协调度的时序演变

由图 5-20 可知，宣城市旅游经济增长质量与数量耦合协调度表现出一定的波动性特征。具体而言：在 2012 年、2016 年和 2018 年出现波峰，数值分别为 0.4742、0.4667 和 0.4855；在 2013 年和 2017 年出现波谷，数值分别为 0.4133 和 0.4545；受新冠疫情影响，在 2020 年数值降低至 0.3788。在耦合协调等级上，2011 年为轻度失调，2012—2019 年为濒临失调，2020 年为轻度失调。在耦合协调类型上，2011—2013 年、2017 年和 2019—2020 年为质量滞后型。

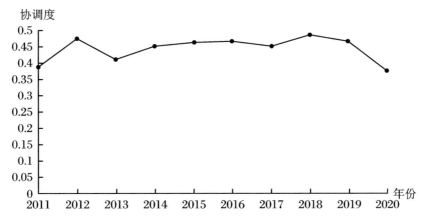

图 5-20　2011—2020 年宣城市旅游经济增长质量与数量耦合协调度

### 13. 铜陵市旅游经济增长质量与数量耦合协调度的时序演变

由图 5-21 可知，铜陵市旅游经济增长质量与数量耦合协调度表现出较大的波动性特征,其中 2011—2019 年呈波动上升态势。具体而言:在 2012 年和 2016 年出现波峰,数值分别为 0.4233 和 0.4647;在 2013 年和 2017 年出现波谷,数值分别为 0.3774 和 0.4296;受新冠疫情影响,在 2020 年数值迅速降低至 0.3203。在耦合协调等级上,2011 年为轻度失调,2012 年为濒临失调,2013—2015 年为轻度失调,2016—2019 年为濒临失调,2020 年为轻度失调。在耦合协调类型上,2011 年、2015—2017 年为质量滞后型,其余年份均为数量滞后型。

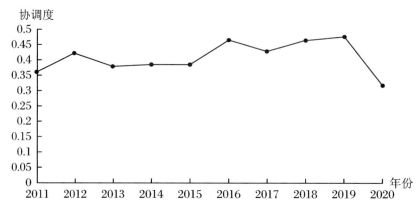

图 5-21　2011—2020 年铜陵市旅游经济增长质量与数量耦合协调度

### 14. 池州市旅游经济增长质量与数量耦合协调度的时序演变

由图 5-22 可知,池州市旅游经济增长质量与数量耦合协调度在 2012—2016 年基本呈递减态势,2016—2019 年呈波动上升态势。具体而言:在 2012 年、2014 年、2017 年和 2019 年出现波峰,数值分别为 0.5498、0.5348、0.5588 和 0.5634;在 2013 年、2016 年和 2018 年出现波谷,数值分别为 0.5325、0.5128 和 0.5372;受新冠疫情影响,在 2020 年数值迅速降低至 0.3731。在耦合协调等级上,2011—2019 年均为勉强协调,2020 年为轻度失调。在耦合协调类型上,2011 年为质量滞后型,2012—2020 年均为数量滞后型。

### 15. 安庆市旅游经济增长质量与数量耦合协调度的时序演变

由图 5-23 可知,安庆市旅游经济增长质量与数量耦合协调度在 2011—2019 年起伏较小,略呈波动上升态势。具体而言:在 2012 年、2017 年和 2019 年出现小波峰,数值分别为 0.4847、0.4938 和 0.4960;在 2014 年和 2018 年出现小波谷,数值分别为 0.4589 和 0.4887;受新冠疫情影响,在 2020 年数值迅速降低至 0.3762。在耦合协调等级上,2011—2019 年均为濒临失调,2020 年为轻度失调。在耦合协调类型上,2011 年、2014—2019 年为质量滞后型,其余年份均为数量滞后型。

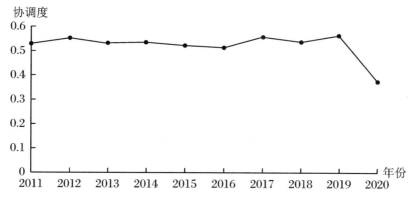

图 5-22　2011—2020 年池州市旅游经济增长质量与数量耦合协调度

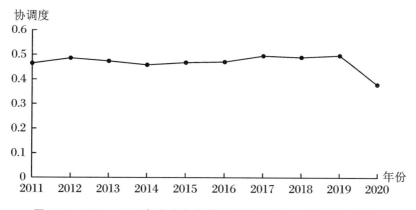

图 5-23　2011—2020 年安庆市旅游经济增长质量与数量耦合协调度

**16. 黄山市旅游经济增长质量与数量耦合协调度的时序演变**

由图 5-24 可知,旅游经济增长质量与数量耦合协调度具有较强的波动性,其中 2011—2015 年呈波浪式演变态势,2015—2018 年呈递增态势,2018—2020 年则迅速递减。具体而言:在 2012 年、2014 年和 2018 年出现波峰,数值分别为 0.5773、0.5711 和 0.5798;在 2013 年和 2015 年出现波谷,数值分别为 0.5471 和 0.5320;受新冠疫情影响,在 2020 年数值降低至 0.3938。在耦合协调等级上,2011—2018 年均为勉强协调,2019 年为濒临失调,2020 年为轻度失调。在耦合协调类型上,2011 年、2013 年、2015 年和 2017 年为质量滞后型,其余年份均为数量滞后型。

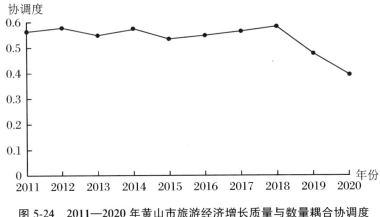

图 5-24　2011—2020 年黄山市旅游经济增长质量与数量耦合协调度

## 5.3.2　安徽省区域旅游经济增长质量与数量耦合协调度的空间分异格局

安徽省区域旅游经济增长质量与数量的耦合协调度具有空间分异性。具体如下：2011 年，表现出勉强协调状态的有黄山市和池州市，对于濒临失调状态下的有芜湖市、安庆市、合肥市、六安市、亳州市、马鞍山市和蚌埠市 7 个城市，宣城市、淮北市、滁州市、宿州市、铜陵市、阜阳市和淮南市 7 个城市则处于轻度失调状态；相较于 2011 年，2019 年安徽省区域旅游经济增长质量与数量的耦合协调度发生了较大变化，其中，芜湖市、池州市和合肥市为勉强协调状态，而安庆市、铜陵市、黄山市、马鞍山市、宣城市、亳州市、滁州市、蚌埠市、六安市、宿州市和阜阳市 11 个城市处于濒临失调状态，淮北市和淮南市则处于轻度失调状态。受新冠疫情影响，2020 年安徽省区域旅游经济增长质量与数量耦合协调度又出现较大变化，其中，合肥市和芜湖市处于濒临失调状态，黄山市、宣城市、安庆市、池州市、六安市、滁州市、马鞍山市、铜陵市和亳州市 9 个城市处于轻度失调状态，淮北市、阜阳市、蚌埠市、宿州市和淮南市 5 个城市处于中度失调状态。

另外，安徽省区域旅游经济增长质量与数量耦合协调度的时空演变情况如下：2011 年，合肥市和芜湖市旅游经济增长质量与数量耦合协调度处于濒临失调状态，2019 年为勉强协调状态，2020 年为濒临失调状态；2011 年淮北市和淮南市旅游经济增长质量与数量耦合协调度处于轻度失调状态,2019年为轻度失调状态,2020年为中度失调状态;2011年亳州市、六安市、安庆市和马鞍山市旅游经济增长质量与数量耦合协调度处于濒临失调状态,2019年依然为濒临失调状态,2020年为轻度失调状态;2011年宿州市和蚌埠市旅游经济增长质量与数量耦合协调度处于轻度失调状态,2019年为濒临失调状态,2020年为中度失调状态;2011年阜阳市旅游经济增长质量与数量耦合协调度处于轻度失调状态,2019年为濒临失调状态,2020年为中度失调状态;2011年滁州市、宣城市和铜陵市旅游经济增长质量与数量耦合协调度处于轻度失调状态,2019年为濒临失调状态,2020年为轻度失调状态;2011年池州市旅游经济增长质量与数量耦合协调度处于勉强协调状态,2019年依然为勉强协调状态,2020年为轻度失调状态;2011年黄山市旅游经济增长质量与数量耦合协调度处于勉强协调状态,2019年为濒临失调状态,2020年为轻度失调状态。

# 6 安徽省区域旅游经济增长质量的提升策略研究

## 6.1 优化和升级安徽省区域旅游经济结构

安徽省区域旅游经济结构的优化和升级应确保经济结构合理化和高度化,其中,旅游经济结构合理化要保证旅游经济持续稳定地发展,旅游经济结构高度化则突出旅游产业向高附加值方向发展,不断提高旅游经济的综合效益。深入改善安徽省区域旅游经济结构需从以下几个方面着手。

### 6.1.1 推动区域旅游企业兼并与重组,着力培育规模旅游企业

首先,加强政策引导,支持优质旅游企业进行兼并重组。安徽省应出台相关政策,鼓励优质旅游企业通过兼并重组扩大规模,提高市场竞争力。同时,应制定相关扶持政策,为兼并重组过程中的企业提供财政、税收、金融等方面的支持,降低企业兼并重组的成本和风险。

其次,优化资源配置,提高旅游企业的经营效率。相关管理部门应引导旅游企业进行资源整合,实现资源共享和优化配置,鼓励企业之间的合作与协调,避免重复建设和资源浪费。另外,应推动旅游企业采用先进的管理模式和技术

手段,提高经营效率,降低运营成本。

再次,培育具有核心竞争力的规模旅游企业。安徽省应重点支持一批具有发展潜力的旅游企业,通过资金、技术、人才等方面的支持,帮助其快速发展壮大。鼓励旅游企业加强品牌建设,提升服务质量,增强核心竞争力,并通过培育一批具有核心竞争力的规模旅游企业,带动整个行业的发展。

总之,推动安徽省区域旅游企业的兼并与重组,着力培育规模旅游企业,需要政府、企业和社会各界利益相关者的共同努力。只有通过优化政策环境、加强资源配置、培育具有核心竞争力的企业,才能实现安徽省旅游经济结构的优化和升级。

## 6.1.2 推动区域旅游企业转型升级,发展科技旅游等新业态

首先,集成和创新科技元素以增强旅游体验。旅游企业通过虚拟现实、增强现实和人工智能等前沿技术,为游客提供沉浸式的游览体验,如利用虚拟现实技术重现黄山的历史文化,或通过增强现实技术让游客在歙县古镇与"活"的历史人物互动;同时,人工智能导览系统可以根据游客偏好提供个性化推荐,提高服务质量和效率;并且,安徽省旅游企业可与科技公司合作,利用物联网技术对景区进行智能化改造,通过智能导览、智能监控和智能管理增强游客的体验感和提高景区的运营效率。科技的整合不仅能吸引技术爱好者前来观赏,而且还能通过提供新的视角来重塑年轻游客对传统文化的认识。

其次,培育特色科技旅游产品,打造独特的区域旅游品牌。安徽省可以依托本地科研院所和高新技术产业的优势,开发以科教文化为主题的旅游产品,如创建科技体验中心,展示地方科研成就和历史科技文化。借此机会,安徽省可以打造以科技教育旅游为特色的区域品牌,不仅能有效促进科普教育,也为旅游业发展带来新的增长点。

再次,加强数字化转型,提升旅游企业竞争力。安徽省区域旅游企业应加大对数字技术的投资,如通过大数据分析、云计算和电子商务平台,更好地迎合市场需求,提高决策的精准度,优化客户服务流程,提升营销效果。通过建设"智慧旅游"平台,整合酒店、餐饮、交通、娱乐等旅游服务,方便游客查询旅游信

息、规划线路、在线预订和支付,为游客提供"一站式"服务解决方案。同时,安徽省区域旅游企业需要在线上营销方面下功夫,利用社交媒体、短视频平台和博客等新媒体进行内容营销,以便更有效地吸引和保持游客的注意力。

### 6.1.3 促进区域各旅游要素间的合理配置

首先,整合各类资源,打造特色旅游综合体。尽管安徽省拥有丰富的自然景观和深厚的文化底蕴,但要实现旅游要素间的合理配置,关键在于资源的整合与优化。在此过程中,安徽省应通过"旅游+"与"+旅游"方式大力发展全域旅游,促进区域旅游业与其他产业的融合发展。同时,安徽省应通过打造区域性特色旅游综合体,以实现不同旅游资源的有效结合,这就需要政府、企业以及社会各界通力合作,将景点、酒店、交通、餐饮、娱乐等旅游要素融为一体,这些综合体不仅能够提供"一站式"的旅游体验,还能够带动当地的经济发展和软硬件设施的提升,促进旅游要素间的高效流动与互补。

其次,加强区域间交通网络建设,优化旅游流线。通过投资于交通基础设施,优化旅游交通网络,缩短区域间的时间距离,使游客能够更加方便地到达各个旅游目的地,主要包括完善高速公路网、提升铁路交通效率、开发区域内短途航线以及加强城际间的公共交通连接。同时,可以采用智能化交通管理系统优化路线规划,减少游客出行时间,增强游客的体验感。良好的交通基础设施将促使资源更合理地分布在各个旅游点之间,能有效平衡各景区的客流量,避免过度旅游及其带来的负面影响。

再次,培育旅游服务人才,提升服务质量。这是因为优秀的旅游服务人才是提高旅游服务质量的关键。因此,应通过改善教育和培训项目,提高本地旅游从业人员的专业水平和服务技能,如政府可以引导和资助旅游专业教育机构与企业合作,设计与市场需求相符的课程和实训平台,加强对导游、酒店服务人员、旅游策划人员等专业人才的培养。此外,也要注重培养具备国际视野和多语种沟通能力的人才,以满足不同层次游客的需求。通过提高人才素质,逐步提升安徽省旅游业服务品质,从而使旅游资源更有吸引力和竞争力,以促进各类旅游要素的高效匹配和利用,提高区域旅游经济增长速度和质量。

## 6.2　提高安徽省区域旅游经济增长效率

### 6.2.1　提升区域旅游全员劳动生产率

本书基于从业人员的素质提升、服务创新以及旅游产品多元化开发3个角度来制定相关策略,以提升安徽省区域旅游全员劳动生产率,主要包括以下几个方面:

首先,为了加大旅游从业人员对旅游产值的贡献,需要提升其专业素质和服务意识。安徽省可以建立一个全面的旅游人才培训体系,包括旅游管理、导游服务、酒店管理等各方面的专业技能培训,通过与旅游院校合作,定期组织从业人员参加各种形式的培训班和研讨会,更新知识结构,提升应对市场变化的能力;此外,可以开展服务质量竞赛和评比活动,激励从业人员提高服务水平,增加游客的满意度,以此提升旅游经济的整体表现。

其次,随着旅游市场需求的多样化,旅游从业人员需要不断创新服务模式,增强个性化服务。安徽省可鼓励从业人员通过微笑服务和亲情服务等方式,提升游客的人文体验;同时,倡导从业人员采用现代科技手段,如移动支付、智能导览等,以提高服务效率和便捷性;此外,从业人员应主动收集游客反馈,及时调整服务策略,以确保服务质量的持续优化。通过上述举措,可以有效提升游客对安徽旅游的整体满意度,从而增加旅游消费,提高旅游经济产值。

再次,面对日趋激烈的旅游市场竞争,应设计并发展多样化的旅游产品,这是提高旅游全员劳动生产率的重要策略之一。安徽省拥有丰富的文化遗产资源和自然景观,从业人员可在此基础上,设计一系列深度体验型的旅游产品,如乡村旅游、研学游、生态旅游等,以满足不同游客的个性化需求;与此同时,可以培养一批专门的产品开发人员和营销人员,专注于旅游产品的创新与推广。通过丰富的旅游产品线路和有效的营销手段,可以拓宽旅游从业人员的业务范围,提高其创造经济价值的能力。

## 6.2.2 提升区域旅游资本产出率

在深入剖析旅游业投入与产出关系的基础上,着力推动精准化旅游基础设施建设、创新与融合旅游业态、优化旅游市场营销策略,以提升安徽省区域旅游资本产出率。可以从以下几个方面入手:

首先,安徽省应综合考量旅游资源分布、旅游市场需求,以及区域经济社会发展水平,采取科学的规划和布局方法,实现基础设施的精准化建设。如借助大数据和 GIS 地理信息系统等工具,对旅游资源与旅游需求进行精确匹配和预测分析,以便在旅游资源稀缺或者旅游需求旺盛的区域重点投资;还需加强对交通、住宿、餐饮等旅游关联产业的科学规划,确保资源得到合理利用,避免因盲目建设导致资本浪费。在此基础上,还能促进投资结构的优化,提升旅游资本产出率。

其次,在推动旅游业态创新与融合方面,安徽省区域旅游产业发展应持续推动产品和服务的创新,以满足市场多元化和个性化的需求,如整合文化旅游、生态旅游、休闲旅游、乡村旅游等多种业态,形成差异化的旅游产品体系;同时,鼓励传统旅游企业与现代信息技术、互联网、大数据等产业融合,通过引入智能旅游管理系统、虚拟现实体验等新技术,提升旅游服务质量与效率。此外,提倡可持续发展理念,建立绿色低碳的旅游经营模式,提升旅游产业的整体竞争力和资本产出率。

最后,旅游资本产出率的提高还依赖于有效的市场营销和品牌推广策略,以此扩大旅游市场份额。在此过程中,安徽省应深化对国内旅游市场的发掘,并积极拓展国际市场;通过对旅游市场细分的深入研究,针对不同的旅游消费群体设计差异化的营销方案,同时加强与外部合作伙伴的联动,如航空公司、旅行社、在线旅游服务平台等,形成业内外共同推广的格局;此外,利用数字营销手段,如社交媒体、搜索引擎优化等策略,增加旅游目的地的流量及热度。

## 6.2.3 提高区域旅游收入效率

安徽省应致力于强化区域旅游品牌建设,深度挖掘区域旅游产品的差异化

特征,并提升传统节庆活动吸引力,据此提高区域旅游收入效率。主要举措如下:

首先,强化区域旅游品牌建设,深化区域文化内涵,打造独特的旅游品牌故事线。安徽省拥有丰富的文化历史资源和自然景观,可深入研究地域文化,挖掘各地标志性历史事件、文化符号以及民间故事传说,形成与区域密切相关的旅游品牌,如沿黄山、徽州古城等著名景点;也可系统策划一系列文化主题活动和旅游路线产品,建构具有地域特色的文化旅游品牌,以故事化的内容提高游客的体验感和品牌的记忆点。此外,加强品牌营销与国际合作,面向国内外市场,运用现代传播手段和国际营销策略,提升安徽旅游品牌的知名度和影响力;并且与国际旅游组织和媒体合作,引入国际化的视野和营销理念,进行品牌跨文化传播。通过完善旅游品牌服务质量监管机制,持续优化旅游服务质量,提高安徽旅游品牌的信誉度和竞争力,如建立和完善旅游品牌服务监管体系,引入第三方评估和顾客满意度反馈机制,提升服务标准。

其次,通过深化旅游产品差异化来提高安徽省区域单位游客旅游收入,优化旅游收入效率。可以围绕当地历史人物的丰功伟绩等打造旅游产品,如以屈原、白居易等文人墨客的行踪为路线的诗词文化之旅。差异化的旅游产品将极大地丰富安徽旅游市场,吸引文化爱好者和研学旅游者。另外,依托徽派乡村文化,各区域可以创新性地打造具有本土化特色的乡村旅游产品,包括开发集农业体验、民俗风情、生态休闲为一体的乡村旅游线路,打造集观光、体验、休闲、购物等功能的农业旅游综合体,如黄山脚下的古村落改造和田园综合体建设,既保留了古村落原有的风貌,又融入了现代元素,让游客参与互动体验,提高其满意度。

再次,通过深化节庆活动的文化内容、创新形式与传播手段,以及强化区域合作与品牌建设,提高传统节庆活动的吸引力,从而增加单位游客旅游收入,推动安徽省旅游业的整体发展。在发展过程中,应致力于提升安徽省传统节庆活动的文化内涵,通过对地方历史、民间故事以及传统习俗的深入挖掘和研究,渲染节庆活动的文化氛围,如对于皖南地区的"徽州庙会",可以策划与徽文化相关的展览和讲座,弘扬徽商精神和徽州古建筑艺术,通过历史文化专题解说,让游客在参与节庆的同时,能够体验和学习到更多地方特色文化。并且,通过区域间的合作,整合安徽省内不同区域的传统节庆资源,打造具有整体影响力的节庆旅游品牌。比如,安徽省可以成立一个专门的节庆活动协调机构,统筹全省传统节庆活动,设计节庆旅游线路,同时与周边省市合作,共同打造跨区域文化旅游圈。此外,还可以通过节庆活动,定期组织省际或国际的文化交流活动,提升节庆的国际化程度,吸引更多省外及海外游客。

## 6.3 增强区域旅游经济增长的稳定性

### 6.3.1 依靠旅游行政部门的宏观调控,加强对区域入境旅游的支持

首先,逐步优化入境旅游政策环境是关键环节。安徽省应结合国家政策,做好入境便利措施,降低游客入境的行政障碍。并且,为了营建一个公正、透明的旅游市场环境,保障入境旅游者的权益,应加强对旅游市场的监管,打击非法经营和欺诈行为;同时,建立健全入境游客的投诉快速处理和纠纷快速解决机制,以及进行入境旅游保险制度的宣传和普及,确保入境游客能够得到及时有效的保护和救助。此外,通过与民航等交通运输部门合作,优化航班的国际联运,使得安徽省入境旅游交通更加便利。

其次,强化旅游市场营销与国际合作。结合大数据分析和市场调研等手段,明确不同旅游产品的目标市场,深入研究入境游客细分市场,从而制定精准的市场推广策略;并且,利用"徽文化"等独特文化元素,打造独特的旅游品牌,提升安徽省在国际舞台上的知名度和吸引力。此外,还可加大与客源国旅游市场信息的交流,加深多渠道、多层次的国际旅游合作力度,进而加大安徽省入境旅游经济的外向度和增长率。

再次,持续提升跨文化服务能力与国际接待水平。相关政府部门应加强对国际旅游趋势的预判,在研究不同区域文化特征的基础上,设计符合国际游客习惯的旅游产品和服务标准。例如,可以结合国际游客的旅游动机、消费偏好和行为,提供个性化、差异化的旅游产品和服务,如定制旅游路线、节庆活动、特色美食体验等。另外,针对国际游客的服务设施,要尽力完善和提高国际旅游

接待标准,包括多语言标识系统的提供、无障碍环境的构建、国际支付方式的普及以及网络通信的便捷化,这些设施和服务的国际化不仅可以减少国际游客的旅游障碍,也有助于提升安徽省作为国际旅游目的地的形象和竞争力。

## 6.3.2 精准评估旅游经济影响因素,完善区域旅游经济预警与危机响应机制

首先,必须明确影响区域旅游经济的主要因素。影响区域旅游经济的主要因素包括自然因素、社会经济因素、政治法律因素、文化因素和技术因素等。其中,自然因素主要包括气候条件、地理位置、自然景观等,这些因素直接影响旅游地的吸引力和旅游季节的长短;社会经济因素包括经济发展水平、居民收入水平、交通设施发展状况、旅游服务设施等,经济发展水平和居民收入决定了旅游消费能力,而交通和旅游服务设施的完善则直接关系旅游的便利性和游客的体验感;政治法律因素主要是指政府政策、法律法规的制定,包括旅游政策的支持力度、旅游市场的开放程度以及旅游安全环境等,这些因素对旅游经济的健康发展具有重要影响;文化因素则涉及历史文化遗产、民族风情、宗教信仰等,这些都是旅游吸引力的重要组成部分,对旅游目的地的文化价值和市场竞争力有着直接的影响;技术因素主要指信息技术的应用、新型旅游产品的开发等,它们能够改变旅游服务的方式和游客的体验感,进而影响旅游经济的发展。在精准评估过程中,可采用定性与定量相结合的方法。其中,定性分析侧重于对安徽省各区域的上述各因素进行深入研究,而定量分析则需要对上述各因素进行指标化,并收集安徽省各区域相应的数据,进而通过数学模型和计量经济模型来测量这些因素的影响值。同时,持续监控和评估是保证评估精准性的必要条件,这样才能够准确地把握安徽省区域旅游经济的发展趋势,为其稳定发展提供科学的决策支持。

其次,推进安徽省动态性区域旅游经济预警系统的构建。主要有:① 利用信息技术,整合安徽省区域旅游相关的宏观经济指标、旅游企业运营数据、游客行为数据等多源信息,建立一个全面的数据分析平台。该指标体系旨在实时监控安徽省区域旅游市场动态变化,包括旅游需求波动、价格水平变动、景区游客量等关键指标,以及通过社交媒体、在线评价等渠道收集游客满意度信息。进

一步,通过对这些指标连续追踪,可以及时发现安徽省区域旅游经济的潜在风险,为早期预警提供数据支持。② 开发动态模拟模型。该模型依据安徽省区域旅游经济系统的内在机理,如旅游消费行为的动态、旅游供给链的变化、区域旅游政策的调整等因素,考察它们对区域旅游经济稳定性的影响。进一步,通过系统动力学软件进行模拟,科学预测在不同外部冲击下安徽省区域旅游经济的可能响应,及其对区域旅游市场稳定的影响。③ 建立区域旅游经济风险评估与调控机制,结合安徽省区域旅游经济特点与风险评估结果,制定相应的区域旅游经济风险防控措施和应对策略。

再次,应完善安徽省区域旅游经济危机响应策略和操作流程,这需要分别从构建多层级区域旅游危机管理体系、制定详尽的预案和流程手册、强化仿真演练与培训教育等角度着手。主要有:① 在构建多层级区域旅游危机管理体系方面,针对不同类别的紧急事件,如自然灾害、公共卫生事件、社会安全事故等,建立从省到市、县直至乡镇的四级旅游危机应急管理体系,这一体系应确保信息在各级之间能够高效、准确流动,同时确保责任清晰、分工合理。并且,具体响应策略和操作流程的设计应体现旅游管理部门与地方政府、旅游企业、社会组织等多方协同配合,形成横向到边、纵向到底的协调机制。② 在制定详尽的预案方面,安徽省区域旅游危机响应策略的制定应包括一系列针对可能发生的旅游危机情形的预案,并应详细制定启动预案的具体条件、流程和操作步骤。其中,预案应包含风险评估、预警发布、紧急行动启动、资源调配、信息发布和危机后评估等关键环节;操作手册应明确各个环节的负责部门和人员职责,确保在危机发生时,各部分能迅速、有序地开展工作。③ 在强化仿真演练与培训教育方面,还需定期开展旅游危机应对的仿真演练,提高相关人员的实际操作能力和危机处理能力。并且,通过模拟不同类型的旅游危机情况,检验现有危机响应策略和操作流程的有效性和实操性,以便发现潜在问题并进行优化。

## 6.4 扩大安徽省区域旅游经济增长影响力

### 6.4.1 引导有意愿的城乡各类劳动者积极参加旅游就业

以城镇就业、企业就业和自主创业为主要方向,引导有意愿的城乡各类劳动者积极参加旅游就业。主要举措有:

首先,要优化城乡旅游人力资源配置。这需要实施旅游人才定向引进与本土化培养并举策略,一方面,通过政策引导和激励措施,吸引高层次旅游专业人才回流或向省内旅游资源丰富的地区流动;另一方面,加大对本地居民尤其是农村剩余劳动力的职业转型力度,鼓励其参与到乡村旅游、生态旅游等特色旅游产业中来,实现人力资源的就地就近优化配置。

其次,建立灵活高效的旅游人力资源市场机制,通过搭建统一规范的旅游人力资源信息平台,定期发布区域旅游产业就业需求预测报告,引导人力资源供需双方有效对接。同时,完善旅游从业人员的社会保障制度,提高行业吸引力,促进城乡旅游人力资源的合理流动和高效利用,从而提升安徽省区域旅游产业的核心竞争力与影响力。

最后,应构建基于就地就近就业原则的旅游人力资源开发机制,通过政策引导与科学教育相结合的方式,促进城乡劳动力向旅游业流动。如建立区域旅游职业培训体系,对有意愿从事旅游业的城乡居民安排其参加职业技能提升培训,增强其参与旅游业发展的能力。

### 6.4.2 促进区域旅游产业与其他产业进行"旅游+"深度融合

首先,构建区域"旅游+文化"融合模式,挖掘和利用区域文化特色和资源,深化区域文化与旅游的整合。如通过开发以安徽省各区域历史、民俗、艺术、手工艺或建筑遗产为依托的旅游产品,既能保护和传承文化遗产,又能满足游客对文化体验的需求,即旅游产品的创新开发应与文化遗产保护相结合,形成特色鲜明、类型多样的文化旅游产品体系。此外,加强区域文化旅游品牌的宣传推广也是关键。可以利用数字媒体、社会化媒体和传统媒体等多渠道进行有力的营销,提升区域文化旅游的知名度和影响力;重视故事性和参与性的营销策略,引导游客从被动观光转向主动体验,以故事驱动旅游消费,提高游客的满意度和忠诚度。通过以上措施,可以实现"旅游+文化"的融合模式,将安徽省区域旅游资源与文化底蕴相结合,有效推动区域旅游业与文化产业的协调发展,从而促进区域社会文化繁荣和经济增长。

其次,推动区域"旅游+农业"的融合发展,着重于构建一系列以农业生产、乡村文化、农事体验和乡野休闲为主题的精品旅游线路。通过这种方式,可以将农业生产的场景、产品与旅游活动相结合,提升农产品的附加值,同时丰富旅游市场的产品供给,增强游客的互动体验感。在此过程中,应鼓励农业与旅游企业之间的战略合作,如通过交叉股权、收益分享等多种形式,促进资源共享和利益共赢。

最后,探索区域"旅游+科技"创新路径。在"旅游+科技"的框架下,推动旅游产业与现代科学技术深度融合,开发综合性的智慧旅游平台是实现区域旅游业创新与提质增效的关键。开发和集成智慧旅游平台,不仅能够推动旅游产业的数字化转型,提升服务质量和运营效率,也有助于挖掘新的利润增长点,从而在促进区域经济发展中发挥更大的带动作用。"智慧旅游"平台的建设应围绕数据的收集、分析与应用三大环节,通过物联网、大数据、云计算等先进技术,实现对区域旅游资源的高效管理、对游客行为的精准分析以及对旅游服务的个性化推荐。

## 6.4.3 推动区域旅游产业聚集与创业创新

首先,通过政策引导和规划布局,鼓励形成差异化、融合化和网络化的安徽省区域旅游产业集群。从酒店、餐饮到交通、娱乐,从文化创意到智慧旅游,各类旅游相关产业集中布局,为旅游产业发展提供有力的资源、设施和服务支撑;集聚区内产业协同作用显著增强,各类旅游相关企业能够在产业链上实现无缝对接,从而提高运营效率和服务质量;集聚区内创新氛围浓厚,为旅游产业创新发展提供源源不断的动力。

其次，积极搭建平台，有效促进旅游创新创业。旅游创新创业平台应提供政策信息、资金、技术、市场情报以及专业指导等多方位的一站式服务，降低旅游创业者获取各类资源的门槛和成本；通过线上论坛、工作坊、创业竞赛等活动促进创业者的交流与合作；提供工作空间、实验室、试验场地等物力支持，以及市场分析、商业计划指导、法律咨询等专业服务，帮助旅游创业项目从概念走向市场。

## 6.5 促进安徽省区域旅游经济增长可持续性

### 6.5.1 构建区域旅游创新体系，提升旅游创新能力

首先，政策支持是构建区域旅游创新体系的重要保障。相关部门应制定并完善相关旅游政策，为创新提供良好的环境和支持。政府可以加大对旅游企业的扶持力度，提供财政资金支持、税收优惠等政策措施，鼓励企业增加研发投入、加强技术创新；同时，建立健全旅游产业创新创业孵化体系，为创新型企业提供孵化、培育和资金支持等方面的帮助。

其次，科技创新是推动区域旅游创新能力提升的重要手段。旅游企业应积极引进和应用新兴科技，例如，人工智能、大数据、虚拟现实等，以改造旅游业态、提升旅游服务品质。还可以通过推广智慧旅游系统，提供游客个性化定制、精准推荐和智能导览等服务，提升游客的旅游体验。同时，鼓励企业与高校、科研机构合作，开展旅游领域的科技创新研究，培育一批具有核心竞争力的旅游科技企业。

最后，人才培养是构建区域旅游创新体系的基础。旅游企业应加强相关专业人才培养和引进工作，建立健全旅游人才培养体系。可以通过设立旅游专业学院、提供奖学金和实习机会等方式，吸引更多具有旅游创新意识和专业能力的人才。此外，还应加强旅游人才培训和学术交流，提高从业人员的专业素质和创新能力，为安徽省区域的旅游创新体系提供强有力的人才支撑。

## 6.5.2 加强区域旅游生态环境质量,推动旅游环境可持续发展

第一,生态保护与规划。应将生态保护与旅游发展融为一体,制定长期的生态旅游发展规划,对生态旅游资源进行科学分类、评估和开发利用,对景区周边环境敏感区实行严格保护,禁止一切破坏性活动,同时积极恢复已受损的生态系统,增强生物多样性。

第二,绿色基础设施的建设。在旅游交通设施方面,建立绿色交通体系,优化公共交通系统,提高公共交通比例,鼓励游客使用租赁电动车、自行车等低碳交通工具,推广使用新能源汽车。在旅游接待设施方面,倡导能源节约和循环利用,鼓励采用太阳能、地热能等清洁能源,降低碳足迹。

第三,生态产品与服务的开发。针对不同生态资源特征,打造差异化的生态旅游产品和服务。例如,利用安徽省丰富的山水资源,开发徒步、登山等体验性强的生态旅游项目;结合当地文化,开发文化生态旅游项目,如徽州文化体验。这些产品和服务不仅可以吸引更多的游客,还有助于提高游客的环保意识和参与度。

第四,环境友好型营运模式的实行。督促旅游企业采纳环保政策,如垃圾分类、减少一次性用品使用、提供环保住宿等。同时,鼓励企业利用环保材料和技术改造旅游设施,减少对生态环境的负面影响。

第五,市场监管的加强。完善旅游市场监管机制,加大对违法违规行为的打击力度,确保旅游生态环境的有效保护。

第六,旅游教育与文化的推广。在旅游区设置环保知识展示中心,定期举办环保主题讲座和活动,提高游客的环保意识。通过媒体宣传、网络推广等渠道,普及生态旅游知识,塑造安徽的绿色旅游形象,并吸引更多关注生态和环保的游客。

## 6.6 加强安徽省区域旅游经济增长数量与质量耦合协调发展

### 6.6.1 促进区域旅游经济体制向质量型转型

首先,要建立健全的旅游经济高质量发展政绩考核机制,保证政府在区域旅游经济增长过程中发挥合理作用,该考核机制应聚焦旅游经济增长的可持续性、当地社区和居民的福祉、文化遗产和生态环境的保护等方面。具体如下:① 在旅游经济增长的可持续性上,计入政绩的考核指标体系中的指标应以旅游业对环境的影响、资源的利用效率等可持续性指标为重点,确保旅游业的发展不会牺牲长期的环境和社会福祉。② 在当地社区和居民的福祉上,考核指标应涵盖旅游发展对当地居民就业、收入水平、社区服务和生活质量的影响,以确保旅游经济的增长能给当地居民带来实质性的福祉提升。③ 在文化遗产和生态环境的保护上,评价体系应包括文化遗产保护、生态环境保护的绩效指标,有效评估政府在这一方面的工作成效,推动区域旅游的可持续发展。

其次,厘清市场与政府对旅游要素价格的主导范围,拓宽旅游投融资渠道,提高旅游投融资效率。例如,可建立一个以市场机制为主导、政府监管为辅助的多元化旅游投融资平台,旨在提升资金使用的效率与效益。该平台应构建在对旅游相关要素,如包括旅游资源、土地使用权、文化遗产等价值评估体系之上,以确保价格的形成既反映市场供需关系,也符合旅游发展的长期利益。另外,该平台需要整合和利用区域内外的金融资源,吸引多种投融资主体参与,包括但不限于商业银行、投资基金、保险公司以及私人投资者,形成有效竞争机制,从而降低资金成本。同时,应通过电子商务平台、股权众筹等新型融资方式,为旅游项目提供更广阔的资金来源,增加市场活力,并促进金融创新产品的开发,拓宽旅游产业的融资渠道。

最后,从完善旅游产学研协同发展机制的角度出发,建立安徽省旅游产学研合作联盟机制,打造提高旅游产业创新能力和服务质量为核心的区域旅游发展新模式。该联盟机制应基于产学研各方利益相关者的共同目标,旨在通过系统的合作和资源整合,推动科研成果在旅游产业的转化和应用,加快旅游产业的知识产权保护和技术标准制定。通过定期举办联盟成员大会、建立安徽省旅游产学研合作数据库和共享平台、开发旅游产业专项资金和项目等措施,以联盟的形式促进区域旅游产业的深度合作与创新发展。

## 6.6.2 促进区域旅游经济增长动力向创新驱动转型

首先,推动旅游产权制度、旅游市场体制机制、旅游企业税收优惠政策等的完善。在该过程中,可制定与旅游产权制度和市场体制机制创新相关的方案,需包括针对旅游资源产权明晰化与流转机制优化的具体措施,该方案应鼓励本地区旅游资源的有序流转与高效利用,营造公平竞争的市场环境。制定旅游资源产权清晰化措施,如对自然资源、历史文化景观和民俗文化等进行资产化评估,并依托现代信息技术构建旅游资源电子登记平台,实现产权的透明化和规范化。同时,引导旅游资源产权的市场化流转,如建立旅游资源产权交易市场,为资源的买卖、租赁和股权投资提供便利。进一步,推进旅游市场体制机制的创新要素融入,如简化旅游项目审批流程,推动行政审批制度和服务"一网通办",减少行政干预,增强市场在资源配置中的决定性作用。此外,加强旅游市场监管,提高旅游服务质量,构建诚信的旅游市场环境,使旅游企业和消费者双方都能在公平、诚信的市场中参与竞争和交易。在旅游企业税收优惠政策方面,应制定针对创新型旅游企业的税收激励计划,如为在科技创新、旅游产品更新、绿色环保旅游项目开发等方面投入较多的旅游企业制定税收减免政策,或为小型和中型旅游企业提供阶段性的税收优惠,以激励企业加大研发和创新力度。特别是对于运用新技术、新商业模式、新营销策略以促进旅游产业升级,能实现良性循环和可持续发展的旅游企业,给予更加积极的财税支持政策。

其次,加大对基础旅游研究的投入力度,利用高等院校培育旅游人力资本。继续完善旅游教育体系,针对当前旅游教育中存在的理论与实践脱节、课程设置不够现代化等问题,相关高等院校应当优化课程设置,引进国际先进的旅游教育理念和教学方法,强化实践教学和国际交流,增强学生的创新意识和实战能力。

最后,鼓励旅游企业自主创新,重视旅游生产力的转化率。政府及相关部门要深化与旅游企业间的互动合作,共同营造有利于旅游创新的政策环境和市场氛围。例如,政府可以采取定向减税、金融扶持、知识产权保护和创新资金投入等措施,对旅游企业在产品开发、市场营销、科技应用和管理模式等方面的自主创新予以激励和支持。要实现旅游生产力的高效转化,旅游企业需在加强内部管理和创新能力建设的同时,还要关注产业链的整体优化与资源整合;企业应引进"智慧旅游"的理念和技术手段,通过大数据分析、云计算等现代信息技术促进旅游资源的精准配置和利用,提升旅游产品的个性化和差异化,满足消费者多样化的需求。

## 6.7 注重安徽省区域旅游经济增长质量协同发展

作为中国历史文化与自然风光并重的典型区域,安徽省拥有众多旅游资源,然而,其旅游经济高质量发展仍然面临着严重的行政区划壁垒问题,这不仅影响了资源的整合效率,也制约了旅游业的整体竞争力,为此,安徽省应建立全方位的旅游协作机制。

### 6.7.1 做好顶层设计,强化整体统筹

应确立省级领导机构的统筹作用,由安徽省文化和旅游厅牵头,制定统一的区域旅游协同发展指导计划。该计划应综合考量安徽省内的旅游资源分布、市场需求、交通物流、区域经济发展水平等因素,建立起一个明确的协同发展框架;在此框架内,需对各地市、县的角色定位和协同路径进行明确指导,形成旅游发展的分工协作机制,确保政策导向与各地执行的一致性,以及政策的连续性和稳定性。此外,通过指导性计划,还应强化监督评估机制,评估旅游协同发展的效果,不断完善和优化顶层设计。

## 6.7.2 跨区域打造旅游产品链,实现互补共赢

一是通过深入分析各地级市的旅游资源特点和市场需求,科学规划旅游产品的布局,实现资源共享和优势互补,发挥各区域旅游特色,形成差异化的旅游开发模式。

二是通过旅游景点联盟、旅游线路打包等方式,整合旅游资源,提供多样化的旅游组合产品。例如,将黄山市的自然风光旅游资源、合肥市的现代科技旅游资源、安庆市的历史文化旅游资源等相结合,形成自然与人文并重的旅游线路,以此打造综合性的跨区域旅游线路,提升旅游产品的市场吸引力。这不仅能丰富旅游产品类型,还能增强游客的旅游体验,延长游客的逗留时间,进一步激发旅游消费潜力。

## 6.7.3 营销共同旅游市场,推广整体旅游品牌

首先,安徽省各区域建立旅游营销联盟,通过共享资源、统一品牌形象、协同推广等手段,进行区域旅游市场的整体规划与推广。联盟中的成员城市可以通过定期会议,确定共同的市场推广目标与旅游产品包装方式,以确保旅游市场信息的有效互通。

其次,各区域在保持自身特色的同时,积极融入整个省份的旅游品牌建设中,确立统一的对外营销品牌形象和宣传口号,共同提升安徽旅游的整体形象与知名度。

再次,通过各种线下推广活动,如旅游节庆活动、国内外旅游展览会、旅游演艺节目等,增强安徽省旅游的影响力;利用数字化营销工具,推广安徽省旅游品牌,例如,制作高质量旅游宣传视频,发布在各大旅游平台和社交媒体上。

最后,注重旅游市场的细分和目标客户群的精准营销。根据不同旅游产品的特点和消费者偏好,制定有针对性的市场营销策略,吸引不同需求的游客。

### 6.7.4　加强金融支持,保障跨区域旅游合作

首先,鼓励金融机构与政府共同设立合作基金,专门用于支持具有跨区域合作特点的旅游项目和企业,如跨区域的旅游资源开发和旅游基础设施建设等。

其次,金融机构可为跨区域旅游合作项目提供定制化金融产品与服务,如为跨区域旅游联盟或旅游产业链上下游企业提供贷款产品,允许在一定范围内灵活调整利率、还款方式等贷款条件,以降低企业融资成本。

最后,通过协同金融政策与旅游产业政策,出台相应的政策,如税收优惠等,为跨区域旅游合作项目提供政策支持。

# 7 总　　结

## 7.1　研究结论

本书在梳理国内外研究进展和理论基础的基础上,首先分析了安徽省区域旅游经济增长现状,然后对安徽省区域旅游经济增长质量的评价指标体系构建、量化测度及其时空特征,以及与区域旅游经济增长数量耦合协调关系及其时空演化进行了实证研究,据此,提出了安徽省区域旅游经济增长质量的提升策略。主要研究结论如下：

**1. 安徽省区域旅游经济增长现状**

安徽省各类旅游企业在各区域分布并不是均匀的。具体而言,A级景点中,5A级旅游景点在安徽省各市的空间分布最不均衡,其中黄山市数量最多。星级饭店中,均衡度指数最大的是星级饭店总数,其次为三星级饭店,最小的是二星级饭店;2020年合肥市星级饭店最多,数量为40个,主要集中于三星级及以上饭店,且合肥市的五星级和四星级饭店数量均居全省之最。就旅行社而言,2020年合肥市旅行社最多,数量为252个,其次为黄山市,为181个,这两个城市旅行社数量占安徽省总数的比例高达37.42%。

安徽省区域旅游经济增长的时空演化特征：除特殊事件影响外,安徽省旅游经济快速增长,对国民经济的贡献不断增强;国内旅游发展迅猛,并且国际旅游人数和外汇收入也迅速增长,成为重要的创汇手段。安徽省旅游经济增长在地理分布上是不均衡的,皖中和皖南地区是安徽省旅游总收入的核心和主导地区。具体而言,低水平地区为淮北市,较低水平地区有淮南市、铜陵市、宿州市、阜阳市、亳州市、滁州市,较高水平地区有蚌埠市、宣城市、马鞍山市、六安市、黄山市、池州市、安庆市、芜湖市,高水平地区为合肥市。当前安徽省区域旅游经济增长的绝对差异和相对差异比较显著,在排除特殊事件影响外,发展态势在总体上表现为绝对差异不断扩大,而相对差异则不断下降。

安徽省区域旅游经济增长存在以下问题:① 游经济增长方式仍为粗放型;② 旅游经济增长具有一定的不稳定性;③ 旅游经济空间发展不均衡现象突出;④ 旅游经济增长与生态环境保护存在矛盾。

**2. 安徽省区域旅游经济增长质量的评价指标体系、量化测度及其时空特征**

根据科学性、层次性、代表性、可操作性等原则,本书从旅游经济结构水平、旅游经济增长效率、旅游经济增长稳定性、旅游经济增长影响力、旅游经济增长可持续性5个方面构建了安徽省区域旅游经济增长质量的评价指标体系。其中,旅游经济结构水平包含旅游经济结构合理化与旅游经济结构高度化两个方面,旅游经济增长效率包含旅游投入效率与旅游收入效率两个方面,旅游经济增长稳定性包含旅游经济增长率与旅游经济增长波动率两个方面,旅游经济增长影响力包含旅游经济增长就业率与旅游经济增长经济贡献率两个方面,旅游经济增长可持续性包含旅游创新能力与旅游环境质量两个方面。依据均方差法计算出安徽省区域旅游经济增长质量的指标权重可知,在子目标层中,旅游经济增长稳定性、旅游经济结构水平和旅游经济增长效率的指标权重依次居前三位,构成了旅游经济增长质量的最主要内容;准则层中,权重值由大到小依次为旅游经济增长波动率、旅游经济结构合理化、旅游环境质量、旅游经济结构高度化、旅游收入效率、旅游经济增长率、旅游投入效率、旅游经济增长就业率、旅游经济增长经济贡献率和旅游创新能力,它们对旅游经济增长质量的影响依次减小。指标结构中,入境旅游收入增长波动率、国内旅游收入增长波动率、城市空气质量达到及好于二级的天数比重居前三位。

本书利用2011—2020年安徽省16个地级市各指标的面板数据,采用加权平均法来测算2011—2020年安徽省及其各区域旅游经济增长质量指数。可知,安徽省旅游经济增长质量的波动性较大,其中,2012年、2017年和2019年出现波峰,旅游经济增长质量指数分别为0.4479、0.4368和0.4417;在2015年出现大波谷,在2018年出现小波谷;受新冠疫情影响,在2020年出现断崖式下降。就子目标层和准则层而言,除2020年有小幅度下降外,安徽省旅游经济结构水平呈持续上升态势。其中,2011—2020年,旅游经济结构合理化始终保持增长状态,旅游经济结构高度化则呈先增长后减弱的态势。2011—2020年,安徽省旅游经济增长效率基本呈逐年增长态势,仅在2020年略有下降。其中,旅游投入效率不断增长,旅游收入效率仅在2020年下降。2011—2020年间,安徽省旅游经济增长较不稳定、波动性较大,2011—2012年表现为上升状态,2012年达到0.2512,为10年中的最大值;2012—2015年则为递减状态,2015年达到0.1804;2015—2017年为上升状态,2017年达到0.1987;2017—2018年则又呈下降状态,2018年达到0.1803;2019年出现短暂上升后,达到0.1817,随后在2020年表现为直线下降趋势,数值为0.0182,为10年中的最小值。安徽省旅游经济增长波动率与安徽省旅游经济增长稳定性的发展态势完全一致,旅游经济增长率均为正数,说明旅游经济逐年增加。其中,2011—2013年为逐年下降阶段,2013—2016年为逐年上升阶段,2016—2020年又呈下降状态,到2020年数值为0.0023,下降态势极其明显,这主要是由入境旅游收入增长波动率导致的。2011—2018年,安徽省旅游经济增长影响力逐年增长,2018—2020年间则逐年递减,2020年减低到0.0117,是近10年来的最小值。安徽省旅游经济增长就业率与安徽省旅游经济增长影响力的演化趋势保持一致,而安徽省旅游经济增长经济贡献率具有一定的波动性,2011—2017年保持递增态势,在2018年出现一定下降,在2019年又有所提升,最后在2020年降至最低值,这主要是由于安徽省旅游总收入占GDP比重导致的。安徽省旅游经济增长可持续性的波动性极大,2011—2012年为递增态势,2013年出现下滑,2014年有所提升,2014—2017年出现持续下降的状态,2018年出现小幅度增长,2019年又下降,2020年回升。其中,安徽省旅游专利个数的演化趋势与安徽省旅游创新能力基本相符,安徽省旅游创新能力在2011—2013年呈递增态势,2014年为下降状态,2014—2017年呈现递增状态,2017—2020则出现持续的下降状态。安徽省各区域的旅游经济增长质量均呈波动性态势,具体而言:合肥市旅游经济增长质量的波动态势极其明显,2013年、2016年和2018年出现波峰,2014年和2017年出现波谷;淮北市旅游经济增长质量的波动态势也非常明显,2013年和2017年出现波峰,2014年和2018年出现波谷;亳州市旅游经济增长质量的演化具有波动性特征,2015年和2019年出现波峰,2017年出现波谷;宿州市旅游经济增长质量出现多次起伏,2014年、2016年和2019年出现波峰,2015年和2018年出现波谷;蚌埠市旅游经济增长质量在2013年、2017年和2019年出现波峰,2012年、2015年和2019年出现波谷;阜阳市旅游经济增长质量在2014年和2018年出现波峰,2017年出现波谷;淮南市旅游经济增长质量在2014年、2017年和2019年出现波峰,2015年和2018年出现波谷;滁州市旅游经济增长质量在2012年和2019年出现波峰,2016年出现波谷;六安市旅游经济增长质量的波动性较强,出现多次起伏,2012年、2015年和2017年出现波峰,2014年和2016年出现波谷;马鞍山市旅游经济增长质量在2012年、2014年、2017年和2019年出现波峰,2013年、2015年和2018年出现波谷;2011—2019年,芜湖市旅游经济增长质量呈现持续提升的状态,2020年出现显著下滑;宣城市旅游经济增长质量的波动态势极其明显,2012年、2016年和2018年出现波峰,2013年和2017年出现波谷;铜陵市旅游经济增长质量在2012年、2014年、2016年和2019年出现波峰,2013年、2015和2017年出现波谷;池州市旅游经济增长质量呈现波动性发展的趋势,2013年、2017年和2019年出现波峰,2016年和2018年出现波谷;安庆市旅游经济增长质量在2012年、2017年和2019年出现波峰;2011—2019年,黄山市旅游经济增长质量呈现波浪式演化趋势,2020年呈急剧下降态势。

安徽省区域旅游经济增长质量指数具有空间分异性,本书将安徽省区域旅游经济增长质量指数划分为五个层次,相较于2011年,2019年安徽省区域旅游经济增长质量得到显著提升,其中,池州市、芜湖市和黄山市位列前三位,且3个城市已提升至第五层次;在第四层次中有8个城市,按旅游经济增长质量指数的高低排序为铜陵市、马鞍山市、蚌埠市、合肥市、亳州市、安庆市、宿州市和宣城市;在第三层次中有滁州市、淮北市、阜阳市和淮南市4个城市;仅有六安市位于第二层次,位居全省末流水平,亟须快速提升。受新冠疫情影响,安徽省区域旅游经济增长质量指数在2020年出现较大降低。

**3. 安徽省区域旅游经济增长质量与数量耦合协调关系及其时空演化**

本书将区域旅游经济增长质量分解为旅游经济增长规模与旅游经济增长速度两个方面。其中,前者用人均旅游收入即旅游总收入与旅游总人数的比例来衡量,后者用旅游总收入增长率来衡量。根据耦合协调度模型,本书计算了

2011—2020年安徽省及其各区域旅游经济增长质量与数量耦合协调度。2011—2019年,安徽省旅游经济增长数量与质量耦合协调度呈波动上升态势,2012年、2017年和2019年出现波峰,2014年和2018年出现波谷,2020年出现严重下降,耦合协调等级由濒临失调变为轻度失调;在耦合协调类型上,2011年为质量滞后型,2012—2013年为数量滞后型,2014—2019年为质量滞后型,2020年为数量滞后型。2011—2019年,安徽省旅游经济增长规模与质量的耦合协调度呈现上升态势,耦合协调等级由轻度失调转变为濒临失调,2020年为轻度失调。安徽省旅游经济增长速度与质量的耦合协调度呈波动下降态势,耦合协调等级经历了"轻度失调—濒临失调—轻度失调—严重失调"的变化。2011—2019年,安徽省旅游经济增长数量与结构水平耦合协调度基本呈现持续增长的态势,耦合协调等级由中度失调提升为轻度失调,仅在2018年出现小幅度下降,但在2020年出现急速下降,又呈现出中度失调的状态。安徽省旅游经济增长数量与效率耦合协调度在2012年略微下降,2012—2019年保持持续增长的态势,耦合协调等级由中度失调转变为轻度失调,但在2020年又下滑至中度失调。安徽省旅游经济增长数量与稳定性耦合协调度在2012年呈现为迅猛递增态势,2012—2015年呈现持续降低的态势,2015—2017年呈现递增态势,2018年略微下降,2019年又略微回升,2020年为严重失调。2011—2019年,安徽省旅游经济增长数量与影响力耦合协调度呈波动上升态势,耦合协调等级均保持为中度失调,而在2020年迅猛下降至严重失调。安徽省旅游经济增长数量与可持续性耦合协调度呈现出波动下降的态势,耦合协调等级由轻度失调转变为中度失调。

安徽省各区域的旅游经济增长质量与数量的耦合协调度均呈现出波动性态势,具体而言:

合肥市旅游经济增长数量与质量耦合协调度在2012年、2016年和2019年出现波峰,2014年和2018年出现波谷,于2020年出现回落,耦合协调等级经历了"濒临失调—勉强协调—濒临失调—勉强协调—濒临失调"的变化,耦合协调类型均为质量滞后型。

淮北市旅游经济增长数量与质量耦合协调度呈现出波动下降的演化趋势,尤其是2020年出现断崖式下滑,耦合协调等级由轻度失调转变为濒临失调,又返回至轻度失调,最终在2020年呈现中度失调,耦合协调类型在2011年、

2013—2016 年为质量滞后型,其余年份均为数量滞后型。

亳州市旅游经济增长质量与数量耦合协调度在 2011—2018 年呈现较小的波动性,在 2019 年迅猛上升,但在 2020 年又迅猛下降,耦合协调等级由濒临失调变化至 2020 年的轻度失调;耦合协调类型在 2011 年、2017—2018 年为质量滞后型,其余年份均为数量滞后型。

宿州市旅游经济增长质量与数量耦合协调度的波动性较大,在 2012 年、2017 年和 2019 年出现波峰,在 2015 年和 2018 年出现波谷,耦合协调等级经历了"轻度失调—濒临失调—轻度失调—濒临失调—轻度失调—濒临失调—中度失调"的变化过程,耦合协调类型在 2011 年、2015 年和 2018 年为质量滞后型,其余年份均为数量滞后型。

蚌埠市旅游经济增长质量与数量耦合协调度在 2012 年大幅度下降后,2012—2019 年呈波动上升态势,但在 2020 年发生断崖式下降,耦合协调等级于 2019 年之前为濒临失调或轻度失调,2020 年呈现出中度失调,在耦合协调类型上,2011 年为质量滞后型,2012—2020 年均为数量滞后型。

阜阳市旅游经济增长质量与数量耦合协调度呈平稳的波动性特征,耦合协调等级为濒临失调或轻度失调,2020 年出现显著下滑,转变为中度失调;在耦合协调类型上,2011 年和 2016—2019 年为质量滞后型,其余年份均为数量滞后型。

淮南市旅游经济增长质量与数量耦合协调度呈现出较大的波动性特征,在 2014 年、2017 年和 2019 年出现波峰,在 2015 年和 2018 年出现波谷,在 2020 年数值迅速降低,耦合协调等级由轻度失调或濒临失调在 2020 年降低至中度失调;在耦合协调类型上,2011—2012 年、2015—2016 年和 2018—2019 年为质量滞后型,其余年份均为数量滞后型。

滁州市旅游经济增长质量与数量耦合协调度在 2014—2019 年呈递增态势,在 2012 年和 2019 年出现波峰,在 2014 年出现波谷,2020 年数值大幅度降低,耦合协调等级在 2012—2019 年均为濒临失调,在 2020 年又变化至轻度失调;在耦合协调类型上,2011 年、2014—2019 年为质量滞后型,其余年份均为数量滞后型。

六安市旅游经济增长质量与数量耦合协调度基本呈波浪式的发展特征,2012 年、2015 年、2017 年和 2019 年出现波峰,2014 年、2016 年和 2018 年出现波谷,2011—2019年耦合协调等级在濒临失调与轻度失调之间转换,2020年为轻度失调;在耦合协调类型上,2011年和2019年为质量滞后型,其余年份均为数量滞后型。

马鞍山市旅游经济增长质量与数量耦合协调度在2011—2013年、2017—2020年呈现出较大的波动性特征,2013—2017年呈递增态势,耦合协调等级在濒临失调与轻度失调之间转换;在耦合协调类型上,2011年、2013年、2015—2016年和2018年为质量滞后型。

芜湖市旅游经济增长质量与数量耦合协调度在2013—2019年基本呈递增态势,2011—2013年、2019—2020年表现出一定的波动性;在耦合协调等级上,2011年为濒临失调,2012—2019年均为勉强协调,2020年为濒临失调,耦合协调类型均为质量滞后型。

宣城市旅游经济增长质量与数量耦合协调度表现出一定的波动性特征,2012年、2016年和2018年出现波峰,2013年和2017年出现波谷;在耦合协调等级上,2011年为轻度失调,2012—2019年为濒临失调,2020年变为轻度失调;在耦合协调类型上,2011—2013年、2017年和2019—2020年为质量滞后型。

铜陵市旅游经济增长质量与数量耦合协调度表现出较大的波动性特征,2011—2019年呈波动上升态势,耦合协调等级经历了"轻度失调—濒临失调—轻度失调—濒临失调"的变化过程,2020年数值迅速降低,为轻度失调;在耦合协调类型上,2011年和2015—2017年为质量滞后型。

池州市旅游经济增长质量与数量耦合协调度在2012—2016年基本呈递减态势,2016—2019年呈波动上升态势,2011—2019年耦合协调等级均为勉强协调,2020年数值迅速降低,为轻度失调;在耦合协调类型上,2012—2020年均为数量滞后型。

安庆市旅游经济增长质量与数量耦合协调度在2011—2019年起伏较小,略呈波动上升态势;耦合协调等级均为濒临失调,2020年为轻度失调;在耦合协调类型上,2011年和2014—2019年为质量滞后型。

黄山市旅游经济增长质量与数量耦合协调度具有较强的波动性特征,2011—2015年呈波浪式演变态势,2015—2018年呈递增态势,2018—2020年迅速递减;在耦合协调等级上,2011—2018年均为勉强协调,2019年变化为濒临失调,2020年为轻度失调;在耦合协调类型上,2011年、2013年、2015年和2017

年为质量滞后型。

安徽省区域旅游经济增长质量与数量耦合协调度具有空间分异性,相较于2011年,2019年发生了较大变化,其中,芜湖市、池州市和合肥市为勉强协调状态,而安庆市、铜陵市、黄山市、马鞍山市、宣城市、亳州市、滁州市、蚌埠市、六安市、宿州市和阜阳市11个城市处于濒临失调状态,淮北市和淮南市则处于轻度失调状态。2020年,安徽省区域旅游经济增长质量与数量的耦合协调度又出现较大变化,其中,合肥市和芜湖市处于濒临失调状态,黄山市、宣城市、安庆市、池州市、六安市、滁州市、马鞍山市、铜陵市和亳州市9个城市处于轻度失调状态,淮北市、阜阳市、蚌埠市、宿州市和淮南市5个城市处于中度失调状态。

**4. 安徽省区域旅游经济增长质量的提升策略**

第一,优化安徽省区域旅游经济结构。主要策略有:推动安徽省区域旅游企业兼并与重组,着力培育规模旅游企业;推动区域旅游企业转型升级,发展科技旅游等新业态;促进区域各旅游要素间的合理配置。

第二,提高安徽省区域旅游经济增长效率。主要策略有:提升安徽省区域旅游全员劳动生产率;提升区域旅游资本产出率;提升区域旅游收入效率。

第三,增强区域旅游经济增长的稳定性。主要策略有:依靠旅游行政部门的宏观调控,加强对安徽省区域入境旅游的支持;精准评估旅游经济影响因素,完善区域旅游经济预警机制与危机响应机制。

第四,扩大安徽省区域旅游经济增长影响力。主要策略有:引导有意愿的城乡各类劳动者积极参加旅游业就业;促进区域旅游产业与其他相关产业进行"旅游+"深度融合;推动区域旅游产业聚集与创业创新。

第五,促进安徽省区域旅游经济增长可持续性。主要策略有:构建安徽省区域旅游创新体系,提升旅游创新能力;加强区域旅游生态环境质量,推动旅游环境可持续发展。

第六,加强安徽省区域旅游经济增长数量与质量的耦合协调发展。主要策略有:促进安徽省区域旅游经济体制向质量型转型;促进区域旅游经济增长动力向创新驱动转型。

第七,注重安徽省区域旅游经济增长质量协同发展。主要策略有:做好顶层设计,强化整体统筹;跨区域打造旅游产品链,实现互补共赢;营销共同旅游市场,推广整体旅游品牌;加强金融支持,保障跨区域旅游合作。

## 7.2 研究展望

首先,本书构建的安徽省区域旅游经济增长质量的评价指标体系很大程度上受限于安徽省各区域指标层数据的可获得性,因此,未来应进一步研究构建更系统、科学的评价指标体系,以更好地量化区域旅游经济增长质量,并分析其发展现实。其次,哪些因素会影响安徽区域旅游经济增长质量的科学发展?其系统内在运行机制是什么?这些问题有待进一步深入探究。

# 附录　本书研究涉及的相关数据表格

附表 1　安徽省区域旅游经济增长质量与数量指标层标准化值

| 年　份 | 地级市 | 三星级以上饭店占星级饭店的比例 | 区位熵 | 高弹性收入占旅游收入比重 | 旅游总收入占第三产业生产总值比重 | 第三产业全员劳动生产率 | 住宿和餐饮业资本产出率 |
|---|---|---|---|---|---|---|---|
| 2011 年 | 合肥市 | 0.3945 | 0.0628 | 0.2241 | 0.0859 | 0.2575 | 0.0062 |
| 2011 年 | 淮北市 | 0.1370 | 0.0026 | 0.4531 | 0.0538 | 0.1099 | 0.0850 |
| 2011 年 | 亳州市 | 0.0809 | 0.0229 | 0.6473 | 0.0544 | 0.0107 | 0.0770 |
| 2011 年 | 宿州市 | 0.5479 | 0.0000 | 0.3427 | 0.0295 | 0.0364 | 0.0461 |
| 2011 年 | 蚌埠市 | 0.3641 | 0.0358 | 0.3162 | 0.0777 | 0.0656 | 0.1475 |
| 2011 年 | 阜阳市 | 0.2603 | 0.0055 | 0.6292 | 0.0361 | 0.0086 | 0.1215 |
| 2011 年 | 淮南市 | 0.2992 | 0.0075 | 0.2413 | 0.0550 | 0.0959 | 0.0330 |
| 2011 年 | 滁州市 | 0.1986 | 0.0219 | 0.2309 | 0.0743 | 0.0668 | 0.0550 |
| 2011 年 | 六安市 | 0.3908 | 0.0278 | 0.4351 | 0.0657 | 0.0411 | 0.0297 |
| 2011 年 | 马鞍山市 | 0.3051 | 0.0196 | 0.4151 | 0.0788 | 0.2650 | 0.0408 |
| 2011 年 | 芜湖市 | 0.2677 | 0.0419 | 0.6013 | 0.1066 | 0.1693 | 0.0243 |
| 2011 年 | 宣城市 | 0.3659 | 0.0455 | 0.4856 | 0.0887 | 0.0946 | 0.0121 |
| 2011 年 | 铜陵市 | 0.0000 | 0.0076 | 0.1430 | 0.0706 | 0.2572 | 0.0929 |
| 2011 年 | 池州市 | 0.4353 | 0.5034 | 0.5411 | 0.6365 | 0.0787 | 0.0160 |
| 2011 年 | 安庆市 | 0.2026 | 0.1083 | 0.5974 | 0.1919 | 0.0564 | 0.0571 |
| 2011 年 | 黄山市 | 0.5368 | 0.8405 | 0.3620 | 0.8748 | 0.1400 | 0.0036 |
| 2012 年 | 合肥市 | 0.4914 | 0.0838 | 0.7311 | 0.1172 | 0.2893 | 0.0027 |
| 2012 年 | 淮北市 | 0.1370 | 0.0148 | 0.4112 | 0.0791 | 0.1330 | 0.0787 |
| 2012 年 | 亳州市 | 0.0809 | 0.0341 | 0.3408 | 0.0738 | 0.0173 | 0.0510 |

续表

| 年份 | 地级市 | 三星级以上饭店占星级饭店的比例 | 区位熵 | 高弹性收入占旅游收入比重 | 旅游总收入占第三产业生产总值比重 | 第三产业全员劳动生产率 | 住宿和餐饮业资本产出率 |
|---|---|---|---|---|---|---|---|
| 2012年 | 宿州市 | 0.5068 | 0.0081 | 0.2165 | 0.0437 | 0.0525 | 0.0612 |
| 2012年 | 蚌埠市 | 0.2740 | 0.0549 | 0.6695 | 0.1109 | 0.0875 | 0.0235 |
| 2012年 | 阜阳市 | 0.4172 | 0.0134 | 0.4783 | 0.0507 | 0.0175 | 0.1480 |
| 2012年 | 淮南市 | 0.2511 | 0.0184 | 0.5338 | 0.0739 | 0.1150 | 0.0774 |
| 2012年 | 滁州市 | 0.1986 | 0.0298 | 0.4197 | 0.0936 | 0.0904 | 0.0469 |
| 2012年 | 六安市 | 0.4795 | 0.0486 | 0.4868 | 0.1018 | 0.0539 | 0.0149 |
| 2012年 | 马鞍山市 | 0.4172 | 0.0334 | 0.3221 | 0.1004 | 0.2779 | 0.0349 |
| 2012年 | 芜湖市 | 0.4658 | 0.0624 | 0.6902 | 0.1467 | 0.2007 | 0.0235 |
| 2012年 | 宣城市 | 0.3767 | 0.0743 | 0.4589 | 0.1333 | 0.0986 | 0.0089 |
| 2012年 | 铜陵市 | 0.0685 | 0.0197 | 0.0000 | 0.0926 | 0.2970 | 0.0301 |
| 2012年 | 池州市 | 0.5666 | 0.5975 | 0.5676 | 0.7740 | 0.1031 | 0.0383 |
| 2012年 | 安庆市 | 0.2502 | 0.1313 | 1.0000 | 0.2400 | 0.0710 | 0.0394 |
| 2012年 | 黄山市 | 0.5798 | 0.9187 | 0.1794 | 1.0000 | 0.1578 | 0.0028 |
| 2013年 | 合肥市 | 0.5233 | 0.0919 | 0.8624 | 0.1228 | 0.3143 | 0.0010 |
| 2013年 | 淮北市 | 0.1370 | 0.0154 | 0.8521 | 0.0826 | 0.1497 | 0.2023 |
| 2013年 | 亳州市 | 0.2792 | 0.0418 | 0.6855 | 0.0800 | 0.0287 | 0.1127 |
| 2013年 | 宿州市 | 0.4452 | 0.0136 | 0.5471 | 0.0481 | 0.0670 | 0.0309 |
| 2013年 | 蚌埠市 | 0.4633 | 0.0579 | 0.6211 | 0.1147 | 0.2154 | 0.0307 |
| 2013年 | 阜阳市 | 0.3425 | 0.0195 | 0.6676 | 0.0560 | 0.0222 | 0.1107 |
| 2013年 | 淮南市 | 0.3425 | 0.0268 | 0.4160 | 0.0780 | 0.1338 | 0.0190 |
| 2013年 | 滁州市 | 0.1694 | 0.0371 | 0.5808 | 0.1031 | 0.1032 | 0.0371 |
| 2013年 | 六安市 | 0.4527 | 0.0591 | 0.3810 | 0.1154 | 0.0448 | 0.0194 |
| 2013年 | 马鞍山市 | 0.4939 | 0.0410 | 0.6112 | 0.1017 | 0.2928 | 0.0210 |
| 2013年 | 芜湖市 | 0.4996 | 0.0719 | 0.9889 | 0.1595 | 0.2279 | 0.0133 |
| 2013年 | 宣城市 | 0.5202 | 0.0861 | 0.5889 | 0.1455 | 0.1194 | 0.0029 |
| 2013年 | 铜陵市 | 0.0599 | 0.0237 | 0.6650 | 0.0922 | 0.3445 | 0.0162 |

续表

| 年　份 | 地级市 | 三星级以上饭店占星级饭店的比例 | 区位熵 | 高弹性收入占旅游收入比重 | 旅游总收入占第三产业生产总值比重 | 第三产业全员劳动生产率 | 住宿和餐饮业资本产出率 |
| --- | --- | --- | --- | --- | --- | --- | --- |
| 2013 年 | 池州市 | 1.0000 | 0.6223 | 0.9166 | 0.7812 | 0.1231 | 0.0438 |
| 2013 年 | 安庆市 | 0.2649 | 0.1550 | 0.6827 | 0.2509 | 0.0872 | 0.0719 |
| 2013 年 | 黄山市 | 0.5902 | 0.9003 | 0.7138 | 0.9624 | 0.1728 | 0.0012 |
| 2014 年 | 合肥市 | 0.5562 | 0.0963 | 0.8716 | 0.1260 | 0.3387 | 0.0060 |
| 2014 年 | 淮北市 | 0.1370 | 0.0197 | 0.7956 | 0.0710 | 0.2025 | 0.0586 |
| 2014 年 | 亳州市 | 0.3131 | 0.0451 | 0.7231 | 0.0726 | 0.0535 | 0.1687 |
| 2014 年 | 宿州市 | 0.5068 | 0.0153 | 0.5525 | 0.0453 | 0.0926 | 0.0721 |
| 2014 年 | 蚌埠市 | 0.4939 | 0.0576 | 0.6192 | 0.1104 | 0.1616 | 0.1220 |
| 2014 年 | 阜阳市 | 0.3741 | 0.0217 | 0.5853 | 0.0562 | 0.0000 | 0.2105 |
| 2014 年 | 淮南市 | 0.3682 | 0.0276 | 0.4081 | 0.0756 | 0.1723 | 0.0324 |
| 2014 年 | 滁州市 | 0.4012 | 0.0378 | 0.6105 | 0.1000 | 0.1241 | 0.1547 |
| 2014 年 | 六安市 | 0.6084 | 0.0824 | 0.4462 | 0.1225 | 0.0292 | 0.0226 |
| 2014 年 | 马鞍山市 | 0.5685 | 0.0518 | 0.6417 | 0.1057 | 0.3190 | 0.0170 |
| 2014 年 | 芜湖市 | 0.5223 | 0.0797 | 0.9613 | 0.1502 | 0.2957 | 0.0279 |
| 2014 年 | 宣城市 | 0.5293 | 0.0940 | 0.5850 | 0.1426 | 0.1308 | 0.0016 |
| 2014 年 | 铜陵市 | 0.1781 | 0.0125 | 0.6991 | 0.0964 | 0.3814 | 0.0044 |
| 2014 年 | 池州市 | 0.6477 | 0.7443 | 0.7151 | 0.8583 | 0.1641 | 0.0418 |
| 2014 年 | 安庆市 | 0.3425 | 0.1984 | 0.9602 | 0.2526 | 0.1109 | 0.0945 |
| 2014 年 | 黄山市 | 0.5926 | 0.9054 | 0.7224 | 0.8763 | 0.2199 | 0.0060 |
| 2015 年 | 合肥市 | 0.6246 | 0.1060 | 0.8896 | 0.1344 | 0.3833 | 0.0052 |
| 2015 年 | 淮北市 | 0.4452 | 0.0293 | 0.7393 | 0.0727 | 0.2280 | 0.1689 |
| 2015 年 | 亳州市 | 0.4247 | 0.0545 | 0.7120 | 0.0856 | 0.0666 | 1.0000 |
| 2015 年 | 宿州市 | 0.5773 | 0.0213 | 0.5920 | 0.0458 | 0.1218 | 0.1855 |
| 2015 年 | 蚌埠市 | 0.6764 | 0.0669 | 0.6110 | 0.1118 | 0.2263 | 0.0666 |
| 2015 年 | 阜阳市 | 0.4012 | 0.0289 | 0.5924 | 0.0643 | 0.0064 | 0.0710 |
| 2015 年 | 淮南市 | 0.3160 | 0.0404 | 0.4047 | 0.0704 | 0.1456 | 0.0921 |

续表

| 年 份 | 地级市 | 三星级以上饭店占星级饭店的比例 | 区位熵 | 高弹性收入占旅游收入比重 | 旅游总收入占第三产业生产总值比重 | 第三产业全员劳动生产率 | 住宿和餐饮业资本产出率 |
|---|---|---|---|---|---|---|---|
| 2015年 | 滁州市 | 0.4110 | 0.0443 | 0.6121 | 0.0993 | 0.1582 | 0.2671 |
| 2015年 | 六安市 | 0.6040 | 0.0976 | 0.4848 | 0.1555 | 0.0283 | 0.0330 |
| 2015年 | 马鞍山市 | 0.5588 | 0.0643 | 0.6432 | 0.1065 | 0.3873 | 0.0173 |
| 2015年 | 芜湖市 | 0.5608 | 0.0932 | 0.9803 | 0.1409 | 0.3742 | 0.0309 |
| 2015年 | 宣城市 | 0.7534 | 0.1075 | 0.6248 | 0.1542 | 0.1589 | 0.0011 |
| 2015年 | 铜陵市 | 0.1370 | 0.0206 | 0.6929 | 0.0639 | 0.3460 | 0.0176 |
| 2015年 | 池州市 | 0.6868 | 0.7594 | 0.7458 | 0.8966 | 0.1824 | 0.0645 |
| 2015年 | 安庆市 | 0.4172 | 0.2198 | 0.9539 | 0.2934 | 0.1343 | 0.1397 |
| 2015年 | 黄山市 | 0.6186 | 0.8693 | 0.7285 | 0.8345 | 0.2503 | 0.0028 |
| 2016年 | 合肥市 | 0.7302 | 0.1159 | 0.8920 | 0.1411 | 0.4435 | 0.0290 |
| 2016年 | 淮北市 | 0.4452 | 0.0375 | 0.7084 | 0.0811 | 0.2393 | 0.1189 |
| 2016年 | 亳州市 | 0.3425 | 0.0603 | 0.7119 | 0.0911 | 0.0714 | 0.0583 |
| 2016年 | 宿州市 | 0.5479 | 0.0270 | 0.5594 | 0.0495 | 0.1467 | 0.2135 |
| 2016年 | 蚌埠市 | 0.6164 | 0.0749 | 0.6202 | 0.1081 | 0.2779 | 0.1525 |
| 2016年 | 阜阳市 | 0.7534 | 0.0340 | 0.5922 | 0.0682 | 0.0239 | 0.0724 |
| 2016年 | 淮南市 | 0.1986 | 0.0742 | 0.4886 | 0.1111 | 0.1309 | 0.0623 |
| 2016年 | 滁州市 | 0.3051 | 0.0518 | 0.6335 | 0.1067 | 0.1800 | 0.1339 |
| 2016年 | 六安市 | 0.6164 | 0.1019 | 0.5033 | 0.1536 | 0.0413 | 0.0492 |
| 2016年 | 马鞍山市 | 0.6164 | 0.0745 | 0.6232 | 0.1177 | 0.4438 | 0.0344 |
| 2016年 | 芜湖市 | 0.6586 | 0.1040 | 0.9939 | 0.1519 | 0.4040 | 0.0343 |
| 2016年 | 宣城市 | 0.5773 | 0.1215 | 0.6036 | 0.1683 | 0.1848 | 0.0086 |
| 2016年 | 铜陵市 | 0.0685 | 0.0664 | 0.7085 | 0.1227 | 0.2404 | 0.0227 |
| 2016年 | 池州市 | 0.7123 | 0.7436 | 0.9393 | 0.8352 | 0.2263 | 0.0369 |
| 2016年 | 安庆市 | 0.5666 | 0.2360 | 0.7640 | 0.3100 | 0.1632 | 0.0681 |
| 2016年 | 黄山市 | 0.6998 | 0.8055 | 0.7236 | 0.7708 | 0.2869 | 0.0053 |
| 2017年 | 合肥市 | 0.6961 | 0.1277 | 0.8356 | 0.1561 | 0.5136 | 0.0347 |

续表

| 年 份 | 地级市 | 三星级以上饭店占星级饭店的比例 | 区位熵 | 高弹性收入占旅游收入比重 | 旅游总收入占第三产业生产总值比重 | 第三产业全员劳动生产率 | 住宿和餐饮业资本产出率 |
|---|---|---|---|---|---|---|---|
| 2017 年 | 淮北市 | 0.4452 | 0.0355 | 0.6716 | 0.0837 | 0.2849 | 0.1299 |
| 2017 年 | 亳州市 | 0.6586 | 0.0737 | 0.6823 | 0.1086 | 0.0882 | 0.0651 |
| 2017 年 | 宿州市 | 0.5773 | 0.0346 | 0.5024 | 0.0575 | 0.1723 | 0.3301 |
| 2017 年 | 蚌埠市 | 0.7534 | 0.0836 | 0.5658 | 0.1229 | 0.3090 | 0.1679 |
| 2017 年 | 阜阳市 | 0.7534 | 0.0391 | 0.5358 | 0.0795 | 0.0357 | 0.0799 |
| 2017 年 | 淮南市 | 0.3096 | 0.0784 | 0.4613 | 0.1226 | 0.1501 | 0.0687 |
| 2017 年 | 滁州市 | 0.5773 | 0.0560 | 0.5984 | 0.1189 | 0.2174 | 0.1479 |
| 2017 年 | 六安市 | 0.7534 | 0.1250 | 0.4597 | 0.1795 | 0.0506 | 0.0545 |
| 2017 年 | 马鞍山市 | 0.6164 | 0.0774 | 0.5722 | 0.1317 | 0.4594 | 0.0383 |
| 2017 年 | 芜湖市 | 0.6164 | 0.1206 | 0.9239 | 0.1774 | 0.4630 | 0.0320 |
| 2017 年 | 宣城市 | 0.6055 | 0.1403 | 0.5268 | 0.2013 | 0.2146 | 0.0103 |
| 2017 年 | 铜陵市 | 0.2055 | 0.0660 | 0.6839 | 0.1388 | 0.2851 | 0.0254 |
| 2017 年 | 池州市 | 0.7534 | 0.7835 | 0.8882 | 0.9041 | 0.2357 | 0.0409 |
| 2017 年 | 安庆市 | 0.5479 | 0.2504 | 0.7339 | 0.3473 | 0.1984 | 0.0754 |
| 2017 年 | 黄山市 | 0.6933 | 0.8950 | 0.6688 | 0.8559 | 0.3306 | 0.0066 |
| 2018 年 | 合肥市 | 0.7254 | 0.1335 | 0.8080 | 0.1523 | 0.6019 | 0.0565 |
| 2018 年 | 淮北市 | 0.7534 | 0.0405 | 0.6371 | 0.0854 | 0.3157 | 0.1352 |
| 2018 年 | 亳州市 | 0.6586 | 0.0817 | 0.6049 | 0.1164 | 0.1060 | 0.0881 |
| 2018 年 | 宿州市 | 0.7534 | 0.0392 | 0.4527 | 0.0598 | 0.1920 | 0.1872 |
| 2018 年 | 蚌埠市 | 0.7534 | 0.0921 | 0.4885 | 0.1332 | 0.3079 | 0.1828 |
| 2018 年 | 阜阳市 | 0.7534 | 0.0428 | 0.5015 | 0.0824 | 0.0499 | 0.0544 |
| 2018 年 | 淮南市 | 0.3938 | 0.0854 | 0.4189 | 0.1283 | 0.1738 | 0.1011 |
| 2018 年 | 滁州市 | 0.6413 | 0.0588 | 0.5790 | 0.1203 | 0.2085 | 0.1309 |
| 2018 年 | 六安市 | 0.7534 | 0.1361 | 0.4403 | 0.1825 | 0.0706 | 0.0663 |
| 2018 年 | 马鞍山市 | 0.5993 | 0.0819 | 0.5197 | 0.1269 | 0.4970 | 0.0103 |
| 2018 年 | 芜湖市 | 0.7094 | 0.1327 | 0.8909 | 0.1803 | 0.5657 | 0.0288 |

续表

| 年　份 | 地级市 | 三星级以上饭店占星级饭店的比例 | 区位熵 | 高弹性收入占旅游收入比重 | 旅游总收入占第三产业生产总值比重 | 第三产业全员劳动生产率 | 住宿和餐饮业资本产出率 |
| --- | --- | --- | --- | --- | --- | --- | --- |
| 2018 年 | 宣城市 | 0.6413 | 0.1514 | 0.5327 | 0.2190 | 0.2361 | 0.0271 |
| 2018 年 | 铜陵市 | 0.3425 | 0.0715 | 0.6096 | 0.1314 | 0.3557 | 0.0317 |
| 2018 年 | 池州市 | 0.7534 | 0.7924 | 0.7059 | 0.9021 | 0.2730 | 0.0530 |
| 2018 年 | 安庆市 | 0.6477 | 0.2551 | 0.8241 | 0.3638 | 0.2299 | 0.0382 |
| 2018 年 | 黄山市 | 0.7182 | 0.9095 | 0.6553 | 0.8445 | 0.3835 | 0.0061 |
| 2019 年 | 合肥市 | 0.7260 | 0.1906 | 0.7406 | 0.1148 | 0.8880 | 0.0513 |
| 2019 年 | 淮北市 | 0.7534 | 0.0755 | 0.6248 | 0.0599 | 0.4675 | 0.1786 |
| 2019 年 | 亳州市 | 0.7534 | 0.1115 | 0.5685 | 0.0807 | 0.2127 | 0.6098 |
| 2019 年 | 宿州市 | 0.7534 | 0.0721 | 0.4003 | 0.0540 | 0.2616 | 0.1742 |
| 2019 年 | 蚌埠市 | 0.7534 | 0.1389 | 0.4523 | 0.1177 | 0.4606 | 0.2229 |
| 2019 年 | 阜阳市 | 0.7534 | 0.0494 | 0.4377 | 0.0380 | 0.1658 | 0.2342 |
| 2019 年 | 淮南市 | 0.3938 | 0.1328 | 0.4096 | 0.1067 | 0.2546 | 0.4582 |
| 2019 年 | 滁州市 | 0.6301 | 0.0607 | 0.5396 | 0.0605 | 0.4545 | 0.0353 |
| 2019 年 | 六安市 | 0.7534 | 0.2846 | 0.3680 | 0.2127 | 0.1369 | 0.0634 |
| 2019 年 | 马鞍山市 | 0.6507 | 0.1425 | 0.4645 | 0.1211 | 0.5870 | 0.0101 |
| 2019 年 | 芜湖市 | 0.7078 | 0.2204 | 0.8254 | 0.1810 | 0.6880 | 0.0394 |
| 2019 年 | 宣城市 | 0.6712 | 0.2296 | 0.4960 | 0.2116 | 0.3111 | 0.0504 |
| 2019 年 | 铜陵市 | 0.4452 | 0.1757 | 0.5161 | 0.1591 | 0.3570 | 0.0706 |
| 2019 年 | 池州市 | 0.7534 | 0.9095 | 0.6283 | 0.8499 | 0.3252 | 0.0693 |
| 2019 年 | 安庆市 | 0.7182 | 0.3301 | 0.7582 | 0.2851 | 0.3689 | 0.0727 |
| 2019 年 | 黄山市 | 0.7534 | 0.8650 | 0.5998 | 0.5676 | 0.4664 | 0.0024 |
| 2020 年 | 合肥市 | 0.7226 | 0.1734 | 0.7038 | 0.0282 | 1.0000 | 0.0393 |
| 2020 年 | 淮北市 | 0.7534 | 0.0737 | 0.5814 | 0.0067 | 0.6811 | 0.1692 |
| 2020 年 | 亳州市 | 0.7534 | 0.1209 | 0.5615 | 0.0250 | 0.3362 | 0.2282 |
| 2020 年 | 宿州市 | 0.7534 | 0.0783 | 0.3952 | 0.0095 | 0.3763 | 0.3773 |
| 2020 年 | 蚌埠市 | 0.7534 | 0.1554 | 0.3420 | 0.0438 | 0.6167 | 0.0752 |

续表

| 年 份 | 地级市 | 三星级以上饭店占星级饭店的比例 | 区位熵 | 高弹性收入占旅游收入比重 | 旅游总收入占第三产业生产总值比重 | 第三产业全员劳动生产率 | 住宿和餐饮业资本产出率 |
|---|---|---|---|---|---|---|---|
| 2020 年 | 阜阳市 | 0.7534 | 0.0520 | 0.4103 | 0.0000 | 0.3091 | 0.2225 |
| 2020 年 | 淮南市 | 0.4689 | 0.1269 | 0.3619 | 0.0281 | 0.4867 | 0.3837 |
| 2020 年 | 滁州市 | 0.6164 | 0.0607 | 0.5000 | 0.0102 | 0.6726 | 0.0301 |
| 2020 年 | 六安市 | 0.7534 | 0.3365 | 0.3554 | 0.1123 | 0.3268 | 0.0905 |
| 2020 年 | 马鞍山市 | 0.7534 | 0.1596 | 0.3761 | 0.0443 | 0.8348 | 0.0106 |
| 2020 年 | 芜湖市 | 0.7060 | 0.2130 | 0.7668 | 0.0650 | 0.8673 | 0.0224 |
| 2020 年 | 宣城市 | 0.6712 | 0.2256 | 0.4594 | 0.0856 | 0.4259 | 0.0226 |
| 2020 年 | 铜陵市 | 0.7534 | 0.1910 | 0.4420 | 0.0536 | 0.6427 | 0.0153 |
| 2020 年 | 池州市 | 0.7534 | 1.0000 | 0.5987 | 0.4004 | 0.5721 | 0.0902 |
| 2020 年 | 安庆市 | 0.6830 | 0.3107 | 0.7522 | 0.1072 | 0.6189 | 0.0629 |
| 2020 年 | 黄山市 | 0.7534 | 0.9321 | 0.5472 | 0.2898 | 0.6463 | 0.0000 |

附表 2 安徽省区域旅游经济增长质量与数量指标层标准化值

| 年 份 | 地级市 | 一日游单位游客旅游收入 | 过夜游单位游客旅游收入 | 国内旅游收入增长率 | 入境旅游收入增长率 | 国内旅游收入增长波动率 | 入境旅游收入增长波动率 |
|---|---|---|---|---|---|---|---|
| 2011 年 | 合肥市 | 0.3438 | 0.5278 | 0.6569 | 0.3320 | 1.0000 | 0.0000 |
| 2011 年 | 淮北市 | 0.1684 | 0.1020 | 0.8280 | 1.0000 | 0.0000 | 0.0000 |
| 2011 年 | 亳州市 | 0.1022 | 0.2679 | 0.7719 | 0.3034 | 1.0000 | 0.0000 |
| 2011 年 | 宿州市 | 0.1377 | 0.0601 | 0.7586 | 0.2941 | 0.0000 | 0.0000 |
| 2011 年 | 蚌埠市 | 0.0838 | 0.0000 | 0.8772 | 0.2407 | 0.0000 | 1.0000 |
| 2011 年 | 阜阳市 | 0.1963 | 0.0393 | 0.7907 | 0.3580 | 0.0000 | 0.0000 |
| 2011 年 | 淮南市 | 0.0000 | 0.0977 | 0.7335 | 0.2043 | 0.0000 | 0.0000 |
| 2011 年 | 滁州市 | 0.1442 | 0.1586 | 0.6954 | 0.4295 | 0.0000 | 0.0000 |
| 2011 年 | 六安市 | 0.0716 | 0.0718 | 0.7855 | 0.4592 | 0.0000 | 1.0000 |
| 2011 年 | 马鞍山市 | 0.2833 | 0.1877 | 1.0000 | 0.3204 | 0.0000 | 0.0000 |

续表

| 年 份 | 地级市 | 一日游单位游客旅游收入 | 过夜游单位游客旅游收入 | 国内旅游收入增长率 | 入境旅游收入增长率 | 国内旅游收入增长波动率 | 入境旅游收入增长波动率 |
|---|---|---|---|---|---|---|---|
| 2011年 | 芜湖市 | 0.3323 | 0.5343 | 0.9783 | 0.5123 | 0.0000 | 0.0000 |
| 2011年 | 宣城市 | 0.1901 | 0.1506 | 0.6512 | 0.3850 | 0.0000 | 0.0000 |
| 2011年 | 铜陵市 | 0.1981 | 0.1258 | 0.6609 | 0.4062 | 0.0000 | 0.0000 |
| 2011年 | 池州市 | 0.6205 | 0.4303 | 0.6920 | 0.4746 | 1.0000 | 0.0000 |
| 2011年 | 安庆市 | 0.3181 | 0.2178 | 0.7011 | 0.4079 | 0.0000 | 1.0000 |
| 2011年 | 黄山市 | 0.3545 | 0.3290 | 0.7627 | 0.2618 | 0.0000 | 1.0000 |
| 2012年 | 合肥市 | 0.3668 | 0.6442 | 0.6048 | 0.2151 | 1.0000 | 1.0000 |
| 2012年 | 淮北市 | 0.1961 | 0.0652 | 0.6021 | 0.3155 | 1.0000 | 1.0000 |
| 2012年 | 亳州市 | 0.1372 | 0.2169 | 0.5673 | 0.3176 | 1.0000 | 1.0000 |
| 2012年 | 宿州市 | 0.1374 | 0.0688 | 0.5703 | 0.2992 | 1.0000 | 1.0000 |
| 2012年 | 蚌埠市 | 0.1211 | 0.0255 | 0.6160 | 0.3634 | 1.0000 | 0.0000 |
| 2012年 | 阜阳市 | 0.1829 | 0.0374 | 0.5478 | 0.2866 | 1.0000 | 1.0000 |
| 2012年 | 淮南市 | 0.0329 | 0.0498 | 0.5601 | 0.2938 | 1.0000 | 0.0000 |
| 2012年 | 滁州市 | 0.2001 | 0.1998 | 0.5376 | 0.2449 | 1.0000 | 1.0000 |
| 2012年 | 六安市 | 0.0818 | 0.1894 | 0.6263 | 0.3787 | 1.0000 | 1.0000 |
| 2012年 | 马鞍山市 | 0.2936 | 0.1092 | 0.5382 | 0.3303 | 1.0000 | 1.0000 |
| 2012年 | 芜湖市 | 0.4335 | 0.5608 | 0.6099 | 0.2899 | 1.0000 | 1.0000 |
| 2012年 | 宣城市 | 0.1908 | 0.2189 | 0.6674 | 0.2483 | 1.0000 | 1.0000 |
| 2012年 | 铜陵市 | 0.2260 | 0.0959 | 0.5502 | 0.3195 | 1.0000 | 1.0000 |
| 2012年 | 池州市 | 0.7112 | 0.3391 | 0.5751 | 0.2573 | 1.0000 | 1.0000 |
| 2012年 | 安庆市 | 0.3914 | 0.2776 | 0.5482 | 0.2422 | 1.0000 | 1.0000 |
| 2012年 | 黄山市 | 0.3631 | 0.4193 | 0.5059 | 0.2728 | 1.0000 | 1.0000 |
| 2013年 | 合肥市 | 0.6858 | 0.5911 | 0.4359 | 0.2185 | 1.0000 | 1.0000 |
| 2013年 | 淮北市 | 0.1797 | 0.0663 | 0.4053 | 0.2488 | 1.0000 | 1.0000 |
| 2013年 | 亳州市 | 0.2192 | 0.1552 | 0.4426 | 0.2867 | 1.0000 | 1.0000 |
| 2013年 | 宿州市 | 0.1854 | 0.0388 | 0.4450 | 0.2805 | 1.0000 | 1.0000 |
| 2013年 | 蚌埠市 | 0.1746 | 0.0406 | 0.4185 | 0.2602 | 1.0000 | 1.0000 |

续表

| 年　份 | 地级市 | 一日游单位游客旅游收入 | 过夜游单位游客旅游收入 | 国内旅游收入增长率 | 入境旅游收入增长率 | 国内旅游收入增长波动率 | 入境旅游收入增长波动率 |
| --- | --- | --- | --- | --- | --- | --- | --- |
| 2013 年 | 阜阳市 | 0.1634 | 0.0949 | 0.4433 | 0.2672 | 1.0000 | 1.0000 |
| 2013 年 | 淮南市 | 0.1370 | 0.0245 | 0.4216 | 0.2877 | 1.0000 | 1.0000 |
| 2013 年 | 滁州市 | 0.3405 | 0.2030 | 0.4535 | 0.2319 | 1.0000 | 1.0000 |
| 2013 年 | 六安市 | 0.2388 | 0.1204 | 0.4519 | 0.2216 | 1.0000 | 1.0000 |
| 2013 年 | 马鞍山市 | 0.2883 | 0.1237 | 0.4370 | 0.1023 | 1.0000 | 0.0000 |
| 2013 年 | 芜湖市 | 0.6541 | 0.5163 | 0.4488 | 0.2546 | 1.0000 | 1.0000 |
| 2013 年 | 宣城市 | 0.2525 | 0.1987 | 0.4494 | 0.2969 | 1.0000 | 0.0000 |
| 2013 年 | 铜陵市 | 0.2498 | 0.1152 | 0.4149 | 0.2048 | 1.0000 | 1.0000 |
| 2013 年 | 池州市 | 0.6063 | 0.3697 | 0.4081 | 0.2427 | 1.0000 | 1.0000 |
| 2013 年 | 安庆市 | 0.3903 | 0.3704 | 0.4264 | 0.2576 | 1.0000 | 1.0000 |
| 2013 年 | 黄山市 | 0.5095 | 0.3684 | 0.3749 | 0.2048 | 1.0000 | 1.0000 |
| 2014 年 | 合肥市 | 0.6742 | 0.6466 | 0.4192 | 0.2298 | 1.0000 | 0.0000 |
| 2014 年 | 淮北市 | 0.2135 | 0.0830 | 0.4267 | 0.1319 | 1.0000 | 0.0000 |
| 2014 年 | 亳州市 | 0.2447 | 0.1706 | 0.4258 | 0.2926 | 1.0000 | 1.0000 |
| 2014 年 | 宿州市 | 0.2255 | 0.0448 | 0.4267 | 0.2292 | 1.0000 | 1.0000 |
| 2014 年 | 蚌埠市 | 0.2209 | 0.0538 | 0.4161 | 0.2587 | 1.0000 | 1.0000 |
| 2014 年 | 阜阳市 | 0.2333 | 0.0917 | 0.4263 | 0.2255 | 1.0000 | 1.0000 |
| 2014 年 | 淮南市 | 0.1974 | 0.0334 | 0.4085 | 0.2174 | 1.0000 | 1.0000 |
| 2014 年 | 滁州市 | 0.3706 | 0.2125 | 0.4172 | 0.1357 | 1.0000 | 0.0000 |
| 2014 年 | 六安市 | 0.3048 | 0.1294 | 0.4254 | 0.3631 | 1.0000 | 0.0000 |
| 2014 年 | 马鞍山市 | 0.3278 | 0.1530 | 0.4251 | 0.2258 | 1.0000 | 0.0000 |
| 2014 年 | 芜湖市 | 0.6859 | 0.5280 | 0.4349 | 0.2495 | 1.0000 | 1.0000 |
| 2014 年 | 宣城市 | 0.3070 | 0.2018 | 0.4218 | 0.2978 | 1.0000 | 1.0000 |
| 2014 年 | 铜陵市 | 0.2684 | 0.1285 | 0.4163 | 0.2623 | 1.0000 | 0.0000 |
| 2014 年 | 池州市 | 0.6379 | 0.3912 | 0.4170 | 0.7475 | 1.0000 | 0.0000 |
| 2014 年 | 安庆市 | 0.4983 | 0.3685 | 0.4170 | 0.3962 | 1.0000 | 0.0000 |
| 2014 年 | 黄山市 | 0.5593 | 0.3888 | 0.3868 | 0.2064 | 1.0000 | 1.0000 |

续表

| 年　份 | 地级市 | 一日游单位游客旅游收入 | 过夜游单位游客旅游收入 | 国内旅游收入增长率 | 入境旅游收入增长率 | 国内旅游收入增长波动率 | 入境旅游收入增长波动率 |
|---|---|---|---|---|---|---|---|
| 2015年 | 合肥市 | 0.7638 | 0.7256 | 0.4735 | 0.2469 | 1.0000 | 1.0000 |
| 2015年 | 淮北市 | 0.2497 | 0.1088 | 0.4538 | 0.2103 | 1.0000 | 0.0000 |
| 2015年 | 亳州市 | 0.3165 | 0.1983 | 0.4758 | 0.2672 | 1.0000 | 1.0000 |
| 2015年 | 宿州市 | 0.2779 | 0.0777 | 0.4819 | 0.2818 | 1.0000 | 1.0000 |
| 2015年 | 蚌埠市 | 0.2668 | 0.0846 | 0.4796 | 0.3599 | 1.0000 | 0.0000 |
| 2015年 | 阜阳市 | 0.2865 | 0.1296 | 0.4771 | 0.2148 | 1.0000 | 1.0000 |
| 2015年 | 淮南市 | 0.2143 | 0.0668 | 0.4581 | 0.2818 | 1.0000 | 0.0000 |
| 2015年 | 滁州市 | 0.4584 | 0.2433 | 0.4661 | 0.2340 | 1.0000 | 0.0000 |
| 2015年 | 六安市 | 0.3613 | 0.1637 | 0.4740 | 0.2176 | 1.0000 | 1.0000 |
| 2015年 | 马鞍山市 | 0.3778 | 0.1868 | 0.4722 | 0.1421 | 1.0000 | 0.0000 |
| 2015年 | 芜湖市 | 0.7381 | 0.5913 | 0.4810 | 0.2336 | 1.0000 | 0.0000 |
| 2015年 | 宣城市 | 0.3799 | 0.2248 | 0.4662 | 0.2789 | 1.0000 | 1.0000 |
| 2015年 | 铜陵市 | 0.2932 | 0.1589 | 0.4536 | 0.1220 | 1.0000 | 0.0000 |
| 2015年 | 池州市 | 0.6960 | 0.4350 | 0.4619 | 0.1709 | 1.0000 | 0.0000 |
| 2015年 | 安庆市 | 0.5512 | 0.4092 | 0.4615 | 0.1785 | 1.0000 | 0.0000 |
| 2015年 | 黄山市 | 0.5515 | 0.4088 | 0.3659 | 0.2339 | 1.0000 | 0.0000 |
| 2016年 | 合肥市 | 0.8304 | 0.7455 | 0.4622 | 0.2322 | 1.0000 | 1.0000 |
| 2016年 | 淮北市 | 0.3089 | 0.1079 | 0.4459 | 0.2790 | 1.0000 | 1.0000 |
| 2016年 | 亳州市 | 0.3664 | 0.2071 | 0.4558 | 0.2502 | 1.0000 | 1.0000 |
| 2016年 | 宿州市 | 0.3346 | 0.0795 | 0.4613 | 0.2371 | 1.0000 | 1.0000 |
| 2016年 | 蚌埠市 | 0.2921 | 0.0926 | 0.4628 | 0.2516 | 1.0000 | 1.0000 |
| 2016年 | 阜阳市 | 0.3349 | 0.1466 | 0.4593 | 0.2334 | 1.0000 | 0.0000 |
| 2016年 | 淮南市 | 0.2857 | 0.1193 | 0.6422 | 0.2972 | 0.0000 | 1.0000 |
| 2016年 | 滁州市 | 0.5158 | 0.2530 | 0.4561 | 0.3079 | 1.0000 | 0.0000 |
| 2016年 | 六安市 | 0.4185 | 0.1804 | 0.4250 | 0.2321 | 1.0000 | 0.0000 |
| 2016年 | 马鞍山市 | 0.4187 | 0.1946 | 0.4535 | 0.5229 | 1.0000 | 0.0000 |
| 2016年 | 芜湖市 | 0.8031 | 0.6308 | 0.4629 | 0.2429 | 1.0000 | 1.0000 |

续表

| 年　份 | 地级市 | 一日游单位游客旅游收入 | 过夜游单位游客旅游收入 | 国内旅游收入增长率 | 入境旅游收入增长率 | 国内旅游收入增长波动率 | 入境旅游收入增长波动率 |
| --- | --- | --- | --- | --- | --- | --- | --- |
| 2016年 | 宣城市 | 0.4204 | 0.2404 | 0.4638 | 0.2753 | 1.0000 | 1.0000 |
| 2016年 | 铜陵市 | 0.4519 | 0.2170 | 0.8044 | 0.1928 | 0.0000 | 1.0000 |
| 2016年 | 池州市 | 0.7347 | 0.4663 | 0.4526 | 0.0963 | 1.0000 | 0.0000 |
| 2016年 | 安庆市 | 0.5893 | 0.4276 | 0.4354 | 0.3039 | 1.0000 | 0.0000 |
| 2016年 | 黄山市 | 0.5522 | 0.4119 | 0.3464 | 0.2450 | 1.0000 | 1.0000 |
| 2017年 | 合肥市 | 0.9710 | 0.8282 | 0.4980 | 0.2007 | 1.0000 | 0.0000 |
| 2017年 | 淮北市 | 0.3423 | 0.1171 | 0.4534 | 0.2134 | 1.0000 | 1.0000 |
| 2017年 | 亳州市 | 0.4044 | 0.2259 | 0.5217 | 0.1628 | 1.0000 | 0.0000 |
| 2017年 | 宿州市 | 0.3841 | 0.1201 | 0.4920 | 0.2171 | 1.0000 | 1.0000 |
| 2017年 | 蚌埠市 | 0.3453 | 0.1315 | 0.4972 | 0.2184 | 1.0000 | 1.0000 |
| 2017年 | 阜阳市 | 0.3967 | 0.1908 | 0.4907 | 0.1777 | 1.0000 | 0.0000 |
| 2017年 | 淮南市 | 0.3431 | 0.1268 | 0.4582 | 0.2110 | 1.0000 | 1.0000 |
| 2017年 | 滁州市 | 0.5301 | 0.3256 | 0.4838 | 0.1816 | 1.0000 | 0.0000 |
| 2017年 | 六安市 | 0.5189 | 0.2076 | 0.5087 | 0.2296 | 1.0000 | 1.0000 |
| 2017年 | 马鞍山市 | 0.4862 | 0.2184 | 0.4842 | 0.2110 | 1.0000 | 1.0000 |
| 2017年 | 芜湖市 | 0.9512 | 0.6762 | 0.5078 | 0.2647 | 1.0000 | 1.0000 |
| 2017年 | 宣城市 | 0.4896 | 0.3323 | 0.5198 | 0.3693 | 1.0000 | 0.0000 |
| 2017年 | 铜陵市 | 0.5074 | 0.2571 | 0.4760 | 0.3939 | 1.0000 | 1.0000 |
| 2017年 | 池州市 | 0.7661 | 0.5605 | 0.4741 | 0.0781 | 1.0000 | 1.0000 |
| 2017年 | 安庆市 | 0.6585 | 0.4940 | 0.4859 | 0.1827 | 1.0000 | 0.0000 |
| 2017年 | 黄山市 | 0.5735 | 0.5185 | 0.4841 | 0.2362 | 0.0000 | 1.0000 |
| 2018年 | 合肥市 | 0.9869 | 0.8879 | 0.4367 | 0.2075 | 1.0000 | 0.0000 |
| 2018年 | 淮北市 | 0.3463 | 0.1457 | 0.4181 | 0.2372 | 1.0000 | 0.0000 |
| 2018年 | 亳州市 | 0.4171 | 0.2608 | 0.4529 | 0.2596 | 1.0000 | 0.0000 |
| 2018年 | 宿州市 | 0.3930 | 0.1473 | 0.4459 | 0.2307 | 1.0000 | 0.0000 |
| 2018年 | 蚌埠市 | 0.3527 | 0.1583 | 0.4501 | 0.2184 | 1.0000 | 1.0000 |
| 2018年 | 阜阳市 | 0.4009 | 0.2255 | 0.4429 | 0.2175 | 1.0000 | 0.0000 |

续表

| 年　份 | 地级市 | 一日游单位游客旅游收入 | 过夜游单位游客旅游收入 | 国内旅游收入增长率 | 入境旅游收入增长率 | 国内旅游收入波动率 | 入境旅游收入波动率 |
| --- | --- | --- | --- | --- | --- | --- | --- |
| 2018年 | 淮南市 | 0.3494 | 0.1583 | 0.4188 | 0.2210 | 1.0000 | 0.0000 |
| 2018年 | 滁州市 | 0.5364 | 0.3626 | 0.4341 | 0.2492 | 1.0000 | 0.0000 |
| 2018年 | 六安市 | 0.5228 | 0.2431 | 0.4479 | 0.2350 | 1.0000 | 1.0000 |
| 2018年 | 马鞍山市 | 0.4987 | 0.2645 | 0.4403 | 0.2402 | 1.0000 | 0.0000 |
| 2018年 | 芜湖市 | 0.9657 | 0.7395 | 0.4539 | 0.2583 | 1.0000 | 1.0000 |
| 2018年 | 宣城市 | 0.5016 | 0.3677 | 0.4513 | 0.2214 | 1.0000 | 1.0000 |
| 2018年 | 铜陵市 | 0.5120 | 0.2874 | 0.4270 | 0.2318 | 1.0000 | 1.0000 |
| 2018年 | 池州市 | 0.7719 | 0.6001 | 0.4219 | 0.7367 | 1.0000 | 1.0000 |
| 2018年 | 安庆市 | 0.6788 | 0.5567 | 0.4282 | 0.2093 | 1.0000 | 0.0000 |
| 2018年 | 黄山市 | 0.5786 | 0.5531 | 0.4199 | 0.2279 | 1.0000 | 1.0000 |
| 2019年 | 合肥市 | 1.0000 | 1.0000 | 0.4432 | 0.0216 | 1.0000 | 0.0000 |
| 2019年 | 淮北市 | 0.3665 | 0.1744 | 0.4235 | 0.0284 | 1.0000 | 0.0000 |
| 2019年 | 亳州市 | 0.4362 | 0.3207 | 0.4590 | 0.2083 | 1.0000 | 1.0000 |
| 2019年 | 宿州市 | 0.4037 | 0.1975 | 0.4489 | 0.2175 | 1.0000 | 1.0000 |
| 2019年 | 蚌埠市 | 0.3691 | 0.1984 | 0.4521 | 0.2273 | 1.0000 | 1.0000 |
| 2019年 | 阜阳市 | 0.4201 | 0.2705 | 0.4480 | 0.2304 | 1.0000 | 0.0000 |
| 2019年 | 淮南市 | 0.3676 | 0.1930 | 0.4223 | 0.2906 | 1.0000 | 0.0000 |
| 2019年 | 滁州市 | 0.5791 | 0.4120 | 0.4460 | 0.3231 | 1.0000 | 0.0000 |
| 2019年 | 六安市 | 0.5490 | 0.2873 | 0.7382 | 0.1760 | 0.0000 | 0.0000 |
| 2019年 | 马鞍山市 | 0.5212 | 0.3122 | 0.4432 | 0.2366 | 1.0000 | 1.0000 |
| 2019年 | 芜湖市 | 0.9868 | 0.8433 | 0.4546 | 0.2337 | 1.0000 | 1.0000 |
| 2019年 | 宣城市 | 0.5520 | 0.4094 | 0.4606 | 0.2557 | 1.0000 | 0.0000 |
| 2019年 | 铜陵市 | 0.5449 | 0.3252 | 0.4330 | 0.2341 | 1.0000 | 1.0000 |
| 2019年 | 池州市 | 0.8101 | 0.6460 | 0.3621 | 0.2196 | 1.0000 | 1.0000 |
| 2019年 | 安庆市 | 0.7340 | 0.6021 | 0.4283 | 0.2354 | 1.0000 | 0.0000 |
| 2019年 | 黄山市 | 0.5923 | 0.6172 | 0.2159 | 0.2389 | 0.0000 | 1.0000 |
| 2020年 | 合肥市 | 0.7682 | 0.7921 | 0.0000 | 0.0837 | 0.0000 | 1.0000 |

续表

| 年 份 | 地级市 | 一日游单位游客旅游收入 | 过夜游单位游客旅游收入 | 国内旅游收入增长率 | 入境旅游收入增长率 | 国内旅游收入增长波动率 | 入境旅游收入增长波动率 |
|---|---|---|---|---|---|---|---|
| 2020年 | 淮北市 | 0.2403 | 0.1385 | 0.0123 | 0.0482 | 0.0000 | 1.0000 |
| 2020年 | 亳州市 | 0.2882 | 0.3003 | 0.0536 | 0.0137 | 0.0000 | 0.0000 |
| 2020年 | 宿州市 | 0.2449 | 0.1905 | 0.0483 | 0.0101 | 0.0000 | 0.0000 |
| 2020年 | 蚌埠市 | 0.2900 | 0.1674 | 0.0443 | 0.0085 | 0.0000 | 0.0000 |
| 2020年 | 阜阳市 | 0.3052 | 0.1840 | 0.0400 | 0.0098 | 0.0000 | 0.0000 |
| 2020年 | 淮南市 | 0.2878 | 0.0991 | 0.0129 | 0.0000 | 0.0000 | 0.0000 |
| 2020年 | 滁州市 | 0.4306 | 0.3522 | 0.0351 | 0.0090 | 0.0000 | 0.0000 |
| 2020年 | 六安市 | 0.3973 | 0.3004 | 0.0863 | 0.0146 | 0.0000 | 0.0000 |
| 2020年 | 马鞍山市 | 0.3928 | 0.2258 | 0.0590 | 0.0158 | 0.0000 | 0.0000 |
| 2020年 | 芜湖市 | 0.7034 | 0.7517 | 0.0232 | 0.0086 | 0.0000 | 0.0000 |
| 2020年 | 宣城市 | 0.4242 | 0.3118 | 0.0277 | 0.0183 | 0.0000 | 0.0000 |
| 2020年 | 铜陵市 | 0.4350 | 0.2193 | 0.0163 | 0.0065 | 0.0000 | 0.0000 |
| 2020年 | 池州市 | 0.5817 | 0.6051 | 0.0443 | 0.0046 | 0.0000 | 0.0000 |
| 2020年 | 安庆市 | 0.5206 | 0.5352 | 0.0065 | 0.0077 | 0.0000 | 0.0000 |
| 2020年 | 黄山市 | 0.4919 | 0.5241 | 0.0789 | 0.0332 | 0.0000 | 0.0000 |

附表3　安徽省区域旅游经济增长质量与数量指标层标准化值

| 年 份 | 地级市 | 旅游就业人员占总就业人员比重 | 旅游总收入占GDP比重 | 旅游专利个数 | 城市空气质量达到及好于二级的天数比例 | 城市人均公园绿地面积 | 旅游收入/旅游人数 | 旅游总收入增长率 |
|---|---|---|---|---|---|---|---|---|
| 2011年 | 合肥市 | 0.1032 | 0.0617 | 0.0526 | 0.6189 | 0.5281 | 0.4875 | 0.6682 |
| 2011年 | 淮北市 | 0.0359 | 0.0061 | 0.0000 | 0.9116 | 0.5621 | 0.0736 | 0.8484 |
| 2011年 | 亳州市 | 0.0413 | 0.0248 | 0.0000 | 0.9558 | 0.2372 | 0.1888 | 0.7823 |
| 2011年 | 宿州市 | 0.0100 | 0.0037 | 0.0000 | 0.9448 | 0.2791 | 0.0774 | 0.7684 |
| 2011年 | 蚌埠市 | 0.0704 | 0.0368 | 0.1053 | 0.9282 | 0.0000 | 0.0082 | 0.8846 |
| 2011年 | 阜阳市 | 0.0058 | 0.0089 | 0.0000 | 0.9227 | 0.0625 | 0.0000 | 0.8030 |

续表

| 年 份 | 地级市 | 旅游就业人员占总就业人员比重 | 旅游总收入占GDP比重 | 旅游专利个数 | 城市空气质量达到及好于二级的天数比例 | 城市人均公园绿地面积 | 旅游收入/旅游人数 | 旅游总收入增长率 |
|---|---|---|---|---|---|---|---|---|
| 2011年 | 淮南市 | 0.0543 | 0.0107 | 0.0000 | 0.8343 | 0.3542 | 0.0306 | 0.7342 |
| 2011年 | 滁州市 | 0.0436 | 0.0239 | 0.0000 | 0.9724 | 0.4451 | 0.2684 | 0.7126 |
| 2011年 | 六安市 | 0.0301 | 0.0294 | 0.0526 | 0.9890 | 0.4759 | 0.2082 | 0.8013 |
| 2011年 | 马鞍山市 | 0.0675 | 0.0218 | 0.0000 | 0.9171 | 0.6190 | 0.2010 | 0.9856 |
| 2011年 | 芜湖市 | 0.1365 | 0.0424 | 0.1053 | 0.9503 | 0.4292 | 0.6453 | 1.0000 |
| 2011年 | 宣城市 | 0.0609 | 0.0458 | 0.0000 | 0.9779 | 0.2585 | 0.2974 | 0.6628 |
| 2011年 | 铜陵市 | 0.0847 | 0.0108 | 0.0526 | 0.9834 | 0.4767 | 0.1256 | 0.6734 |
| 2011年 | 池州市 | 0.5874 | 0.4683 | 0.0000 | 1.0000 | 0.8704 | 0.5537 | 0.7279 |
| 2011年 | 安庆市 | 0.1358 | 0.1037 | 0.0000 | 0.9061 | 0.1447 | 0.3915 | 0.7154 |
| 2011年 | 黄山市 | 0.8342 | 0.7795 | 0.0000 | 1.0000 | 0.5747 | 0.6716 | 0.7465 |
| 2012年 | 合肥市 | 0.1443 | 0.0879 | 0.1053 | 0.7411 | 0.3407 | 0.6770 | 0.6051 |
| 2012年 | 淮北市 | 0.0579 | 0.0208 | 0.0000 | 0.9229 | 0.5779 | 0.1065 | 0.6127 |
| 2012年 | 亳州市 | 0.0610 | 0.0395 | 0.0000 | 0.9669 | 0.2451 | 0.2326 | 0.5762 |
| 2012年 | 宿州市 | 0.0236 | 0.0142 | 0.0000 | 0.9504 | 0.2767 | 0.1272 | 0.5787 |
| 2012年 | 蚌埠市 | 0.1018 | 0.0597 | 0.1579 | 0.9229 | 0.1328 | 0.0409 | 0.6263 |
| 2012年 | 阜阳市 | 0.0164 | 0.0194 | 0.0000 | 0.8623 | 0.1905 | 0.0535 | 0.5556 |
| 2012年 | 淮南市 | 0.0765 | 0.0242 | 0.0000 | 0.8898 | 0.3605 | 0.0863 | 0.5690 |
| 2012年 | 滁州市 | 0.0546 | 0.0353 | 0.0000 | 0.9559 | 0.5273 | 0.3047 | 0.5430 |
| 2012年 | 六安市 | 0.0545 | 0.0536 | 0.0000 | 0.9890 | 0.5708 | 0.1595 | 0.6407 |
| 2012年 | 马鞍山市 | 0.0950 | 0.0388 | 0.0526 | 0.8733 | 0.6830 | 0.2687 | 0.5575 |
| 2012年 | 芜湖市 | 0.1862 | 0.0670 | 0.2105 | 0.9780 | 0.5036 | 0.6839 | 0.6179 |
| 2012年 | 宣城市 | 0.1099 | 0.0786 | 0.0000 | 0.9008 | 0.3399 | 0.2982 | 0.6749 |
| 2012年 | 铜陵市 | 0.1106 | 0.0255 | 0.0000 | 1.0000 | 0.5407 | 0.1241 | 0.5595 |
| 2012年 | 池州市 | 0.7116 | 0.5873 | 0.0000 | 0.9945 | 0.7834 | 0.5488 | 0.5759 |
| 2012年 | 安庆市 | 0.1744 | 0.1340 | 0.0000 | 0.9394 | 0.1494 | 0.3951 | 0.5539 |
| 2012年 | 黄山市 | 1.0000 | 0.8249 | 0.0000 | 1.0000 | 0.5905 | 0.7650 | 0.5152 |

续表

| 年　份 | 地级市 | 旅游就业人员占总就业人员比重 | 旅游总收入占GDP比重 | 旅游专利个数 | 城市空气质量达到及好于二级的天数比例 | 城市人均公园绿地面积 | 旅游收入/旅游人数 | 旅游总收入增长率 |
|---|---|---|---|---|---|---|---|---|
| 2013 年 | 合肥市 | 0.1543 | 0.0934 | 0.2105 | 0.5747 | 0.3613 | 0.7406 | 0.4405 |
| 2013 年 | 淮北市 | 0.0620 | 0.0202 | 0.0526 | 0.7901 | 0.6063 | 0.4932 | 0.4120 |
| 2013 年 | 亳州市 | 0.0680 | 0.0455 | 0.0526 | 0.7846 | 0.3407 | 0.2404 | 0.4502 |
| 2013 年 | 宿州市 | 0.0281 | 0.0185 | 0.0526 | 0.8232 | 0.3589 | 0.1322 | 0.4527 |
| 2013 年 | 蚌埠市 | 0.0665 | 0.0609 | 0.2105 | 0.6410 | 0.3138 | 0.0688 | 0.4255 |
| 2013 年 | 阜阳市 | 0.0223 | 0.0241 | 0.0000 | 0.7735 | 0.2229 | 0.0300 | 0.4503 |
| 2013 年 | 淮南市 | 0.0812 | 0.0311 | 0.0000 | 0.5802 | 0.3802 | 0.0891 | 0.4301 |
| 2013 年 | 滁州市 | 0.0646 | 0.0409 | 0.0000 | 0.6852 | 0.4783 | 0.3358 | 0.4589 |
| 2013 年 | 六安市 | 0.0804 | 0.0620 | 0.0526 | 0.8619 | 0.5431 | 0.1071 | 0.4566 |
| 2013 年 | 马鞍山市 | 0.1005 | 0.0447 | 0.1053 | 0.4311 | 0.6735 | 0.2229 | 0.4100 |
| 2013 年 | 芜湖市 | 0.2046 | 0.0742 | 0.1579 | 0.7183 | 0.5225 | 0.6944 | 0.4561 |
| 2013 年 | 宣城市 | 0.1212 | 0.0878 | 0.0000 | 0.7570 | 0.4229 | 0.3008 | 0.4578 |
| 2013 年 | 铜陵市 | 0.1114 | 0.0281 | 0.0526 | 0.7735 | 0.5652 | 0.1605 | 0.4199 |
| 2013 年 | 池州市 | 0.7231 | 0.6004 | 0.5263 | 0.9227 | 0.7818 | 0.4898 | 0.4162 |
| 2013 年 | 安庆市 | 0.1843 | 0.1537 | 0.1053 | 0.5526 | 0.3747 | 0.4425 | 0.4337 |
| 2013 年 | 黄山市 | 0.9940 | 0.8662 | 0.0000 | 0.9890 | 0.6142 | 0.8185 | 0.3761 |
| 2014 年 | 合肥市 | 0.1658 | 0.0978 | 0.2632 | 0.5471 | 0.4846 | 0.7937 | 0.4249 |
| 2014 年 | 淮北市 | 0.0553 | 0.0244 | 0.0000 | 0.7459 | 0.6142 | 0.4747 | 0.4283 |
| 2014 年 | 亳州市 | 0.0591 | 0.0488 | 0.0000 | 0.7846 | 0.3423 | 0.2463 | 0.4336 |
| 2014 年 | 宿州市 | 0.0262 | 0.0203 | 0.0000 | 0.8122 | 0.4111 | 0.1333 | 0.4327 |
| 2014 年 | 蚌埠市 | 0.0951 | 0.0608 | 0.0000 | 0.5526 | 0.4427 | 0.1170 | 0.4230 |
| 2014 年 | 阜阳市 | 0.0536 | 0.0264 | 0.0000 | 0.8067 | 0.4008 | 0.0618 | 0.4323 |
| 2014 年 | 淮南市 | 0.0783 | 0.0320 | 0.0000 | 0.6686 | 0.3937 | 0.1085 | 0.4137 |
| 2014 年 | 滁州市 | 0.0659 | 0.0418 | 0.1579 | 0.7404 | 0.4838 | 0.3302 | 0.4156 |
| 2014 年 | 六安市 | 0.1092 | 0.0845 | 0.0526 | 0.7017 | 0.5565 | 0.0866 | 0.4401 |
| 2014 年 | 马鞍山市 | 0.1058 | 0.0552 | 0.0526 | 0.7128 | 0.6482 | 0.2483 | 0.4300 |

续表

| 年 份 | 地级市 | 旅游就业人员占总就业人员比重 | 旅游总收入占GDP比重 | 旅游专利个数 | 城市空气质量达到及好于二级的天数比例 | 城市人均公园绿地面积 | 旅游收入/旅游人数 | 旅游总收入增长率 |
|---|---|---|---|---|---|---|---|---|
| 2014年 | 芜湖市 | 0.1924 | 0.0819 | 0.3684 | 0.7459 | 0.4269 | 0.6973 | 0.4421 |
| 2014年 | 宣城市 | 0.1362 | 0.0957 | 0.0000 | 0.8288 | 0.4775 | 0.3105 | 0.4306 |
| 2014年 | 铜陵市 | 0.1147 | 0.0176 | 0.0000 | 0.6299 | 0.6008 | 0.1977 | 0.4233 |
| 2014年 | 池州市 | 0.8002 | 0.7185 | 0.0000 | 0.9834 | 0.7818 | 0.5931 | 0.5397 |
| 2014年 | 安庆市 | 0.1874 | 0.1956 | 0.1579 | 0.8122 | 0.4743 | 0.4753 | 0.4320 |
| 2014年 | 黄山市 | 0.9058 | 0.8728 | 0.0000 | 0.9834 | 0.6158 | 0.7828 | 0.3880 |
| 2015年 | 合肥市 | 0.1853 | 0.1158 | 0.1579 | 0.3548 | 0.4901 | 0.8379 | 0.4800 |
| 2015年 | 淮北市 | 0.0639 | 0.0381 | 0.0526 | 0.3367 | 0.6340 | 0.6727 | 0.4596 |
| 2015年 | 亳州市 | 0.0699 | 0.0636 | 0.0000 | 0.4819 | 0.5415 | 0.2715 | 0.4833 |
| 2015年 | 宿州市 | 0.0301 | 0.0301 | 0.0526 | 0.4355 | 0.4506 | 0.1599 | 0.4898 |
| 2015年 | 蚌埠市 | 0.0891 | 0.0762 | 0.3158 | 0.3992 | 0.4506 | 0.1509 | 0.4906 |
| 2015年 | 阜阳市 | 0.0643 | 0.0378 | 0.0000 | 0.5726 | 0.4047 | 0.1448 | 0.4834 |
| 2015年 | 淮南市 | 0.0592 | 0.0494 | 0.0526 | 0.5867 | 0.4032 | 0.1310 | 0.4665 |
| 2015年 | 滁州市 | 0.0689 | 0.0533 | 0.0526 | 0.4375 | 0.5051 | 0.3629 | 0.4722 |
| 2015年 | 六安市 | 0.1681 | 0.1073 | 0.0526 | 0.6008 | 0.6032 | 0.0934 | 0.4772 |
| 2015年 | 马鞍山市 | 0.1080 | 0.0736 | 0.0000 | 0.4980 | 0.6379 | 0.2657 | 0.4680 |
| 2015年 | 芜湖市 | 0.1920 | 0.1029 | 0.6842 | 0.5423 | 0.4071 | 0.7391 | 0.4858 |
| 2015年 | 宣城市 | 0.1512 | 0.1173 | 0.0000 | 0.5988 | 0.5170 | 0.3318 | 0.4745 |
| 2015年 | 铜陵市 | 0.0389 | 0.0293 | 0.0000 | 0.5524 | 0.5296 | 0.2067 | 0.4556 |
| 2015年 | 池州市 | 0.8438 | 0.7773 | 0.0526 | 0.8891 | 0.7818 | 0.6054 | 0.4188 |
| 2015年 | 安庆市 | 0.2697 | 0.2310 | 0.1053 | 0.6774 | 0.4791 | 0.4952 | 0.4617 |
| 2015年 | 黄山市 | 0.8769 | 0.8886 | 0.0526 | 0.8931 | 0.6142 | 0.7180 | 0.3743 |
| 2016年 | 合肥市 | 0.1992 | 0.1307 | 0.3684 | 0.3770 | 0.4988 | 0.8672 | 0.4678 |
| 2016年 | 淮北市 | 0.0773 | 0.0491 | 0.0000 | 0.3165 | 0.7534 | 0.5425 | 0.4533 |
| 2016年 | 亳州市 | 0.0908 | 0.0728 | 0.0526 | 0.4113 | 0.4901 | 0.2870 | 0.4627 |
| 2016年 | 宿州市 | 0.0358 | 0.0381 | 0.0000 | 0.2460 | 0.4917 | 0.1764 | 0.4676 |

续表

| 年 份 | 地级市 | 旅游就业人员占总就业人员比重 | 旅游总收入占GDP比重 | 旅游专利个数 | 城市空气质量达到及好于二级的天数比例 | 城市人均公园绿地面积 | 旅游收入/旅游人数 | 旅游总收入增长率 |
|---|---|---|---|---|---|---|---|---|
| 2016年 | 蚌埠市 | 0.0918 | 0.0880 | 0.2105 | 0.3508 | 0.4617 | 0.1623 | 0.4697 |
| 2016年 | 阜阳市 | 0.0623 | 0.0454 | 0.2632 | 0.3226 | 0.5344 | 0.2160 | 0.4658 |
| 2016年 | 淮南市 | 0.1157 | 0.0872 | 0.0000 | 0.4940 | 0.4277 | 0.1809 | 0.6510 |
| 2016年 | 滁州市 | 0.0773 | 0.0640 | 0.1053 | 0.3105 | 0.5763 | 0.3805 | 0.4653 |
| 2016年 | 六安市 | 0.1705 | 0.1161 | 0.0526 | 0.6250 | 0.6047 | 0.0582 | 0.4307 |
| 2016年 | 马鞍山市 | 0.1217 | 0.0876 | 0.0526 | 0.4819 | 0.6158 | 0.2996 | 0.4756 |
| 2016年 | 芜湖市 | 0.2101 | 0.1183 | 0.3684 | 0.6028 | 0.4925 | 0.7642 | 0.4690 |
| 2016年 | 宣城市 | 0.1709 | 0.1366 | 0.0526 | 0.6290 | 0.5462 | 0.3497 | 0.4720 |
| 2016年 | 铜陵市 | 0.1476 | 0.0791 | 0.0000 | 0.5423 | 0.8285 | 0.3028 | 0.8132 |
| 2016年 | 池州市 | 0.7920 | 0.7843 | 0.0000 | 0.5827 | 0.7818 | 0.5806 | 0.3907 |
| 2016年 | 安庆市 | 0.2890 | 0.2557 | 0.2632 | 0.4637 | 0.5352 | 0.5229 | 0.4459 |
| 2016年 | 黄山市 | 0.8202 | 0.8487 | 0.0526 | 0.9456 | 0.6079 | 0.6381 | 0.3586 |
| 2017年 | 合肥市 | 0.2236 | 0.1540 | 1.0000 | 0.2218 | 0.5360 | 0.9390 | 0.5016 |
| 2017年 | 淮北市 | 0.0811 | 0.0524 | 0.0000 | 0.0343 | 0.7518 | 0.1893 | 0.4593 |
| 2017年 | 亳州市 | 0.1123 | 0.0945 | 0.0000 | 0.1129 | 0.5494 | 0.2977 | 0.5256 |
| 2017年 | 宿州市 | 0.0457 | 0.0514 | 0.0526 | 0.0000 | 0.5059 | 0.2105 | 0.4978 |
| 2017年 | 蚌埠市 | 0.1112 | 0.1054 | 0.2632 | 0.2258 | 0.4759 | 0.1932 | 0.5022 |
| 2017年 | 阜阳市 | 0.0743 | 0.0564 | 0.1053 | 0.2379 | 0.4696 | 0.2618 | 0.4967 |
| 2017年 | 淮南市 | 0.1347 | 0.0997 | 0.0526 | 0.1391 | 0.5265 | 0.1994 | 0.4629 |
| 2017年 | 滁州市 | 0.0909 | 0.0750 | 0.1053 | 0.2379 | 0.5289 | 0.4207 | 0.4871 |
| 2017年 | 六安市 | 0.2073 | 0.1510 | 0.0526 | 0.6069 | 0.6079 | 0.0713 | 0.5131 |
| 2017年 | 马鞍山市 | 0.1540 | 0.0986 | 0.0526 | 0.2984 | 0.6158 | 0.3270 | 0.4858 |
| 2017年 | 芜湖市 | 0.2447 | 0.1462 | 0.8421 | 0.3629 | 0.4798 | 0.8355 | 0.5152 |
| 2017年 | 宣城市 | 0.2098 | 0.1680 | 0.0526 | 0.5685 | 0.6111 | 0.4184 | 0.5337 |
| 2017年 | 铜陵市 | 0.1654 | 0.0860 | 0.0526 | 0.4194 | 0.8933 | 0.3420 | 0.4845 |
| 2017年 | 池州市 | 0.9126 | 0.8771 | 0.0526 | 0.3629 | 0.8111 | 0.6435 | 0.4470 |

续表

| 年 份 | 地级市 | 旅游就业人员占总就业人员比重 | 旅游总收入占GDP比重 | 旅游专利个数 | 城市空气质量达到及好于二级的天数比例 | 城市人均公园绿地面积 | 旅游收入/旅游人数 | 旅游总收入增长率 |
|---|---|---|---|---|---|---|---|---|
| 2017年 | 安庆市 | 0.3248 | 0.2894 | 1.0000 | 0.4637 | 0.5581 | 0.5692 | 0.4868 |
| 2017年 | 黄山市 | 0.9125 | 1.0000 | 0.0526 | 0.9617 | 0.6047 | 0.7689 | 0.4858 |
| 2018年 | 合肥市 | 0.2267 | 0.1634 | 0.7895 | 0.4315 | 0.4862 | 0.9563 | 0.4415 |
| 2018年 | 淮北市 | 0.0865 | 0.0595 | 0.0000 | 0.1714 | 0.8095 | 0.1989 | 0.4243 |
| 2018年 | 亳州市 | 0.1231 | 0.1056 | 0.1579 | 0.2157 | 0.6838 | 0.3075 | 0.4599 |
| 2018年 | 宿州市 | 0.0526 | 0.0579 | 0.3158 | 0.1714 | 0.5146 | 0.2271 | 0.4521 |
| 2018年 | 蚌埠市 | 0.1229 | 0.1172 | 0.1579 | 0.2601 | 0.5036 | 0.2054 | 0.4555 |
| 2018年 | 阜阳市 | 0.0783 | 0.0620 | 0.0000 | 0.3488 | 0.9889 | 0.2745 | 0.4492 |
| 2018年 | 淮南市 | 0.1454 | 0.1097 | 0.0000 | 0.2258 | 0.4704 | 0.2102 | 0.4243 |
| 2018年 | 滁州市 | 0.1083 | 0.0799 | 0.1579 | 0.3206 | 0.6348 | 0.4319 | 0.4408 |
| 2018年 | 六安市 | 0.2150 | 0.1664 | 0.2105 | 0.4597 | 0.6126 | 0.0652 | 0.4537 |
| 2018年 | 马鞍山市 | 0.1694 | 0.1058 | 0.0526 | 0.3649 | 0.6190 | 0.3482 | 0.4465 |
| 2018年 | 芜湖市 | 0.2477 | 0.1626 | 0.7895 | 0.2984 | 0.4530 | 0.8619 | 0.4614 |
| 2018年 | 宣城市 | 0.2379 | 0.1835 | 0.0526 | 0.7177 | 0.6506 | 0.4272 | 0.4558 |
| 2018年 | 铜陵市 | 0.1608 | 0.0942 | 0.0000 | 0.6290 | 0.8372 | 0.3551 | 0.4332 |
| 2018年 | 池州市 | 0.9207 | 0.9006 | 0.0000 | 0.5786 | 0.8206 | 0.6608 | 0.4128 |
| 2018年 | 安庆市 | 0.3402 | 0.2995 | 0.2632 | 0.4859 | 0.7186 | 0.5911 | 0.4327 |
| 2018年 | 黄山市 | 0.9151 | 0.7458 | 0.1053 | 0.9677 | 0.6348 | 0.7916 | 0.4240 |
| 2019年 | 合肥市 | 0.1791 | 0.1765 | 0.5263 | 0.4032 | 0.4838 | 1.0000 | 0.4409 |
| 2019年 | 淮北市 | 0.0643 | 0.0718 | 0.0000 | 0.1653 | 0.8609 | 0.2207 | 0.4255 |
| 2019年 | 亳州市 | 0.0886 | 0.1046 | 0.0000 | 0.1230 | 0.7423 | 0.3412 | 0.4649 |
| 2019年 | 宿州市 | 0.0481 | 0.0687 | 0.0526 | 0.2218 | 0.5083 | 0.2579 | 0.4548 |
| 2019年 | 蚌埠市 | 0.1130 | 0.1294 | 0.0526 | 0.4194 | 0.5146 | 0.2361 | 0.4581 |
| 2019年 | 阜阳市 | 0.0360 | 0.0481 | 0.0526 | 0.1351 | 0.8822 | 0.3061 | 0.4545 |
| 2019年 | 淮南市 | 0.1273 | 0.1240 | 0.1053 | 0.2319 | 0.4538 | 0.2362 | 0.4309 |
| 2019年 | 滁州市 | 0.0545 | 0.0583 | 0.0526 | 0.3871 | 1.0000 | 0.4727 | 0.4555 |

续表

| 年份 | 地级市 | 旅游就业人员占总就业人员比重 | 旅游总收入占GDP比重 | 旅游专利个数 | 城市空气质量达到及好于二级的天数比例 | 城市人均公园绿地面积 | 旅游收入/旅游人数 | 旅游总收入增长率 |
|---|---|---|---|---|---|---|---|---|
| 2019年 | 六安市 | 0.2521 | 0.2621 | 0.0526 | 0.6129 | 0.6158 | 0.3421 | 0.7375 |
| 2019年 | 马鞍山市 | 0.1731 | 0.1327 | 0.0000 | 0.4093 | 0.6055 | 0.3779 | 0.4490 |
| 2019年 | 芜湖市 | 0.2504 | 0.2036 | 0.2632 | 0.4315 | 0.4411 | 0.9117 | 0.4601 |
| 2019年 | 宣城市 | 0.2331 | 0.2120 | 0.0526 | 0.8004 | 0.6791 | 0.4722 | 0.4678 |
| 2019年 | 铜陵市 | 0.1960 | 0.1630 | 0.0000 | 0.6129 | 0.8648 | 0.3910 | 0.4393 |
| 2019年 | 池州市 | 0.9051 | 0.8288 | 0.1053 | 0.5343 | 0.8198 | 0.6826 | 0.4110 |
| 2019年 | 安庆市 | 0.2643 | 0.3035 | 0.0526 | 0.5020 | 0.8269 | 0.6311 | 0.4344 |
| 2019年 | 黄山市 | 0.6400 | 0.7903 | 0.0526 | 0.9173 | 0.6229 | 0.4510 | 0.2343 |
| 2020年 | 合肥市 | 0.0637 | 0.0523 | 0.1053 | 0.6976 | 0.4332 | 0.7944 | 0.0000 |
| 2020年 | 淮北市 | 0.0073 | 0.0094 | 0.0000 | 0.4214 | 0.8925 | 0.1538 | 0.0124 |
| 2020年 | 亳州市 | 0.0317 | 0.0297 | 0.1053 | 0.3992 | 0.8593 | 0.2870 | 0.0526 |
| 2020年 | 宿州市 | 0.0074 | 0.0114 | 0.0526 | 0.4274 | 0.6047 | 0.1977 | 0.0467 |
| 2020年 | 蚌埠市 | 0.0495 | 0.0446 | 0.0526 | 0.6250 | 0.5881 | 0.1731 | 0.0413 |
| 2020年 | 阜阳市 | 0.0000 | 0.0000 | 0.0526 | 0.4335 | 0.8332 | 0.2156 | 0.0398 |
| 2020年 | 淮南市 | 0.0325 | 0.0323 | 0.0526 | 0.4496 | 0.5217 | 0.1396 | 0.0077 |
| 2020年 | 滁州市 | 0.0112 | 0.0038 | 0.0526 | 0.6190 | 0.9581 | 0.3779 | 0.0308 |
| 2020年 | 六安市 | 0.1215 | 0.1226 | 0.1053 | 0.6915 | 0.7233 | 0.3385 | 0.0835 |
| 2020年 | 马鞍山市 | 0.0721 | 0.0464 | 0.1053 | 0.7641 | 0.6451 | 0.3379 | 0.0507 |
| 2020年 | 芜湖市 | 0.0920 | 0.0694 | 0.2105 | 0.7641 | 0.4585 | 0.7105 | 0.0155 |
| 2020年 | 宣城市 | 0.1109 | 0.0748 | 0.1053 | 0.8508 | 0.7945 | 0.5674 | 0.0212 |
| 2020年 | 铜陵市 | 0.0914 | 0.0599 | 0.1053 | 0.8347 | 0.8656 | 0.2813 | 0.0153 |
| 2020年 | 池州市 | 0.4918 | 0.4086 | 0.0526 | 0.7681 | 0.9312 | 0.3195 | 0.0249 |
| 2020年 | 安庆市 | 0.1041 | 0.1115 | 0.2105 | 0.7581 | 0.6292 | 0.4875 | 0.0020 |
| 2020年 | 黄山市 | 0.3486 | 0.3793 | 0.0526 | 0.9940 | 0.7858 | 0.4035 | 0.0525 |

附表 4　安徽省区域旅游经济增长质量准则层值与数量子目标层值/准则层值

| 年　份 | 地级市 | 旅游经济结构合理化 | 旅游经济结构高度化 | 旅游投入效率 | 旅游收入效率 | 旅游经济增长率 |
|---|---|---|---|---|---|---|
| 2011年 | 合肥市 | 0.0246 | 0.0157 | 0.0129 | 0.0467 | 0.0413 |
| 2011年 | 淮北市 | 0.0073 | 0.0244 | 0.0079 | 0.0145 | 0.0714 |
| 2011年 | 亳州市 | 0.0057 | 0.0335 | 0.0028 | 0.0198 | 0.0456 |
| 2011年 | 宿州市 | 0.0285 | 0.0178 | 0.0031 | 0.0106 | 0.0447 |
| 2011年 | 蚌埠市 | 0.0213 | 0.0195 | 0.0075 | 0.0045 | 0.0484 |
| 2011年 | 阜阳市 | 0.0139 | 0.0315 | 0.0040 | 0.0126 | 0.0483 |
| 2011年 | 淮南市 | 0.0161 | 0.0146 | 0.0057 | 0.0052 | 0.0405 |
| 2011年 | 滁州市 | 0.0117 | 0.0153 | 0.0049 | 0.0162 | 0.0463 |
| 2011年 | 六安市 | 0.0221 | 0.0243 | 0.0029 | 0.0077 | 0.0514 |
| 2011年 | 马鞍山市 | 0.0171 | 0.0241 | 0.0143 | 0.0253 | 0.0567 |
| 2011年 | 芜湖市 | 0.0166 | 0.0345 | 0.0091 | 0.0464 | 0.0621 |
| 2011年 | 宣城市 | 0.0220 | 0.0280 | 0.0050 | 0.0183 | 0.0428 |
| 2011年 | 铜陵市 | 0.0005 | 0.0110 | 0.0154 | 0.0174 | 0.0439 |
| 2011年 | 池州市 | 0.0551 | 0.0639 | 0.0043 | 0.0563 | 0.0476 |
| 2011年 | 安庆市 | 0.0175 | 0.0395 | 0.0044 | 0.0287 | 0.0458 |
| 2011年 | 黄山市 | 0.0821 | 0.0700 | 0.0070 | 0.0366 | 0.0438 |
| 2012年 | 合肥市 | 0.0310 | 0.0412 | 0.0144 | 0.0542 | 0.0350 |
| 2012年 | 淮北市 | 0.0081 | 0.0240 | 0.0089 | 0.0140 | 0.0382 |
| 2012年 | 亳州市 | 0.0064 | 0.0204 | 0.0023 | 0.0190 | 0.0367 |
| 2012年 | 宿州市 | 0.0269 | 0.0128 | 0.0044 | 0.0111 | 0.0362 |
| 2012年 | 蚌埠市 | 0.0178 | 0.0380 | 0.0050 | 0.0079 | 0.0404 |
| 2012年 | 阜阳市 | 0.0226 | 0.0254 | 0.0052 | 0.0118 | 0.0347 |
| 2012年 | 淮南市 | 0.0143 | 0.0294 | 0.0079 | 0.0044 | 0.0355 |
| 2012年 | 滁州市 | 0.0123 | 0.0253 | 0.0058 | 0.0214 | 0.0329 |
| 2012年 | 六安市 | 0.0281 | 0.0289 | 0.0031 | 0.0145 | 0.0414 |
| 2012年 | 马鞍山市 | 0.0239 | 0.0211 | 0.0147 | 0.0216 | 0.0358 |
| 2012年 | 芜湖市 | 0.0283 | 0.0411 | 0.0106 | 0.0533 | 0.0377 |

续表

| 年　份 | 地级市 | 旅游经济结构合理化 | 旅游经济结构高度化 | 旅游投入效率 | 旅游收入效率 | 旅游经济增长率 |
| --- | --- | --- | --- | --- | --- | --- |
| 2012年 | 宣城市 | 0.0244 | 0.0295 | 0.0051 | 0.0220 | 0.0390 |
| 2012年 | 铜陵市 | 0.0048 | 0.0056 | 0.0155 | 0.0173 | 0.0359 |
| 2012年 | 池州市 | 0.0680 | 0.0735 | 0.0062 | 0.0563 | 0.0350 |
| 2012年 | 安庆市 | 0.0215 | 0.0612 | 0.0046 | 0.0359 | 0.0333 |
| 2012年 | 黄山市 | 0.0894 | 0.0691 | 0.0079 | 0.0419 | 0.0324 |
| 2013年 | 合肥市 | 0.0332 | 0.0477 | 0.0155 | 0.0685 | 0.0273 |
| 2013年 | 淮北市 | 0.0081 | 0.0448 | 0.0133 | 0.0132 | 0.0269 |
| 2013年 | 亳州市 | 0.0172 | 0.0368 | 0.0047 | 0.0201 | 0.0299 |
| 2013年 | 宿州市 | 0.0241 | 0.0284 | 0.0042 | 0.0120 | 0.0298 |
| 2013年 | 蚌埠市 | 0.0279 | 0.0359 | 0.0115 | 0.0115 | 0.0279 |
| 2013年 | 阜阳市 | 0.0191 | 0.0345 | 0.0043 | 0.0139 | 0.0293 |
| 2013年 | 淮南市 | 0.0196 | 0.0241 | 0.0072 | 0.0087 | 0.0290 |
| 2013年 | 滁州市 | 0.0112 | 0.0334 | 0.0062 | 0.0291 | 0.0286 |
| 2013年 | 六安市 | 0.0274 | 0.0248 | 0.0028 | 0.0193 | 0.0282 |
| 2013年 | 马鞍山市 | 0.0283 | 0.0347 | 0.0151 | 0.0221 | 0.0235 |
| 2013年 | 芜湖市 | 0.0306 | 0.0558 | 0.0116 | 0.0628 | 0.0291 |
| 2013年 | 宣城市 | 0.0326 | 0.0363 | 0.0060 | 0.0242 | 0.0306 |
| 2013年 | 铜陵市 | 0.0046 | 0.0366 | 0.0175 | 0.0196 | 0.0259 |
| 2013年 | 池州市 | 0.0921 | 0.0902 | 0.0074 | 0.0523 | 0.0269 |
| 2013年 | 安庆市 | 0.0238 | 0.0471 | 0.0064 | 0.0408 | 0.0282 |
| 2013年 | 黄山市 | 0.0887 | 0.0918 | 0.0086 | 0.0471 | 0.0241 |
| 2014年 | 合肥市 | 0.0352 | 0.0483 | 0.0169 | 0.0708 | 0.0269 |
| 2014年 | 淮北市 | 0.0084 | 0.0414 | 0.0117 | 0.0159 | 0.0240 |
| 2014年 | 亳州市 | 0.0192 | 0.0381 | 0.0076 | 0.0223 | 0.0293 |
| 2014年 | 宿州市 | 0.0274 | 0.0285 | 0.0067 | 0.0145 | 0.0273 |
| 2014年 | 蚌埠市 | 0.0294 | 0.0356 | 0.0115 | 0.0147 | 0.0277 |
| 2014年 | 阜阳市 | 0.0209 | 0.0307 | 0.0061 | 0.0174 | 0.0271 |

续表

| 年份 | 地级市 | 旅游经济结构合理化 | 旅游经济结构高度化 | 旅游投入效率 | 旅游收入效率 | 旅游经济增长率 |
|---|---|---|---|---|---|---|
| 2014年 | 淮南市 | 0.0209 | 0.0236 | 0.0094 | 0.0124 | 0.0260 |
| 2014年 | 滁州市 | 0.0233 | 0.0345 | 0.0106 | 0.0313 | 0.0237 |
| 2014年 | 六安市 | 0.0370 | 0.0282 | 0.0021 | 0.0233 | 0.0317 |
| 2014年 | 马鞍山市 | 0.0329 | 0.0363 | 0.0162 | 0.0258 | 0.0271 |
| 2014年 | 芜湖市 | 0.0323 | 0.0540 | 0.0154 | 0.0651 | 0.0283 |
| 2014年 | 宣城市 | 0.0336 | 0.0359 | 0.0065 | 0.0273 | 0.0293 |
| 2014年 | 铜陵市 | 0.0101 | 0.0385 | 0.0189 | 0.0213 | 0.0279 |
| 2014年 | 池州市 | 0.0817 | 0.0855 | 0.0093 | 0.0552 | 0.0441 |
| 2014年 | 安庆市 | 0.0306 | 0.0601 | 0.0082 | 0.0465 | 0.0324 |
| 2014年 | 黄山市 | 0.0892 | 0.0869 | 0.0110 | 0.0508 | 0.0247 |
| 2015年 | 合肥市 | 0.0393 | 0.0496 | 0.0191 | 0.0798 | 0.0300 |
| 2015年 | 淮北市 | 0.0251 | 0.0389 | 0.0162 | 0.0192 | 0.0279 |
| 2015年 | 亳州市 | 0.0256 | 0.0384 | 0.0324 | 0.0276 | 0.0308 |
| 2015年 | 宿州市 | 0.0314 | 0.0304 | 0.0114 | 0.0191 | 0.0315 |
| 2015年 | 蚌埠市 | 0.0395 | 0.0353 | 0.0131 | 0.0189 | 0.0340 |
| 2015年 | 阜阳市 | 0.0227 | 0.0315 | 0.0024 | 0.0223 | 0.0291 |
| 2015年 | 淮南市 | 0.0190 | 0.0231 | 0.0099 | 0.0151 | 0.0305 |
| 2015年 | 滁州市 | 0.0242 | 0.0346 | 0.0156 | 0.0376 | 0.0292 |
| 2015年 | 六安市 | 0.0377 | 0.0321 | 0.0024 | 0.0282 | 0.0290 |
| 2015年 | 马鞍山市 | 0.0332 | 0.0365 | 0.0196 | 0.0303 | 0.0264 |
| 2015年 | 芜湖市 | 0.0352 | 0.0543 | 0.0194 | 0.0713 | 0.0299 |
| 2015年 | 宣城市 | 0.0461 | 0.0385 | 0.0079 | 0.0324 | 0.0307 |
| 2015年 | 铜陵市 | 0.0085 | 0.0362 | 0.0176 | 0.0242 | 0.0249 |
| 2015年 | 池州市 | 0.0847 | 0.0893 | 0.0109 | 0.0607 | 0.0269 |
| 2015年 | 安庆市 | 0.0359 | 0.0623 | 0.0107 | 0.0515 | 0.0272 |
| 2015年 | 黄山市 | 0.0882 | 0.0847 | 0.0124 | 0.0515 | 0.0246 |
| 2016年 | 合肥市 | 0.0455 | 0.0502 | 0.0227 | 0.0845 | 0.0290 |

续表

| 年 份 | 地级市 | 旅游经济结构合理化 | 旅游经济结构高度化 | 旅游投入效率 | 旅游收入效率 | 旅游经济增长率 |
|---|---|---|---|---|---|---|
| 2016年 | 淮北市 | 0.0256 | 0.0380 | 0.0153 | 0.0224 | 0.0298 |
| 2016年 | 亳州市 | 0.0217 | 0.0387 | 0.0052 | 0.0308 | 0.0293 |
| 2016年 | 宿州市 | 0.0303 | 0.0291 | 0.0135 | 0.0222 | 0.0291 |
| 2016年 | 蚌埠市 | 0.0369 | 0.0355 | 0.0182 | 0.0206 | 0.0297 |
| 2016年 | 阜阳市 | 0.0414 | 0.0318 | 0.0033 | 0.0258 | 0.0289 |
| 2016年 | 淮南市 | 0.0151 | 0.0295 | 0.0083 | 0.0217 | 0.0394 |
| 2016年 | 滁州市 | 0.0192 | 0.0360 | 0.0128 | 0.0412 | 0.0312 |
| 2016年 | 六安市 | 0.0387 | 0.0328 | 0.0035 | 0.0321 | 0.0273 |
| 2016年 | 马鞍山市 | 0.0369 | 0.0362 | 0.0229 | 0.0329 | 0.0383 |
| 2016年 | 芜湖市 | 0.0410 | 0.0556 | 0.0209 | 0.0769 | 0.0294 |
| 2016年 | 宣城市 | 0.0379 | 0.0384 | 0.0094 | 0.0354 | 0.0305 |
| 2016年 | 铜陵市 | 0.0078 | 0.0405 | 0.0125 | 0.0359 | 0.0434 |
| 2016年 | 池州市 | 0.0850 | 0.0945 | 0.0122 | 0.0644 | 0.0240 |
| 2016年 | 安庆市 | 0.0447 | 0.0545 | 0.0100 | 0.0545 | 0.0301 |
| 2016年 | 黄山市 | 0.0883 | 0.0806 | 0.0143 | 0.0517 | 0.0241 |
| 2017年 | 合肥市 | 0.0445 | 0.0484 | 0.0264 | 0.0964 | 0.0296 |
| 2017年 | 淮北市 | 0.0255 | 0.0364 | 0.0178 | 0.0246 | 0.0280 |
| 2017年 | 亳州市 | 0.0390 | 0.0384 | 0.0063 | 0.0338 | 0.0294 |
| 2017年 | 宿州市 | 0.0323 | 0.0269 | 0.0181 | 0.0271 | 0.0299 |
| 2017年 | 蚌埠市 | 0.0446 | 0.0338 | 0.0201 | 0.0256 | 0.0301 |
| 2017年 | 阜阳市 | 0.0417 | 0.0298 | 0.0041 | 0.0315 | 0.0285 |
| 2017年 | 淮南市 | 0.0212 | 0.0290 | 0.0094 | 0.0252 | 0.0281 |
| 2017年 | 滁州市 | 0.0337 | 0.0351 | 0.0150 | 0.0459 | 0.0283 |
| 2017年 | 六安市 | 0.0473 | 0.0323 | 0.0041 | 0.0390 | 0.0310 |
| 2017年 | 马鞍山市 | 0.0371 | 0.0347 | 0.0238 | 0.0378 | 0.0293 |
| 2017年 | 芜湖市 | 0.0399 | 0.0539 | 0.0238 | 0.0873 | 0.0322 |
| 2017年 | 宣城市 | 0.0406 | 0.0368 | 0.0109 | 0.0441 | 0.0362 |

续表

| 年 份 | 地级市 | 旅游经济结构合理化 | 旅游经济结构高度化 | 旅游投入效率 | 旅游收入效率 | 旅游经济增长率 |
| --- | --- | --- | --- | --- | --- | --- |
| 2017年 | 铜陵市 | 0.0149 | 0.0403 | 0.0148 | 0.0410 | 0.0350 |
| 2017年 | 池州市 | 0.0897 | 0.0964 | 0.0128 | 0.0711 | 0.0244 |
| 2017年 | 安庆市 | 0.0447 | 0.0553 | 0.0120 | 0.0618 | 0.0284 |
| 2017年 | 黄山市 | 0.0937 | 0.0832 | 0.0165 | 0.0585 | 0.0301 |
| 2018年 | 合肥市 | 0.0464 | 0.0469 | 0.0313 | 0.1005 | 0.0270 |
| 2018年 | 淮北市 | 0.0418 | 0.0349 | 0.0195 | 0.0264 | 0.0271 |
| 2018年 | 亳州市 | 0.0395 | 0.0353 | 0.0078 | 0.0364 | 0.0295 |
| 2018年 | 宿州市 | 0.0417 | 0.0247 | 0.0149 | 0.0290 | 0.0282 |
| 2018年 | 蚌埠市 | 0.0452 | 0.0309 | 0.0205 | 0.0274 | 0.0280 |
| 2018年 | 阜阳市 | 0.0420 | 0.0284 | 0.0040 | 0.0336 | 0.0276 |
| 2018年 | 淮南市 | 0.0260 | 0.0273 | 0.0115 | 0.0272 | 0.0266 |
| 2018年 | 滁州市 | 0.0372 | 0.0343 | 0.0141 | 0.0482 | 0.0283 |
| 2018年 | 六安市 | 0.0480 | 0.0316 | 0.0054 | 0.0411 | 0.0284 |
| 2018年 | 马鞍山市 | 0.0365 | 0.0319 | 0.0248 | 0.0409 | 0.0282 |
| 2018年 | 芜湖市 | 0.0455 | 0.0525 | 0.0288 | 0.0914 | 0.0295 |
| 2018年 | 宣城市 | 0.0431 | 0.0381 | 0.0124 | 0.0466 | 0.0281 |
| 2018年 | 铜陵市 | 0.0224 | 0.0364 | 0.0185 | 0.0429 | 0.0274 |
| 2018年 | 池州市 | 0.0903 | 0.0877 | 0.0150 | 0.0736 | 0.0439 |
| 2018年 | 安庆市 | 0.0502 | 0.0605 | 0.0125 | 0.0662 | 0.0267 |
| 2018年 | 黄山市 | 0.0960 | 0.0819 | 0.0191 | 0.0607 | 0.0269 |
| 2019年 | 合肥市 | 0.0501 | 0.0415 | 0.0453 | 0.1072 | 0.0211 |
| 2019年 | 淮北市 | 0.0441 | 0.0328 | 0.0283 | 0.0290 | 0.0204 |
| 2019年 | 亳州市 | 0.0464 | 0.0314 | 0.0283 | 0.0406 | 0.0280 |
| 2019年 | 宿州市 | 0.0439 | 0.0219 | 0.0180 | 0.0322 | 0.0279 |
| 2019年 | 蚌埠市 | 0.0482 | 0.0282 | 0.0292 | 0.0304 | 0.0284 |
| 2019年 | 阜阳市 | 0.0424 | 0.0227 | 0.0150 | 0.0370 | 0.0283 |
| 2019年 | 淮南市 | 0.0291 | 0.0256 | 0.0259 | 0.0301 | 0.0291 |

续表

| 年 份 | 地级市 | 旅游经济结构合理化 | 旅游经济结构高度化 | 旅游投入效率 | 旅游收入效率 | 旅游经济增长率 |
| --- | --- | --- | --- | --- | --- | --- |
| 2019年 | 滁州市 | 0.0367 | 0.0288 | 0.0235 | 0.0531 | 0.0313 |
| 2019年 | 六安市 | 0.0576 | 0.0301 | 0.0086 | 0.0449 | 0.0398 |
| 2019年 | 马鞍山市 | 0.0430 | 0.0290 | 0.0293 | 0.0447 | 0.0283 |
| 2019年 | 芜湖市 | 0.0510 | 0.0495 | 0.0351 | 0.0981 | 0.0287 |
| 2019年 | 宣城市 | 0.0497 | 0.0360 | 0.0168 | 0.0515 | 0.0297 |
| 2019年 | 铜陵市 | 0.0345 | 0.0337 | 0.0197 | 0.0467 | 0.0277 |
| 2019年 | 池州市 | 0.0978 | 0.0809 | 0.0181 | 0.0781 | 0.0240 |
| 2019年 | 安庆市 | 0.0587 | 0.0527 | 0.0203 | 0.0716 | 0.0275 |
| 2019年 | 黄山市 | 0.0949 | 0.0625 | 0.0231 | 0.0648 | 0.0179 |
| 2020年 | 合肥市 | 0.0488 | 0.0345 | 0.0505 | 0.0836 | 0.0028 |
| 2020年 | 淮北市 | 0.0440 | 0.0275 | 0.0385 | 0.0203 | 0.0022 |
| 2020年 | 亳州市 | 0.0470 | 0.0277 | 0.0232 | 0.0315 | 0.0029 |
| 2020年 | 宿州市 | 0.0443 | 0.0190 | 0.0296 | 0.0233 | 0.0026 |
| 2020年 | 蚌埠市 | 0.0492 | 0.0186 | 0.0326 | 0.0245 | 0.0023 |
| 2020年 | 阜阳市 | 0.0426 | 0.0191 | 0.0217 | 0.0262 | 0.0022 |
| 2020年 | 淮南市 | 0.0326 | 0.0186 | 0.0352 | 0.0208 | 0.0006 |
| 2020年 | 滁州市 | 0.0360 | 0.0239 | 0.0341 | 0.0420 | 0.0019 |
| 2020年 | 六安市 | 0.0609 | 0.0234 | 0.0188 | 0.0374 | 0.0045 |
| 2020年 | 马鞍山市 | 0.0495 | 0.0202 | 0.0415 | 0.0332 | 0.0032 |
| 2020年 | 芜湖市 | 0.0505 | 0.0397 | 0.0435 | 0.0780 | 0.0014 |
| 2020年 | 宣城市 | 0.0495 | 0.0266 | 0.0217 | 0.0395 | 0.0019 |
| 2020年 | 铜陵市 | 0.0515 | 0.0239 | 0.0322 | 0.0351 | 0.0010 |
| 2020年 | 池州市 | 0.1036 | 0.0522 | 0.0309 | 0.0636 | 0.0022 |
| 2020年 | 安庆市 | 0.0556 | 0.0416 | 0.0324 | 0.0566 | 0.0006 |
| 2020年 | 黄山市 | 0.0993 | 0.0431 | 0.0319 | 0.0545 | 0.0047 |

附表 5  安徽省区域旅游经济增长质量准则层值与数量子目标层值/准则层值

| 年 份 | 地级市 | 旅游经济增长波动率 | 旅游经济增长就业率 | 旅游经济增长经济贡献率 | 旅游创新能力 | 旅游环境质量 |
|---|---|---|---|---|---|---|
| 2011年 | 合肥市 | 0.1039 | 0.0064 | 0.0037 | 0.0024 | 0.0660 |
| 2011年 | 淮北市 | 0.0000 | 0.0022 | 0.0004 | 0.0000 | 0.0871 |
| 2011年 | 亳州市 | 0.1039 | 0.0025 | 0.0015 | 0.0000 | 0.0748 |
| 2011年 | 宿州市 | 0.0000 | 0.0006 | 0.0002 | 0.0000 | 0.0760 |
| 2011年 | 蚌埠市 | 0.1269 | 0.0043 | 0.0022 | 0.0048 | 0.0618 |
| 2011年 | 阜阳市 | 0.0000 | 0.0004 | 0.0005 | 0.0000 | 0.0644 |
| 2011年 | 淮南市 | 0.0000 | 0.0033 | 0.0006 | 0.0000 | 0.0722 |
| 2011年 | 滁州市 | 0.0000 | 0.0027 | 0.0014 | 0.0000 | 0.0856 |
| 2011年 | 六安市 | 0.1269 | 0.0019 | 0.0018 | 0.0024 | 0.0882 |
| 2011年 | 马鞍山市 | 0.0000 | 0.0042 | 0.0013 | 0.0000 | 0.0901 |
| 2011年 | 芜湖市 | 0.0000 | 0.0084 | 0.0025 | 0.0048 | 0.0834 |
| 2011年 | 宣城市 | 0.0000 | 0.0038 | 0.0027 | 0.0000 | 0.0773 |
| 2011年 | 铜陵市 | 0.0000 | 0.0052 | 0.0006 | 0.0024 | 0.0879 |
| 2011年 | 池州市 | 0.1039 | 0.0363 | 0.0280 | 0.0000 | 0.1074 |
| 2011年 | 安庆市 | 0.1269 | 0.0084 | 0.0062 | 0.0000 | 0.0671 |
| 2011年 | 黄山市 | 0.1269 | 0.0515 | 0.0466 | 0.0000 | 0.0936 |
| 2012年 | 合肥市 | 0.2308 | 0.0089 | 0.0053 | 0.0048 | 0.0653 |
| 2012年 | 淮北市 | 0.2308 | 0.0036 | 0.0012 | 0.0000 | 0.0886 |
| 2012年 | 亳州市 | 0.2308 | 0.0038 | 0.0024 | 0.0000 | 0.0759 |
| 2012年 | 宿州市 | 0.2308 | 0.0015 | 0.0009 | 0.0000 | 0.0763 |
| 2012年 | 蚌埠市 | 0.1039 | 0.0063 | 0.0036 | 0.0072 | 0.0677 |
| 2012年 | 阜阳市 | 0.2308 | 0.0010 | 0.0012 | 0.0000 | 0.0664 |
| 2012年 | 淮南市 | 0.1039 | 0.0047 | 0.0014 | 0.0000 | 0.0762 |
| 2012年 | 滁州市 | 0.2308 | 0.0034 | 0.0021 | 0.0000 | 0.0884 |
| 2012年 | 六安市 | 0.2308 | 0.0034 | 0.0032 | 0.0000 | 0.0926 |
| 2012年 | 马鞍山市 | 0.2308 | 0.0059 | 0.0023 | 0.0024 | 0.0902 |
| 2012年 | 芜湖市 | 0.2308 | 0.0115 | 0.0040 | 0.0096 | 0.0887 |

续表

| 年份 | 地级市 | 旅游经济增长波动率 | 旅游经济增长就业率 | 旅游经济增长经济贡献率 | 旅游创新能力 | 旅游环境质量 |
| --- | --- | --- | --- | --- | --- | --- |
| 2012年 | 宣城市 | 0.2308 | 0.0068 | 0.0047 | 0.0000 | 0.0759 |
| 2012年 | 铜陵市 | 0.2308 | 0.0068 | 0.0015 | 0.0000 | 0.0920 |
| 2012年 | 池州市 | 0.2308 | 0.0439 | 0.0351 | 0.0000 | 0.1030 |
| 2012年 | 安庆市 | 0.2308 | 0.0108 | 0.0080 | 0.0000 | 0.0696 |
| 2012年 | 黄山市 | 0.2308 | 0.0617 | 0.0493 | 0.0000 | 0.0943 |
| 2013年 | 合肥市 | 0.2308 | 0.0095 | 0.0056 | 0.0096 | 0.0552 |
| 2013年 | 淮北市 | 0.2308 | 0.0038 | 0.0012 | 0.0024 | 0.0811 |
| 2013年 | 亳州市 | 0.2308 | 0.0042 | 0.0027 | 0.0024 | 0.0682 |
| 2013年 | 宿州市 | 0.2308 | 0.0017 | 0.0011 | 0.0024 | 0.0717 |
| 2013年 | 蚌埠市 | 0.2308 | 0.0041 | 0.0036 | 0.0096 | 0.0574 |
| 2013年 | 阜阳市 | 0.2308 | 0.0014 | 0.0014 | 0.0000 | 0.0620 |
| 2013年 | 淮南市 | 0.2308 | 0.0050 | 0.0019 | 0.0000 | 0.0565 |
| 2013年 | 滁州市 | 0.2308 | 0.0040 | 0.0024 | 0.0000 | 0.0681 |
| 2013年 | 六安市 | 0.2308 | 0.0050 | 0.0037 | 0.0024 | 0.0829 |
| 2013年 | 马鞍山市 | 0.1039 | 0.0062 | 0.0027 | 0.0048 | 0.0603 |
| 2013年 | 芜湖市 | 0.2308 | 0.0126 | 0.0044 | 0.0072 | 0.0723 |
| 2013年 | 宣城市 | 0.1039 | 0.0075 | 0.0052 | 0.0000 | 0.0702 |
| 2013年 | 铜陵市 | 0.1039 | 0.0069 | 0.0017 | 0.0024 | 0.0780 |
| 2013年 | 池州市 | 0.2308 | 0.0446 | 0.0359 | 0.0239 | 0.0981 |
| 2013年 | 安庆市 | 0.2308 | 0.0114 | 0.0092 | 0.0048 | 0.0544 |
| 2013年 | 黄山市 | 0.1039 | 0.0614 | 0.0518 | 0.0000 | 0.0947 |
| 2014年 | 合肥市 | 0.1039 | 0.0102 | 0.0058 | 0.0119 | 0.0592 |
| 2014年 | 淮北市 | 0.1039 | 0.0034 | 0.0015 | 0.0000 | 0.0785 |
| 2014年 | 亳州市 | 0.2308 | 0.0036 | 0.0029 | 0.0000 | 0.0683 |
| 2014年 | 宿州市 | 0.2308 | 0.0016 | 0.0012 | 0.0000 | 0.0734 |
| 2014年 | 蚌埠市 | 0.2308 | 0.0059 | 0.0036 | 0.0000 | 0.0576 |
| 2014年 | 阜阳市 | 0.2308 | 0.0033 | 0.0016 | 0.0000 | 0.0725 |

续表

| 年 份 | 地级市 | 旅游经济增长波动率 | 旅游经济增长就业率 | 旅游经济增长经济贡献率 | 旅游创新能力 | 旅游环境质量 |
| --- | --- | --- | --- | --- | --- | --- |
| 2014 年 | 淮南市 | 0.2308 | 0.0048 | 0.0019 | 0.0000 | 0.0630 |
| 2014 年 | 滁州市 | 0.1039 | 0.0041 | 0.0025 | 0.0072 | 0.0720 |
| 2014 年 | 六安市 | 0.1039 | 0.0067 | 0.0050 | 0.0024 | 0.0728 |
| 2014 年 | 马鞍山市 | 0.1039 | 0.0065 | 0.0033 | 0.0024 | 0.0779 |
| 2014 年 | 芜湖市 | 0.2308 | 0.0119 | 0.0049 | 0.0167 | 0.0697 |
| 2014 年 | 宣城市 | 0.2308 | 0.0084 | 0.0057 | 0.0000 | 0.0776 |
| 2014 年 | 铜陵市 | 0.1039 | 0.0071 | 0.0010 | 0.0000 | 0.0701 |
| 2014 年 | 池州市 | 0.1039 | 0.0494 | 0.0429 | 0.0000 | 0.1022 |
| 2014 年 | 安庆市 | 0.1039 | 0.0116 | 0.0117 | 0.0072 | 0.0763 |
| 2014 年 | 黄山市 | 0.2308 | 0.0559 | 0.0521 | 0.0000 | 0.0944 |
| 2015 年 | 合肥市 | 0.2308 | 0.0114 | 0.0069 | 0.0072 | 0.0466 |
| 2015 年 | 淮北市 | 0.1039 | 0.0039 | 0.0023 | 0.0024 | 0.0522 |
| 2015 年 | 亳州市 | 0.2308 | 0.0043 | 0.0038 | 0.0000 | 0.0575 |
| 2015 年 | 宿州市 | 0.1039 | 0.0019 | 0.0018 | 0.0024 | 0.0501 |
| 2015 年 | 蚌埠市 | 0.1039 | 0.0055 | 0.0046 | 0.0143 | 0.0477 |
| 2015 年 | 阜阳市 | 0.2308 | 0.0040 | 0.0023 | 0.0000 | 0.0571 |
| 2015 年 | 淮南市 | 0.1039 | 0.0037 | 0.0029 | 0.0024 | 0.0580 |
| 2015 年 | 滁州市 | 0.1039 | 0.0043 | 0.0032 | 0.0024 | 0.0528 |
| 2015 年 | 六安市 | 0.2308 | 0.0104 | 0.0064 | 0.0024 | 0.0683 |
| 2015 年 | 马鞍山市 | 0.1039 | 0.0067 | 0.0044 | 0.0000 | 0.0631 |
| 2015 年 | 芜湖市 | 0.2308 | 0.0119 | 0.0061 | 0.0311 | 0.0552 |
| 2015 年 | 宣城市 | 0.2308 | 0.0093 | 0.0070 | 0.0000 | 0.0641 |
| 2015 年 | 铜陵市 | 0.1039 | 0.0024 | 0.0018 | 0.0000 | 0.0616 |
| 2015 年 | 池州市 | 0.1039 | 0.0521 | 0.0464 | 0.0024 | 0.0959 |
| 2015 年 | 安庆市 | 0.1039 | 0.0166 | 0.0138 | 0.0048 | 0.0676 |
| 2015 年 | 黄山市 | 0.1039 | 0.0541 | 0.0531 | 0.0024 | 0.0883 |
| 2016 年 | 合肥市 | 0.2308 | 0.0123 | 0.0078 | 0.0167 | 0.0485 |

续表

| 年　份 | 地级市 | 旅游经济增长波动率 | 旅游经济增长就业率 | 旅游经济增长经济贡献率 | 旅游创新能力 | 旅游环境质量 |
|---|---|---|---|---|---|---|
| 2016年 | 淮北市 | 0.1039 | 0.0048 | 0.0029 | 0.0000 | 0.0564 |
| 2016年 | 亳州市 | 0.2308 | 0.0056 | 0.0043 | 0.0024 | 0.0504 |
| 2016年 | 宿州市 | 0.2308 | 0.0022 | 0.0023 | 0.0000 | 0.0394 |
| 2016年 | 蚌埠市 | 0.2308 | 0.0057 | 0.0053 | 0.0096 | 0.0450 |
| 2016年 | 阜阳市 | 0.1039 | 0.0038 | 0.0027 | 0.0119 | 0.0465 |
| 2016年 | 淮南市 | 0.1269 | 0.0071 | 0.0052 | 0.0000 | 0.0530 |
| 2016年 | 滁州市 | 0.1039 | 0.0048 | 0.0038 | 0.0048 | 0.0477 |
| 2016年 | 六安市 | 0.1039 | 0.0105 | 0.0069 | 0.0024 | 0.0700 |
| 2016年 | 马鞍山市 | 0.1039 | 0.0075 | 0.0052 | 0.0024 | 0.0610 |
| 2016年 | 芜湖市 | 0.2308 | 0.0130 | 0.0071 | 0.0167 | 0.0632 |
| 2016年 | 宣城市 | 0.2308 | 0.0106 | 0.0082 | 0.0024 | 0.0675 |
| 2016年 | 铜陵市 | 0.1269 | 0.0091 | 0.0047 | 0.0000 | 0.0750 |
| 2016年 | 池州市 | 0.1039 | 0.0489 | 0.0469 | 0.0000 | 0.0755 |
| 2016年 | 安庆市 | 0.1039 | 0.0178 | 0.0153 | 0.0119 | 0.0560 |
| 2016年 | 黄山市 | 0.2308 | 0.0506 | 0.0507 | 0.0024 | 0.0915 |
| 2017年 | 合肥市 | 0.1039 | 0.0138 | 0.0092 | 0.0454 | 0.0399 |
| 2017年 | 淮北市 | 0.2308 | 0.0050 | 0.0031 | 0.0000 | 0.0375 |
| 2017年 | 亳州市 | 0.1039 | 0.0069 | 0.0056 | 0.0000 | 0.0333 |
| 2017年 | 宿州市 | 0.2308 | 0.0028 | 0.0031 | 0.0024 | 0.0237 |
| 2017年 | 蚌埠市 | 0.2308 | 0.0069 | 0.0063 | 0.0119 | 0.0374 |
| 2017年 | 阜阳市 | 0.1039 | 0.0046 | 0.0034 | 0.0048 | 0.0379 |
| 2017年 | 淮南市 | 0.2308 | 0.0083 | 0.0060 | 0.0024 | 0.0339 |
| 2017年 | 滁州市 | 0.1039 | 0.0056 | 0.0045 | 0.0048 | 0.0406 |
| 2017年 | 六安市 | 0.2308 | 0.0128 | 0.0090 | 0.0024 | 0.0689 |
| 2017年 | 马鞍山市 | 0.2308 | 0.0095 | 0.0059 | 0.0024 | 0.0487 |
| 2017年 | 芜湖市 | 0.2308 | 0.0151 | 0.0087 | 0.0382 | 0.0467 |
| 2017年 | 宣城市 | 0.1039 | 0.0129 | 0.0100 | 0.0024 | 0.0665 |

续表

| 年　份 | 地级市 | 旅游经济增长波动率 | 旅游经济增长就业率 | 旅游经济增长经济贡献率 | 旅游创新能力 | 旅游环境质量 |
|---|---|---|---|---|---|---|
| 2017 年 | 铜陵市 | 0.1039 | 0.0102 | 0.0051 | 0.0024 | 0.0698 |
| 2017 年 | 池州市 | 0.2308 | 0.0563 | 0.0524 | 0.0024 | 0.0622 |
| 2017 年 | 安庆市 | 0.1039 | 0.0200 | 0.0173 | 0.0454 | 0.0571 |
| 2017 年 | 黄山市 | 0.1269 | 0.0563 | 0.0597 | 0.0024 | 0.0924 |
| 2018 年 | 合肥市 | 0.1039 | 0.0140 | 0.0098 | 0.0358 | 0.0515 |
| 2018 年 | 淮北市 | 0.1039 | 0.0053 | 0.0036 | 0.0000 | 0.0494 |
| 2018 年 | 亳州市 | 0.1039 | 0.0076 | 0.0063 | 0.0072 | 0.0464 |
| 2018 年 | 宿州市 | 0.1039 | 0.0032 | 0.0035 | 0.0143 | 0.0355 |
| 2018 年 | 蚌埠市 | 0.2308 | 0.0076 | 0.0070 | 0.0072 | 0.0409 |
| 2018 年 | 阜阳市 | 0.1039 | 0.0048 | 0.0037 | 0.0000 | 0.0696 |
| 2018 年 | 淮南市 | 0.1039 | 0.0090 | 0.0066 | 0.0000 | 0.0371 |
| 2018 年 | 滁州市 | 0.1039 | 0.0067 | 0.0048 | 0.0072 | 0.0511 |
| 2018 年 | 六安市 | 0.2308 | 0.0133 | 0.0099 | 0.0096 | 0.0593 |
| 2018 年 | 马鞍山市 | 0.1039 | 0.0105 | 0.0063 | 0.0024 | 0.0533 |
| 2018 年 | 芜湖市 | 0.2308 | 0.0153 | 0.0097 | 0.0358 | 0.0411 |
| 2018 年 | 宣城市 | 0.2308 | 0.0147 | 0.0110 | 0.0024 | 0.0783 |
| 2018 年 | 铜陵市 | 0.2308 | 0.0099 | 0.0056 | 0.0000 | 0.0811 |
| 2018 年 | 池州市 | 0.1039 | 0.0568 | 0.0538 | 0.0000 | 0.0770 |
| 2018 年 | 安庆市 | 0.1039 | 0.0210 | 0.0179 | 0.0119 | 0.0661 |
| 2018 年 | 黄山市 | 0.2308 | 0.0565 | 0.0446 | 0.0048 | 0.0942 |
| 2019 年 | 合肥市 | 0.1039 | 0.0111 | 0.0105 | 0.0239 | 0.0495 |
| 2019 年 | 淮北市 | 0.1039 | 0.0040 | 0.0043 | 0.0000 | 0.0514 |
| 2019 年 | 亳州市 | 0.2308 | 0.0055 | 0.0062 | 0.0000 | 0.0430 |
| 2019 年 | 宿州市 | 0.2308 | 0.0030 | 0.0041 | 0.0024 | 0.0386 |
| 2019 年 | 蚌埠市 | 0.2308 | 0.0070 | 0.0077 | 0.0024 | 0.0521 |
| 2019 年 | 阜阳市 | 0.1039 | 0.0022 | 0.0029 | 0.0024 | 0.0504 |
| 2019 年 | 淮南市 | 0.1039 | 0.0079 | 0.0074 | 0.0048 | 0.0367 |

续表

| 年 份 | 地级市 | 旅游经济增长波动率 | 旅游经济增长就业率 | 旅游经济增长经济贡献率 | 旅游创新能力 | 旅游环境质量 |
|---|---|---|---|---|---|---|
| 2019 年 | 滁州市 | 0.1039 | 0.0034 | 0.0035 | 0.0024 | 0.0727 |
| 2019 年 | 六安市 | 0.0000 | 0.0156 | 0.0157 | 0.0024 | 0.0697 |
| 2019 年 | 马鞍山市 | 0.2308 | 0.0107 | 0.0079 | 0.0000 | 0.0557 |
| 2019 年 | 芜湖市 | 0.2308 | 0.0155 | 0.0122 | 0.0119 | 0.0494 |
| 2019 年 | 宣城市 | 0.1039 | 0.0144 | 0.0127 | 0.0024 | 0.0852 |
| 2019 年 | 铜陵市 | 0.2308 | 0.0121 | 0.0097 | 0.0000 | 0.0814 |
| 2019 年 | 池州市 | 0.2308 | 0.0559 | 0.0495 | 0.0048 | 0.0740 |
| 2019 年 | 安庆市 | 0.1039 | 0.0163 | 0.0181 | 0.0024 | 0.0722 |
| 2019 年 | 黄山市 | 0.1269 | 0.0395 | 0.0472 | 0.0024 | 0.0903 |
| 2020 年 | 合肥市 | 0.1269 | 0.0039 | 0.0031 | 0.0048 | 0.0668 |
| 2020 年 | 淮北市 | 0.1269 | 0.0004 | 0.0006 | 0.0000 | 0.0699 |
| 2020 年 | 亳州市 | 0.0000 | 0.0020 | 0.0018 | 0.0048 | 0.0669 |
| 2020 年 | 宿州市 | 0.0000 | 0.0005 | 0.0007 | 0.0024 | 0.0568 |
| 2020 年 | 蚌埠市 | 0.0000 | 0.0031 | 0.0027 | 0.0024 | 0.0692 |
| 2020 年 | 阜阳市 | 0.0000 | 0.0000 | 0.0000 | 0.0024 | 0.0679 |
| 2020 年 | 淮南市 | 0.0000 | 0.0020 | 0.0019 | 0.0024 | 0.0544 |
| 2020 年 | 滁州市 | 0.0000 | 0.0007 | 0.0002 | 0.0024 | 0.0861 |
| 2020 年 | 六安市 | 0.0000 | 0.0075 | 0.0073 | 0.0048 | 0.0800 |
| 2020 年 | 马鞍山市 | 0.0000 | 0.0045 | 0.0028 | 0.0048 | 0.0811 |
| 2020 年 | 芜湖市 | 0.0000 | 0.0057 | 0.0041 | 0.0096 | 0.0724 |
| 2020 年 | 宣城市 | 0.0000 | 0.0068 | 0.0045 | 0.0048 | 0.0939 |
| 2020 年 | 铜陵市 | 0.0000 | 0.0056 | 0.0036 | 0.0048 | 0.0962 |
| 2020 年 | 池州市 | 0.0000 | 0.0304 | 0.0244 | 0.0024 | 0.0948 |
| 2020 年 | 安庆市 | 0.0000 | 0.0064 | 0.0067 | 0.0096 | 0.0800 |
| 2020 年 | 黄山市 | 0.0000 | 0.0215 | 0.0227 | 0.0024 | 0.1030 |

附表6 安徽省区域旅游经济增长质量子目标层值

| 年 份 | 地级市 | 旅游经济结构水平 | 旅游经济增长效率 | 旅游经济增长稳定性 | 旅游经济增长影响力 | 旅游经济增长可持续性 |
|---|---|---|---|---|---|---|
| 2011年 | 合肥市 | 0.0402 | 0.0596 | 0.1451 | 0.0101 | 0.0684 |
| 2011年 | 淮北市 | 0.0317 | 0.0224 | 0.0714 | 0.0026 | 0.0871 |
| 2011年 | 亳州市 | 0.0392 | 0.0226 | 0.1495 | 0.0040 | 0.0748 |
| 2011年 | 宿州市 | 0.0463 | 0.0138 | 0.0447 | 0.0008 | 0.0760 |
| 2011年 | 蚌埠市 | 0.0407 | 0.0120 | 0.1753 | 0.0065 | 0.0666 |
| 2011年 | 阜阳市 | 0.0454 | 0.0166 | 0.0483 | 0.0009 | 0.0644 |
| 2011年 | 淮南市 | 0.0307 | 0.0109 | 0.0405 | 0.0040 | 0.0722 |
| 2011年 | 滁州市 | 0.0270 | 0.0211 | 0.0463 | 0.0041 | 0.0856 |
| 2011年 | 六安市 | 0.0464 | 0.0106 | 0.1783 | 0.0036 | 0.0906 |
| 2011年 | 马鞍山市 | 0.0413 | 0.0395 | 0.0567 | 0.0055 | 0.0901 |
| 2011年 | 芜湖市 | 0.0512 | 0.0555 | 0.0621 | 0.0110 | 0.0882 |
| 2011年 | 宣城市 | 0.0500 | 0.0233 | 0.0428 | 0.0065 | 0.0773 |
| 2011年 | 铜陵市 | 0.0114 | 0.0328 | 0.0439 | 0.0059 | 0.0902 |
| 2011年 | 池州市 | 0.1190 | 0.0607 | 0.1515 | 0.0642 | 0.1074 |
| 2011年 | 安庆市 | 0.0570 | 0.0332 | 0.1727 | 0.0146 | 0.0671 |
| 2011年 | 黄山市 | 0.1521 | 0.0437 | 0.1707 | 0.0981 | 0.0936 |
| 2012年 | 合肥市 | 0.0722 | 0.0685 | 0.2658 | 0.0142 | 0.0701 |
| 2012年 | 淮北市 | 0.0321 | 0.0229 | 0.2690 | 0.0048 | 0.0886 |
| 2012年 | 亳州市 | 0.0268 | 0.0213 | 0.2675 | 0.0061 | 0.0759 |
| 2012年 | 宿州市 | 0.0397 | 0.0154 | 0.2670 | 0.0023 | 0.0763 |
| 2012年 | 蚌埠市 | 0.0558 | 0.0129 | 0.1443 | 0.0098 | 0.0749 |
| 2012年 | 阜阳市 | 0.0480 | 0.0170 | 0.2655 | 0.0022 | 0.0664 |
| 2012年 | 淮南市 | 0.0436 | 0.0124 | 0.1394 | 0.0062 | 0.0762 |
| 2012年 | 滁州市 | 0.0375 | 0.0273 | 0.2637 | 0.0055 | 0.0884 |
| 2012年 | 六安市 | 0.0570 | 0.0176 | 0.2722 | 0.0066 | 0.0926 |
| 2012年 | 马鞍山市 | 0.0450 | 0.0363 | 0.2666 | 0.0082 | 0.0926 |
| 2012年 | 芜湖市 | 0.0694 | 0.0639 | 0.2685 | 0.0155 | 0.0983 |

续表

| 年　份 | 地级市 | 旅游经济结构水平 | 旅游经济增长效率 | 旅游经济增长稳定性 | 旅游经济增长影响力 | 旅游经济增长可持续性 |
|---|---|---|---|---|---|---|
| 2012年 | 宣城市 | 0.0539 | 0.0271 | 0.2698 | 0.0115 | 0.0759 |
| 2012年 | 铜陵市 | 0.0105 | 0.0328 | 0.2667 | 0.0084 | 0.0920 |
| 2012年 | 池州市 | 0.1415 | 0.0625 | 0.2658 | 0.0790 | 0.1030 |
| 2012年 | 安庆市 | 0.0827 | 0.0405 | 0.2641 | 0.0188 | 0.0696 |
| 2012年 | 黄山市 | 0.1585 | 0.0498 | 0.2631 | 0.1110 | 0.0943 |
| 2013年 | 合肥市 | 0.0808 | 0.0840 | 0.2581 | 0.0151 | 0.0648 |
| 2013年 | 淮北市 | 0.0529 | 0.0265 | 0.2577 | 0.0050 | 0.0834 |
| 2013年 | 亳州市 | 0.0541 | 0.0248 | 0.2607 | 0.0069 | 0.0706 |
| 2013年 | 宿州市 | 0.0525 | 0.0162 | 0.2606 | 0.0028 | 0.0741 |
| 2013年 | 蚌埠市 | 0.0638 | 0.0231 | 0.2587 | 0.0077 | 0.0670 |
| 2013年 | 阜阳市 | 0.0536 | 0.0182 | 0.2601 | 0.0028 | 0.0620 |
| 2013年 | 淮南市 | 0.0437 | 0.0158 | 0.2598 | 0.0069 | 0.0565 |
| 2013年 | 滁州市 | 0.0446 | 0.0353 | 0.2594 | 0.0064 | 0.0681 |
| 2013年 | 六安市 | 0.0522 | 0.0220 | 0.2590 | 0.0087 | 0.0853 |
| 2013年 | 马鞍山市 | 0.0630 | 0.0372 | 0.1274 | 0.0089 | 0.0651 |
| 2013年 | 芜湖市 | 0.0864 | 0.0744 | 0.2599 | 0.0171 | 0.0795 |
| 2013年 | 宣城市 | 0.0689 | 0.0302 | 0.1344 | 0.0127 | 0.0702 |
| 2013年 | 铜陵市 | 0.0413 | 0.0371 | 0.1298 | 0.0086 | 0.0804 |
| 2013年 | 池州市 | 0.1823 | 0.0597 | 0.2576 | 0.0805 | 0.1220 |
| 2013年 | 安庆市 | 0.0709 | 0.0472 | 0.2590 | 0.0206 | 0.0592 |
| 2013年 | 黄山市 | 0.1805 | 0.0556 | 0.1279 | 0.1131 | 0.0947 |
| 2014年 | 合肥市 | 0.0834 | 0.0877 | 0.1308 | 0.0161 | 0.0711 |
| 2014年 | 淮北市 | 0.0498 | 0.0276 | 0.1279 | 0.0049 | 0.0785 |
| 2014年 | 亳州市 | 0.0573 | 0.0298 | 0.2601 | 0.0066 | 0.0683 |
| 2014年 | 宿州市 | 0.0559 | 0.0212 | 0.2581 | 0.0028 | 0.0734 |
| 2014年 | 蚌埠市 | 0.0650 | 0.0263 | 0.2585 | 0.0095 | 0.0576 |
| 2014年 | 阜阳市 | 0.0516 | 0.0236 | 0.2579 | 0.0049 | 0.0725 |

续表

| 年份 | 地级市 | 旅游经济结构水平 | 旅游经济增长效率 | 旅游经济增长稳定性 | 旅游经济增长影响力 | 旅游经济增长可持续性 |
|---|---|---|---|---|---|---|
| 2014 年 | 淮南市 | 0.0446 | 0.0218 | 0.2568 | 0.0067 | 0.0630 |
| 2014 年 | 滁州市 | 0.0579 | 0.0419 | 0.1276 | 0.0066 | 0.0792 |
| 2014 年 | 六安市 | 0.0652 | 0.0254 | 0.1355 | 0.0118 | 0.0752 |
| 2014 年 | 马鞍山市 | 0.0693 | 0.0420 | 0.1309 | 0.0098 | 0.0803 |
| 2014 年 | 芜湖市 | 0.0863 | 0.0805 | 0.2591 | 0.0168 | 0.0864 |
| 2014 年 | 宣城市 | 0.0696 | 0.0338 | 0.2601 | 0.0141 | 0.0776 |
| 2014 年 | 铜陵市 | 0.0485 | 0.0402 | 0.1318 | 0.0081 | 0.0701 |
| 2014 年 | 池州市 | 0.1672 | 0.0645 | 0.1480 | 0.0923 | 0.1022 |
| 2014 年 | 安庆市 | 0.0907 | 0.0547 | 0.1362 | 0.0233 | 0.0835 |
| 2014 年 | 黄山市 | 0.1761 | 0.0619 | 0.2555 | 0.1081 | 0.0944 |
| 2015 年 | 合肥市 | 0.0890 | 0.0989 | 0.2608 | 0.0184 | 0.0538 |
| 2015 年 | 淮北市 | 0.0640 | 0.0354 | 0.1317 | 0.0062 | 0.0545 |
| 2015 年 | 亳州市 | 0.0640 | 0.0600 | 0.2616 | 0.0081 | 0.0575 |
| 2015 年 | 宿州市 | 0.0618 | 0.0305 | 0.1354 | 0.0037 | 0.0525 |
| 2015 年 | 蚌埠市 | 0.0748 | 0.0320 | 0.1379 | 0.0101 | 0.0620 |
| 2015 年 | 阜阳市 | 0.0543 | 0.0247 | 0.2599 | 0.0062 | 0.0571 |
| 2015 年 | 淮南市 | 0.0422 | 0.0250 | 0.1343 | 0.0066 | 0.0604 |
| 2015 年 | 滁州市 | 0.0588 | 0.0532 | 0.1331 | 0.0074 | 0.0552 |
| 2015 年 | 六安市 | 0.0698 | 0.0305 | 0.2598 | 0.0168 | 0.0707 |
| 2015 年 | 马鞍山市 | 0.0697 | 0.0499 | 0.1303 | 0.0111 | 0.0631 |
| 2015 年 | 芜湖市 | 0.0895 | 0.0906 | 0.2607 | 0.0180 | 0.0863 |
| 2015 年 | 宣城市 | 0.0847 | 0.0403 | 0.2615 | 0.0163 | 0.0641 |
| 2015 年 | 铜陵市 | 0.0446 | 0.0418 | 0.1288 | 0.0042 | 0.0616 |
| 2015 年 | 池州市 | 0.1739 | 0.0715 | 0.1308 | 0.0985 | 0.0983 |
| 2015 年 | 安庆市 | 0.0982 | 0.0622 | 0.1310 | 0.0304 | 0.0724 |
| 2015 年 | 黄山市 | 0.1729 | 0.0639 | 0.1285 | 0.1072 | 0.0907 |
| 2016 年 | 合肥市 | 0.0956 | 0.1072 | 0.2598 | 0.0201 | 0.0652 |

续表

| 年份 | 地级市 | 旅游经济结构水平 | 旅游经济增长效率 | 旅游经济增长稳定性 | 旅游经济增长影响力 | 旅游经济增长可持续性 |
|---|---|---|---|---|---|---|
| 2016年 | 淮北市 | 0.0636 | 0.0376 | 0.1337 | 0.0077 | 0.0564 |
| 2016年 | 亳州市 | 0.0604 | 0.0360 | 0.2601 | 0.0100 | 0.0528 |
| 2016年 | 宿州市 | 0.0594 | 0.0357 | 0.2599 | 0.0045 | 0.0394 |
| 2016年 | 蚌埠市 | 0.0724 | 0.0388 | 0.2605 | 0.0109 | 0.0546 |
| 2016年 | 阜阳市 | 0.0732 | 0.0291 | 0.1328 | 0.0066 | 0.0585 |
| 2016年 | 淮南市 | 0.0447 | 0.0300 | 0.1664 | 0.0124 | 0.0530 |
| 2016年 | 滁州市 | 0.0552 | 0.0540 | 0.1351 | 0.0086 | 0.0525 |
| 2016年 | 六安市 | 0.0715 | 0.0356 | 0.1312 | 0.0175 | 0.0724 |
| 2016年 | 马鞍山市 | 0.0731 | 0.0558 | 0.1421 | 0.0127 | 0.0634 |
| 2016年 | 芜湖市 | 0.0966 | 0.0978 | 0.2602 | 0.0200 | 0.0800 |
| 2016年 | 宣城市 | 0.0763 | 0.0448 | 0.2613 | 0.0187 | 0.0699 |
| 2016年 | 铜陵市 | 0.0483 | 0.0484 | 0.1703 | 0.0138 | 0.0750 |
| 2016年 | 池州市 | 0.1795 | 0.0766 | 0.1279 | 0.0957 | 0.0755 |
| 2016年 | 安庆市 | 0.0992 | 0.0646 | 0.1340 | 0.0331 | 0.0679 |
| 2016年 | 黄山市 | 0.1689 | 0.0660 | 0.2549 | 0.1013 | 0.0939 |
| 2017年 | 合肥市 | 0.0929 | 0.1228 | 0.1335 | 0.0230 | 0.0853 |
| 2017年 | 淮北市 | 0.0619 | 0.0425 | 0.2588 | 0.0081 | 0.0375 |
| 2017年 | 亳州市 | 0.0774 | 0.0401 | 0.1333 | 0.0126 | 0.0333 |
| 2017年 | 宿州市 | 0.0592 | 0.0452 | 0.2607 | 0.0059 | 0.0261 |
| 2017年 | 蚌埠市 | 0.0785 | 0.0457 | 0.2609 | 0.0132 | 0.0493 |
| 2017年 | 阜阳市 | 0.0716 | 0.0356 | 0.1324 | 0.0080 | 0.0426 |
| 2017年 | 淮南市 | 0.0501 | 0.0346 | 0.2589 | 0.0143 | 0.0363 |
| 2017年 | 滁州市 | 0.0688 | 0.0609 | 0.1322 | 0.0101 | 0.0454 |
| 2017年 | 六安市 | 0.0796 | 0.0431 | 0.2618 | 0.0218 | 0.0713 |
| 2017年 | 马鞍山市 | 0.0718 | 0.0616 | 0.2601 | 0.0154 | 0.0511 |
| 2017年 | 芜湖市 | 0.0937 | 0.1110 | 0.2630 | 0.0238 | 0.0849 |
| 2017年 | 宣城市 | 0.0774 | 0.0550 | 0.1401 | 0.0230 | 0.0689 |

续表

| 年　份 | 地级市 | 旅游经济结构水平 | 旅游经济增长效率 | 旅游经济增长稳定性 | 旅游经济增长影响力 | 旅游经济增长可持续性 |
| --- | --- | --- | --- | --- | --- | --- |
| 2017年 | 铜陵市 | 0.0553 | 0.0558 | 0.1389 | 0.0153 | 0.0722 |
| 2017年 | 池州市 | 0.1860 | 0.0840 | 0.2552 | 0.1087 | 0.0646 |
| 2017年 | 安庆市 | 0.1000 | 0.0738 | 0.1323 | 0.0373 | 0.1024 |
| 2017年 | 黄山市 | 0.1769 | 0.0750 | 0.1571 | 0.1161 | 0.0948 |
| 2018年 | 合肥市 | 0.0933 | 0.1318 | 0.1309 | 0.0238 | 0.0874 |
| 2018年 | 淮北市 | 0.0767 | 0.0459 | 0.1310 | 0.0089 | 0.0494 |
| 2018年 | 亳州市 | 0.0748 | 0.0442 | 0.1333 | 0.0139 | 0.0536 |
| 2018年 | 宿州市 | 0.0665 | 0.0439 | 0.1321 | 0.0067 | 0.0499 |
| 2018年 | 蚌埠市 | 0.0760 | 0.0479 | 0.2588 | 0.0146 | 0.0481 |
| 2018年 | 阜阳市 | 0.0704 | 0.0376 | 0.1315 | 0.0085 | 0.0696 |
| 2018年 | 淮南市 | 0.0533 | 0.0388 | 0.1305 | 0.0155 | 0.0371 |
| 2018年 | 滁州市 | 0.0715 | 0.0623 | 0.1321 | 0.0115 | 0.0583 |
| 2018年 | 六安市 | 0.0796 | 0.0465 | 0.2592 | 0.0232 | 0.0689 |
| 2018年 | 马鞍山市 | 0.0684 | 0.0658 | 0.1321 | 0.0168 | 0.0557 |
| 2018年 | 芜湖市 | 0.0980 | 0.1202 | 0.2603 | 0.0250 | 0.0769 |
| 2018年 | 宣城市 | 0.0813 | 0.0591 | 0.2589 | 0.0257 | 0.0807 |
| 2018年 | 铜陵市 | 0.0588 | 0.0613 | 0.2582 | 0.0156 | 0.0811 |
| 2018年 | 池州市 | 0.1780 | 0.0886 | 0.1478 | 0.1106 | 0.0770 |
| 2018年 | 安庆市 | 0.1107 | 0.0787 | 0.1305 | 0.0389 | 0.0780 |
| 2018年 | 黄山市 | 0.1778 | 0.0798 | 0.2577 | 0.1010 | 0.0990 |
| 2019年 | 合肥市 | 0.0916 | 0.1525 | 0.1250 | 0.0216 | 0.0734 |
| 2019年 | 淮北市 | 0.0769 | 0.0573 | 0.1243 | 0.0083 | 0.0514 |
| 2019年 | 亳州市 | 0.0778 | 0.0689 | 0.2588 | 0.0117 | 0.0430 |
| 2019年 | 宿州市 | 0.0658 | 0.0502 | 0.2587 | 0.0071 | 0.0410 |
| 2019年 | 蚌埠市 | 0.0764 | 0.0597 | 0.2592 | 0.0147 | 0.0544 |
| 2019年 | 阜阳市 | 0.0651 | 0.0520 | 0.1322 | 0.0051 | 0.0527 |
| 2019年 | 淮南市 | 0.0546 | 0.0560 | 0.1330 | 0.0153 | 0.0415 |

续表

| 年　份 | 地级市 | 旅游经济结构水平 | 旅游经济增长效率 | 旅游经济增长稳定性 | 旅游经济增长影响力 | 旅游经济增长可持续性 |
| --- | --- | --- | --- | --- | --- | --- |
| 2019年 | 滁州市 | 0.0656 | 0.0766 | 0.1351 | 0.0068 | 0.0751 |
| 2019年 | 六安市 | 0.0876 | 0.0535 | 0.0398 | 0.0312 | 0.0721 |
| 2019年 | 马鞍山市 | 0.0721 | 0.0740 | 0.2591 | 0.0186 | 0.0557 |
| 2019年 | 芜湖市 | 0.1005 | 0.1332 | 0.2595 | 0.0276 | 0.0614 |
| 2019年 | 宣城市 | 0.0857 | 0.0684 | 0.1336 | 0.0271 | 0.0875 |
| 2019年 | 铜陵市 | 0.0682 | 0.0663 | 0.2585 | 0.0218 | 0.0814 |
| 2019年 | 池州市 | 0.1787 | 0.0961 | 0.2548 | 0.1054 | 0.0788 |
| 2019年 | 安庆市 | 0.1113 | 0.0920 | 0.1314 | 0.0344 | 0.0746 |
| 2019年 | 黄山市 | 0.1574 | 0.0879 | 0.1448 | 0.0867 | 0.0927 |
| 2020年 | 合肥市 | 0.0833 | 0.1341 | 0.1297 | 0.0071 | 0.0716 |
| 2020年 | 淮北市 | 0.0715 | 0.0589 | 0.1291 | 0.0010 | 0.0699 |
| 2020年 | 亳州市 | 0.0747 | 0.0548 | 0.0029 | 0.0037 | 0.0717 |
| 2020年 | 宿州市 | 0.0633 | 0.0529 | 0.0026 | 0.0011 | 0.0592 |
| 2020年 | 蚌埠市 | 0.0678 | 0.0572 | 0.0023 | 0.0057 | 0.0716 |
| 2020年 | 阜阳市 | 0.0617 | 0.0480 | 0.0022 | 0.0000 | 0.0703 |
| 2020年 | 淮南市 | 0.0512 | 0.0560 | 0.0006 | 0.0039 | 0.0568 |
| 2020年 | 滁州市 | 0.0599 | 0.0760 | 0.0019 | 0.0009 | 0.0885 |
| 2020年 | 六安市 | 0.0843 | 0.0562 | 0.0045 | 0.0148 | 0.0848 |
| 2020年 | 马鞍山市 | 0.0697 | 0.0747 | 0.0032 | 0.0072 | 0.0859 |
| 2020年 | 芜湖市 | 0.0902 | 0.1214 | 0.0014 | 0.0098 | 0.0819 |
| 2020年 | 宣城市 | 0.0761 | 0.0611 | 0.0019 | 0.0113 | 0.0987 |
| 2020年 | 铜陵市 | 0.0754 | 0.0673 | 0.0010 | 0.0092 | 0.1010 |
| 2020年 | 池州市 | 0.1559 | 0.0945 | 0.0022 | 0.0548 | 0.0972 |
| 2020年 | 安庆市 | 0.0972 | 0.0890 | 0.0006 | 0.0131 | 0.0896 |
| 2020年 | 黄山市 | 0.1424 | 0.0863 | 0.0047 | 0.0442 | 0.1054 |

附表 7 安徽省区域旅游经济增长质量总目标层值

| 地级市 | 2011 年 | 2012 年 | 2013 年 | 2014 年 | 2015 年 | 2016 年 | 2017 年 | 2018 年 | 2019 年 | 2020 年 |
|---|---|---|---|---|---|---|---|---|---|---|
| 合肥市 | 0.3234 | 0.4908 | 0.5028 | 0.3891 | 0.5208 | 0.5480 | 0.4575 | 0.4671 | 0.4641 | 0.4258 |
| 淮北市 | 0.2151 | 0.4173 | 0.4255 | 0.2887 | 0.2919 | 0.2990 | 0.4088 | 0.3119 | 0.3181 | 0.3304 |
| 亳州市 | 0.2901 | 0.3976 | 0.4171 | 0.4222 | 0.4512 | 0.4192 | 0.2966 | 0.3198 | 0.4602 | 0.2078 |
| 宿州市 | 0.1816 | 0.4007 | 0.4062 | 0.4113 | 0.2839 | 0.3989 | 0.3970 | 0.2991 | 0.4228 | 0.1791 |
| 蚌埠市 | 0.3012 | 0.2976 | 0.4203 | 0.4169 | 0.3168 | 0.4372 | 0.4476 | 0.4454 | 0.4644 | 0.2046 |
| 阜阳市 | 0.1756 | 0.3990 | 0.3967 | 0.4105 | 0.4022 | 0.3001 | 0.2901 | 0.3176 | 0.3072 | 0.1822 |
| 淮南市 | 0.1583 | 0.2778 | 0.3826 | 0.3930 | 0.2684 | 0.3063 | 0.3943 | 0.2752 | 0.3004 | 0.1684 |
| 滁州市 | 0.1842 | 0.4223 | 0.4138 | 0.3131 | 0.3078 | 0.3054 | 0.3174 | 0.3357 | 0.3592 | 0.2273 |
| 六安市 | 0.3295 | 0.4460 | 0.4271 | 0.3132 | 0.4476 | 0.3280 | 0.4776 | 0.4774 | 0.2842 | 0.2445 |
| 马鞍山市 | 0.2330 | 0.4486 | 0.3015 | 0.3323 | 0.3241 | 0.3472 | 0.4600 | 0.3388 | 0.4793 | 0.2408 |
| 芜湖市 | 0.2679 | 0.5155 | 0.5173 | 0.5291 | 0.5451 | 0.5545 | 0.5765 | 0.5804 | 0.5822 | 0.3048 |
| 宣城市 | 0.1998 | 0.4382 | 0.3165 | 0.4552 | 0.4669 | 0.4710 | 0.3643 | 0.5056 | 0.4023 | 0.2491 |
| 铜陵市 | 0.1843 | 0.4103 | 0.2971 | 0.2988 | 0.2811 | 0.3559 | 0.3375 | 0.4750 | 0.4963 | 0.2538 |
| 池州市 | 0.5028 | 0.6518 | 0.7022 | 0.5741 | 0.5730 | 0.5553 | 0.6985 | 0.6020 | 0.7138 | 0.4045 |
| 安庆市 | 0.3447 | 0.4756 | 0.4567 | 0.3884 | 0.3942 | 0.3988 | 0.4458 | 0.4368 | 0.4437 | 0.2893 |
| 黄山市 | 0.5581 | 0.6767 | 0.5718 | 0.6958 | 0.5632 | 0.6850 | 0.6199 | 0.7153 | 0.5695 | 0.3831 |

附表 8 安徽省区域旅游经济增长数量总目标层值

| 地级市 | 2011 年 | 2012 年 | 2013 年 | 2014 年 | 2015 年 | 2016 年 | 2017 年 | 2018 年 | 2019 年 | 2020 年 |
|---|---|---|---|---|---|---|---|---|---|---|
| 合肥市 | 0.5659 | 0.6458 | 0.6104 | 0.6337 | 0.6826 | 0.6939 | 0.7492 | 0.7329 | 0.7574 | 0.4497 |
| 淮北市 | 0.4098 | 0.3262 | 0.4580 | 0.4546 | 0.5802 | 0.5038 | 0.3064 | 0.2967 | 0.3096 | 0.0924 |
| 亳州市 | 0.4463 | 0.3817 | 0.3314 | 0.3276 | 0.3634 | 0.3632 | 0.3966 | 0.3736 | 0.3949 | 0.1853 |
| 宿州市 | 0.3773 | 0.3231 | 0.2713 | 0.2632 | 0.3031 | 0.3028 | 0.3351 | 0.3247 | 0.3433 | 0.1321 |
| 蚌埠市 | 0.3885 | 0.2949 | 0.2235 | 0.2498 | 0.2983 | 0.2957 | 0.3273 | 0.3139 | 0.3324 | 0.1159 |
| 阜阳市 | 0.3484 | 0.2713 | 0.2124 | 0.2226 | 0.2917 | 0.3244 | 0.3637 | 0.3503 | 0.3705 | 0.1393 |
| 淮南市 | 0.3359 | 0.2958 | 0.2371 | 0.2409 | 0.2766 | 0.3849 | 0.3137 | 0.3031 | 0.3207 | 0.0824 |
| 滁州市 | 0.4611 | 0.4081 | 0.3892 | 0.3673 | 0.4103 | 0.4173 | 0.4495 | 0.4358 | 0.4653 | 0.2273 |
| 六安市 | 0.4656 | 0.3683 | 0.2587 | 0.2400 | 0.2600 | 0.2198 | 0.2630 | 0.2338 | 0.5137 | 0.2279 |

续表

| 地级市 | 2011 年 | 2012 年 | 2013 年 | 2014 年 | 2015 年 | 2016 年 | 2017 年 | 2018 年 | 2019 年 | 2020 年 |
|---|---|---|---|---|---|---|---|---|---|---|
| 马鞍山市 | 0.5415 | 0.3940 | 0.3041 | 0.3272 | 0.3535 | 0.3760 | 0.3959 | 0.3908 | 0.4087 | 0.2133 |
| 芜湖市 | 0.7992 | 0.6553 | 0.5910 | 0.5866 | 0.6292 | 0.6361 | 0.6965 | 0.6881 | 0.7157 | 0.4089 |
| 宣城市 | 0.4559 | 0.4616 | 0.3689 | 0.3626 | 0.3937 | 0.4028 | 0.4684 | 0.4396 | 0.4703 | 0.3304 |
| 铜陵市 | 0.3633 | 0.3130 | 0.2730 | 0.2956 | 0.3147 | 0.5242 | 0.4038 | 0.3890 | 0.4120 | 0.1659 |
| 池州市 | 0.6293 | 0.5606 | 0.4579 | 0.5699 | 0.5244 | 0.4982 | 0.5582 | 0.5532 | 0.5647 | 0.1917 |
| 安庆市 | 0.5320 | 0.4640 | 0.4387 | 0.4565 | 0.4807 | 0.4895 | 0.5335 | 0.5224 | 0.5458 | 0.2768 |
| 黄山市 | 0.7041 | 0.6566 | 0.6266 | 0.6115 | 0.5689 | 0.5168 | 0.6460 | 0.6321 | 0.3569 | 0.2512 |

附表 9　安徽省旅游经济增长质量与数量总目标层值和子目标层值

| 年份 | 旅游经济增长数量 | 旅游经济增长规模 | 旅游经济增长速度 | 旅游经济增长质量 | 旅游经济结构水平 | 旅游经济增长效率 | 旅游经济增长稳定性 | 旅游经济增长影响力 | 旅游经济增长可持续性 |
|---|---|---|---|---|---|---|---|---|---|
| 2011 年 | 0.4890 | 0.1496 | 0.3394 | 0.2781 | 0.0519 | 0.0299 | 0.1000 | 0.0151 | 0.0812 |
| 2012 年 | 0.4263 | 0.1724 | 0.2539 | 0.4479 | 0.0609 | 0.0330 | 0.2512 | 0.0194 | 0.0834 |
| 2013 年 | 0.3783 | 0.1899 | 0.1884 | 0.4347 | 0.0745 | 0.0379 | 0.2269 | 0.0202 | 0.0752 |
| 2014 年 | 0.3881 | 0.2002 | 0.1879 | 0.4145 | 0.0774 | 0.0427 | 0.1959 | 0.0214 | 0.0771 |
| 2015 年 | 0.4207 | 0.2189 | 0.2018 | 0.4024 | 0.0820 | 0.0507 | 0.1804 | 0.0231 | 0.0663 |
| 2016 年 | 0.4343 | 0.2239 | 0.2104 | 0.4194 | 0.0836 | 0.0536 | 0.1931 | 0.0246 | 0.0644 |
| 2017 年 | 0.4504 | 0.2366 | 0.2138 | 0.4368 | 0.0876 | 0.0617 | 0.1988 | 0.0285 | 0.0604 |
| 2018 年 | 0.4362 | 0.2446 | 0.1917 | 0.4315 | 0.0897 | 0.0658 | 0.1803 | 0.0288 | 0.0669 |
| 2019 年 | 0.4551 | 0.2594 | 0.1958 | 0.4417 | 0.0897 | 0.0778 | 0.1817 | 0.0277 | 0.0648 |
| 2020 年 | 0.2182 | 0.2047 | 0.0135 | 0.2685 | 0.0828 | 0.0743 | 0.0182 | 0.0117 | 0.0815 |

附表 10　安徽省区域旅游经济增长质量与数量耦合协调度

| 地级市 | 2011 年 | 2012 年 | 2013 年 | 2014 年 | 2015 年 | 2016 年 | 2017 年 | 2018 年 | 2019 年 | 2020 年 |
|---|---|---|---|---|---|---|---|---|---|---|
| 合肥市 | 0.4625 | 0.5305 | 0.5263 | 0.4983 | 0.5460 | 0.5553 | 0.5410 | 0.5409 | 0.5445 | 0.4678 |
| 淮北市 | 0.3853 | 0.4295 | 0.4698 | 0.4256 | 0.4536 | 0.4405 | 0.4207 | 0.3900 | 0.3961 | 0.2956 |
| 亳州市 | 0.4242 | 0.4413 | 0.4312 | 0.4312 | 0.4500 | 0.4417 | 0.4141 | 0.4157 | 0.4617 | 0.3132 |

续表

| 地级市 | 2011年 | 2012年 | 2013年 | 2014年 | 2015年 | 2016年 | 2017年 | 2018年 | 2019年 | 2020年 |
|---|---|---|---|---|---|---|---|---|---|---|
| 宿州市 | 0.3618 | 0.4241 | 0.4074 | 0.4056 | 0.3830 | 0.4168 | 0.4271 | 0.3947 | 0.4365 | 0.2773 |
| 蚌埠市 | 0.4135 | 0.3849 | 0.3915 | 0.4017 | 0.3920 | 0.4240 | 0.4375 | 0.4324 | 0.4432 | 0.2775 |
| 阜阳市 | 0.3517 | 0.4056 | 0.3810 | 0.3888 | 0.4139 | 0.3950 | 0.4030 | 0.4084 | 0.4107 | 0.2822 |
| 淮南市 | 0.3395 | 0.3786 | 0.3881 | 0.3922 | 0.3691 | 0.4143 | 0.4193 | 0.3800 | 0.3939 | 0.2427 |
| 滁州市 | 0.3817 | 0.4556 | 0.4479 | 0.4118 | 0.4215 | 0.4225 | 0.4346 | 0.4373 | 0.4521 | 0.3371 |
| 六安市 | 0.4425 | 0.4502 | 0.4077 | 0.3702 | 0.4130 | 0.3664 | 0.4210 | 0.4087 | 0.4371 | 0.3435 |
| 马鞍山市 | 0.4214 | 0.4585 | 0.3891 | 0.4060 | 0.4114 | 0.4250 | 0.4619 | 0.4265 | 0.4704 | 0.3366 |
| 芜湖市 | 0.4810 | 0.5391 | 0.5258 | 0.5278 | 0.5411 | 0.5449 | 0.5629 | 0.5621 | 0.5681 | 0.4201 |
| 宣城市 | 0.3885 | 0.4742 | 0.4133 | 0.4507 | 0.4630 | 0.4667 | 0.4545 | 0.4855 | 0.4663 | 0.3788 |
| 铜陵市 | 0.3597 | 0.4233 | 0.3774 | 0.3855 | 0.3856 | 0.4647 | 0.4296 | 0.4636 | 0.4755 | 0.3203 |
| 池州市 | 0.5303 | 0.5498 | 0.5325 | 0.5348 | 0.5235 | 0.5128 | 0.5588 | 0.5372 | 0.5634 | 0.3731 |
| 安庆市 | 0.4627 | 0.4847 | 0.4731 | 0.4589 | 0.4665 | 0.4700 | 0.4938 | 0.4887 | 0.4960 | 0.3762 |
| 黄山市 | 0.5599 | 0.5773 | 0.5471 | 0.5711 | 0.5320 | 0.5454 | 0.5625 | 0.5798 | 0.4748 | 0.3938 |

附表11 安徽省旅游经济增长质量与数量耦合协调度

| 年　份 | 质量－数量 | 质量－规模 | 质量－速度 | 数量－结构水平 | 数量－效率 | 数量－稳定性 | 数量－影响力 | 数量－可持续性 |
|---|---|---|---|---|---|---|---|---|
| 2011年 | 0.4294 | 0.3194 | 0.3919 | 0.2822 | 0.2459 | 0.3325 | 0.2074 | 0.3157 |
| 2012年 | 0.4674 | 0.3727 | 0.4106 | 0.2838 | 0.2435 | 0.4045 | 0.2132 | 0.3071 |
| 2013年 | 0.4503 | 0.3790 | 0.3783 | 0.2897 | 0.2448 | 0.3827 | 0.2092 | 0.2904 |
| 2014年 | 0.4478 | 0.3795 | 0.3736 | 0.2944 | 0.2537 | 0.3713 | 0.2134 | 0.2941 |
| 2015年 | 0.4536 | 0.3852 | 0.3775 | 0.3047 | 0.2702 | 0.3711 | 0.2220 | 0.2889 |
| 2016年 | 0.4619 | 0.3914 | 0.3854 | 0.3087 | 0.2762 | 0.3805 | 0.2273 | 0.2892 |
| 2017年 | 0.4709 | 0.4009 | 0.3909 | 0.3151 | 0.2887 | 0.3868 | 0.2381 | 0.2872 |
| 2018年 | 0.4657 | 0.4030 | 0.3792 | 0.3145 | 0.2910 | 0.3745 | 0.2367 | 0.2923 |
| 2019年 | 0.4735 | 0.4114 | 0.3834 | 0.3179 | 0.3067 | 0.3792 | 0.2370 | 0.2930 |
| 2020年 | 0.3479 | 0.3424 | 0.1734 | 0.2592 | 0.2523 | 0.1774 | 0.1591 | 0.2582 |

# 参 考 文 献

[1] Dwyer L, Forsyth P, Rao P. The price competitiveness of travel and tourism: a comparison of 19 destinations[J]. Tourism Management, 2000, 21(1): 9-22.

[2] Gooroochurn N, Sugiyarto G. Competitiveness indicator in the travel and tourism industry[J]. Tourism Economics, 2005, 11(1): 25-43.

[3] Ksenija V. Competitiveness of frontier regions and tourism destination management [J]. Managing Global Transitions, 2012, 10(1): 51-68.

[4] Teas R K. Expectations, performance evaluation, and consumers' perceptions of quality [J]. Journal of Marketing, 1993, 57(4): 15-34.

[5] Qu H, Tsang N. Service quality gap in Chinese hotel industry: a study of tourist perceptions and expectations[J]. Journal of Hospitality and Tourism Research, 1998, 22 (3): 252-267.

[6] Mc Kercher B. Segment transformation in urban tourism[J]. Tourism Management, 2008, 29(6): 1215-1225.

[7] Maddison D. In search of warmer climates? The impact of climate change on flows of British tourists[J]. Clim Chang, 2001, 49: 193-208.

[8] Gössling S, Scott D, Hall C M, et al. Consumer behaviour and demand response of tourists to climate change[J]. Annals of Tourism Research, 2012, 39(1): 36-58.

[9] Massidda C, Etzo I. The determinants of Italian domestic tourism: a panel data analysis[J]. Tourism Management, 2012, 33(3): 603-610.

[10] Patuelli R, Mussoni M, Candela G. The effects of World Heritage Sites on domestic tourism: a spatial interaction model for Italy[J]. Journal of Geographical Systems, 2013, 15(3): 369-402.

[11] Verra F. The factors on regional imbalance of international tourism[J]. Annals of Tourism Rsearch, 1989, 13(5): 150-155.

[12] Uysal M, Chen J S, Williams D R. Increasing state market share through a regional positioning[J]. Tourism Management,2000,21(1):89-96.

[13] Uyar A, Kuzey C, Koseoglu M A, et al. Travel and tourism competitiveness index and the tourism sector development[J]. Tourism Economics, 2023, 29(4): 1005-1031.

[14] Jackson J. Developing regional tourism in China: the potential for activating business clusters in socialist market economy[J]. Tourism Management,2006,27(4): 695-706.

[15] Seetaram N. Immigration and international inbound tourism: empirical evidence from Australia[J]. Tourism Management,2012,33(6):1535-1543.

[16] Puhakka R, Saarinen J. New role of tourism in national park planning in Finland [J]. The Journal of Environment & Development,2013,22(4):411－434.

[17] Oh C O. The contribution of tourism development to economic growth in Korean economy[J]. Tourism Management, 2005,26(1):39-44.

[18] 刘春济,冯学钢,高静. 旅游发展对经济增长的拉动作用:一个国外综述[J]. 华东经济管理,2014,28(4):143-147.

[19] Brau R, Lanza A, Pigliaru F. How fast are small tourism countries growing? Evidence from the data for 1980—2003[J]. Tourism Economics,2007,13(4):603-614.

[20] Eugenio M J L, Morales N M, Scarpa R. Tourism and economic growth in Latin American countries: a panel data approach[M]. New York: University of York,2004.

[21] Po W C, Huang B N. Tourism development and economic growth: a nonlinear approach[J]. Physica A: Statistical Mechanics and its Applications, 2008(387): 5535-5542.

[22] Adamos A, Clerides S. Prospects and limits of tourism-led growth: the international evidence[J]. Review of Economic Analysis,2010,2(3):287-303.

[23] Eeckels B, Filis G, Leon C. Tourism income and economic growth in Greece: empirical evidence from their cyclical components[J]. Tourism Economic,2012,18(4):817-834.

[24] Zhou D, Yanagida J, Chakravorty U, et al. Estimating economic impact from tourism[J]. Annals of Tourism Research,1997,24(1):76-89.

[25] Akkemik K A. Assessing the importance of international tourism for the Turkish economy: a social accounting matrix analysis[J]. Tourism Management, 2012, 33 (4):790-801.

[26] Camelia S, Razvan S M. Is the tourism sector supportive of economic growth? Empirical

evidence on Romanian tourism[J]. Tourism Economics,2013,19(1):115-132.

[27] 陆林,余凤龙. 中国旅游经济差异的空间特征分析[J]. 经济地理,2005,25(3):406-410.

[28] 曾军,崔郁. 中国入境旅游经济的区域差异分析[J]. 经济问题探索,2006(12):94-97.

[29] 唐晓云. 生产要素视角的中国旅游经济发展区域差异研究[J]. 经济地理,2010,30(10):1741-1751.

[30] 刘佳,赵金金. 中国省域旅游经济发展的时空分异特征及其影响因素研究[J]. 经济问题探索,2012(11):110-116.

[31] 沈惊宏,陆玉麒,周玉翠,等. 安徽省国内旅游经济增长与区域差异空间格局演变[J]. 地理科学,2012,32(10):1220-1228.

[32] 方叶林,李经龙. 中国入境旅游的时空演化及收敛特征[J]. 安徽大学学报(哲学社会科学版),2018,42(6):142-148.

[33] 唐晓云. 中国旅游经济增长因素的理论与实证研究[D]. 天津:天津大学,2009.

[34] 左冰. 中国旅游经济增长因素及其贡献度分析[J]. 商业经济与管理,2011(10):82-90.

[35] 赵金金. 中国区域旅游经济增长的影响因素及其空间溢出效应研究:基于空间杜宾面板模型[J]. 软科学,2016,30(10):53-57.

[36] 崔丹,李沅曦,吴殿廷. 京津冀地区旅游经济增长的时空演化及影响因素[J]. 地理学报,2022,77(6):1391-1410.

[37] 邓爱民,李鹏. 中国旅游经济影响因素分析与实证研究[J]. 宏观经济研究,2022(3):106-115,137.

[38] 赵鑫. 基于系统动力学方法的中国旅游经济增长影响因素研究[J]. 西南大学学报(自然科学版),2023,45(11):106-114.

[39] 杨天英,李许卡,郭达. 不同旅游资源对区域旅游经济增长的影响研究:基于中国省际面板数据分析[J]. 生态经济,2017,33(6):105-109.

[40] 常建霞,李君铁,李振亭,等. 秦巴山区旅游资源分布与旅游经济耦合研究[J]. 陕西师范大学学报(自然科学版),2020,48(1):1-10.

[41] 张广海,赵金金. 我国交通基础设施对区域旅游经济发展影响的空间计量研究[J]. 经济管理,2015,37(7):116-126.

[42] 赵金金. 基于交通可达性的山东省旅游经济空间格局研究[J]. 资源开发与市场,2016,32(10):1263-1268.

[43] 程敏,许辉云. 产业结构高级化变迁与旅游经济增长的互动关系研究:以湖南省为例[J]. 经济论坛,2018(4):78-82.

[44] 祝晔,殷红卫.区域产业结构高级化对旅游经济的时空影响[J].南京师大学报(自然科学版),2021,44(3):77-83.

[45] 余凤龙,黄震方,曹芳东,等.中国城镇化进程对旅游经济发展的影响[J].自然资源学报,2014,29(8):1297-1309.

[46] 王新越,刘兰玲.长江流域城镇化对旅游经济发展的影响研究[J].地域研究与开发,2019,38(3):12-17.

[47] 陈俊安.中越旅游政策变迁对双边旅游经济影响的实证研究[J].改革与战略,2014,30(2):36-39.

[48] 谢霞,赵冬莹,梁增贤,等.对口援疆政策对新疆旅游经济增长的效应评估[J].旅游学刊,2023,38(9):32-47.

[49] 王雷震,张帆,李春光.旅游对区域经济发展贡献度定量测度方法及其应用[J].系统工程理论与实践,2006(5):54-62.

[50] 魏卫,陈雪钧.旅游产业经济贡献综合评析:以湖北省为例[J].经济地理,2006(2):331-334,352.

[51] 曾国军,蔡建东.中国旅游产业对国民经济的贡献研究[J].旅游学刊,2012,27(5):23-31.

[52] 吴国新.旅游产业发展与我国经济增长的相关性分析[J].上海应用技术学院学报(自然科学版),2003(4):238-241.

[53] 杨智勇.旅游消费与经济增长的互动效应实证分析[J].内蒙古财经学院学报,2006(2):27-30.

[54] 赵磊,全华.中国国内旅游消费与经济增长关系的实证分析[J].经济问题,2011(4):32-38.

[55] 衣传华."锦上添花"还是"雪中送炭":旅游发展对经济增长的影响[J].华东经济管理,2017,31(12):108-113.

[56] 赵磊,方成,吴向明.旅游发展、空间溢出与经济增长:来自中国的经验证据[J].旅游学刊,2014,29(5):16-30.

[57] 刘佳,赵金金,杜亚楠.沿海城市旅游发展与地区经济增长关系研究:基于空间动态面板数据模型[J].经济问题探索,2013(7):172-180.

[58] Lapierre J Hayes D. The tourism satellite account[R]. Ottawa:Statistics Canada,1994.

[59] Fletcher C C J, Gilbert D, Wanhill S. Tourism principles and practice[M]. London:Pitman Publishing, 1993.

[60] Loannides D, Debbage K A. The economic geography of the tourism industry[M]. New York:Rout ledge, 1998.

[61] Frechtling D C. The tourism satellite account: foundations, progress and issues[J]. Tourism Management, 1999, 20(1):163-170.

[62] Burns P. Tourism in Russia: background and structure[J]. Tourism Management, 1998,19(6):555-565.

[63] Goh C, Law R. Incorporating the rough sets theory into travel demand analysis[J]. Tourism Management, 2003, 24(5):511-517.

[64] Cooper C. Tourism: principles and practice[M]. Edinburgh: Pearson Education, 2008.

[65] AnderssonT D, Getz D. Tourism as a mixed industry: differences between private, public and not-for-profit festivals[J]. Tourism Management, 2009,30(6):847-856.

[66] Leiper N. Industrial entropy in tourism systems[J]. Annals of Tourism Research, 1993,20(3): 221-226.

[67] 王大悟,魏小安. 新编旅游经济学[M]. 上海:上海人民出版社,2000.

[68] 李仲广. 从形式到实质:旅游经济学之路[J]. 旅游学刊,2007(11):8-9.

[69] 师萍. 旅游产业结构评价方法初议[J]. 西北大学学报(哲学社会科学版),1999,29(1):85-88.

[70] 吴承照,马林志. 上海旅游产业结构健康指数及其应用研究[J]. 同济大学学报(社会科学版),2009(2):108-113.

[71] 麻学锋. 区域旅游业内部结构演变实证研究:以张家界为例[J]. 华东经济管理,2009(9):32-35.

[72] 刘佳,杜亚楠. 沿海地区旅游产业结构水平测度分析[J]. 商业研究,2013(7):61-67.

[73] 张广海,冯英梅. 山东半岛蓝色经济区旅游产业结构水平综合评价与测度[J]. 中国人口·资源与环境,2013(9):107-113.

[74] 崔振兴. 区域旅游产业结构可持续性优化研究:以陕西省为例[D]. 西安:西安建筑科技大学,2010.

[75] 张佑印,顾静. 中国区域旅游产业结构变化的空间差异分析[J]. 经济地理,2012,32(4):155-172.

[76] 刘黎黎,毕燕. 旅游产业结构的综合定量及优化分析:以广东省国际旅游产业为例[J]. 广西师范学院学报(自然科学版),2009,26(3):71-78.

[77] 杨新军,马晓龙. 旅游产业部门结构合理性的SSM分析[J]. 人文地理,2005(1):49-52.

[78] 卢璐,宋保平,张毓,等. 基于投入产出模型的旅游产业关联度分析研究[J]. 北京第二外国语学院学报,2011(3):43-48.

[79] 廉同辉. 基于灰色关联分析的旅游产业结构研究:以黄山、九华山景区为例[J]. 旅游

论坛,2011,4(4):66-68.

[80] 袁书琪,刘丽.海峡西岸旅游产业结构布局现状评析与调整对策[J].旅游科学,2007,21(4):8-11.

[81] 戴斌,乔花芳.北京市旅游产业结构变迁:理论研究与实证分析[J].江西科技师范学院学报,2005(2):1-11.

[82] 麻学锋.旅游产业结构升级的动力机制与动态演化研究[J].新疆社会科学,2010(5):21-26.

[83] 杨琴,王兆峰.旅游产业结构升级优化技术创新模型的构建:以湖南为例[J].求索,2009(10):86-87,71.

[84] 陈淑兰,刘立平,付景保.河南省旅游产业结构优化升级研究:基于文化创意视角[J].经济地理,2011,31(8):1392-1396.

[85] 谢新丽,吕群超,谢新暎,等.基于旅游品牌塑造的区域旅游产业结构优化研究:以宁德市为例[J].温州大学学报(自然科学版),2012,33(3):37-43.

[86] 杨艺婉.新疆县域旅游产业效率时空格局演变及影响因素研究[D].石河子:石河子大学,2023.

[87] 马晓龙.国内外旅游效率研究进展与趋势综述[J].人文地理,2012,27(3):11-17.

[88] Anderson R I, Fish M, Yi X, et al. Measuring efficiency in the hotel industry: a stochastic frontier approach[J]. International Journal of Hospitality Management, 1999,18(1):45-57.

[89] 张大鹏,涂精华,黄鑫,等.中国旅游上市公司经营效率测度研究:兼论公司治理结构的影响效应[J].旅游科学,2019,33(5):62-79.

[90] 谭建伟,吕茂宇,惠红.基于DEA模型的重庆市旅游产业效率及其影响因素[J].重庆理工大学学报(社会科学),2021,35(11):58-66.

[91] 邓祖涛,周玉翠.中国旅游企业技术效率测度及其影响因素研究:基于随机前沿超越对数生产函数分析[J].湖北经济学院学报(人文社会科学版),2019,16(10):76-82.

[92] 张韵君,童昀.中国重点旅游城市旅游效率演化与差异性分析:基于超效率EBM模型[J].西南大学学报(自然科学版),2021,43(4):109-119.

[93] 董红梅.我国不同类型景区旅游效率研究[J].资源开发与市场,2021,37(10):1264-1270.

[94] 朱梦悦,马健霄,刘宇航,等.景区道路交通标志视认效率评价[J].森林工程,2021,37(4):135-143.

[95] 胡莉娜,程刚,丁翠翠.高速铁路网络建设对长江中游城市群旅游效率的影响研究[J].铁道运输与经济,2021,43(4):41-47.

[96] 郭向阳,穆学青,丁正山,等.区域旅游交通服务功能对旅游效率的空间溢出效应及其影响机理:以云南省为例[J].地理与地理信息科学,2021,37(1):126-134.

[97] 徐雨利,龙花楼,屠爽爽,等."一带一路"倡议对我国沿线重点省份入境旅游效率的影响[J].经济地理,2022,42(9):201-210.

[98] 郭向阳,穆学青,明庆忠,等.典型山区旅游的旅游效率与交通协调格局及演进模式[J].经济地理,2020,40(8):212-221.

[99] 王凯,李悦铮,江海旭.区域旅游—经济—环境耦合协调度研究:以辽宁沿海经济带为例[J].资源开发与市场,2013,29(6):658-661.

[100] 何景师,张智勇,叶善椿.基于三阶段超效率SBM-DEA模型的我国沿海五大城市群低碳物流效率研究[J].上海海事大学学报,2023,44(3):55-63.

[101] 王兆峰,李琴.长江经济带旅游产业效率评价及其时空动态演变[J].长江流域资源与环境,2022,31(9):1895-1905.

[102] 胡炜霞,张玉芳.黄河中下游旅游效率评价及影响因素分析[J].干旱区资源与环境,2022,36(7):187-193.

[103] Zhu W, Shang F. Rural smart tourism under the background of internet plus[J]. Ecological Informatics, 2021, 65, 101424.

[104] Wang Y B, Song Y, Chen G F, et al. The measurement and temporal and spatial evolution of tourism poverty alleviation efficiency in the Liupan Mountain area of Gansu province, China[J]. Sustainability, 2021, 13(22):1-19.

[105] 陈红玲,郑馨,赵赞.我国文化和旅游产业融合效率的时空动态演化及其驱动机理[J].资源开发与市场,2022,38(1):99-106.

[106] Henderson J C. War as a tourist attraction:the case of Vietnam[J]. International Journal of Tourism Research, 2000, 2(4):269-280.

[107] Faulkner B. Towards a Frarnework for tourism disaster management[J]. Tourism Management, 2001, 8(22):135-147.

[108] Frisby E. Communicating in a crisis:the British tourist authority's response to the foot-and-mouth outbreak and 11th september[J]. Tourism Management, 2002, 9(1):89-100.

[109] Meng X M. Is a tourism subsidy the best response to the global financial crisis? A short-run CGE simulation for Singapore[J]. Asia Pacific Journal of Tourism Research, 2014, 19(3):325-341.

[110] Vayá E, Garcia J R, Suriñach J, et al. Effects of the COVID-19 tourism crisis on the Spanish economy[J]. Tourism Economics, 2024, 30(4):1021-1038.

[111] Scott D, Dawson J, Jones B. Climate change vulnerability of the US northeast winter recreation-tourism sector[J]. Mitigation and Adaptation Strategies for Global Change, 2008, 13(5): 577-596.

[112] Perch-Nielsen S L. The vulnerability of beach tourism to climate change-an index approach[J]. Climate Change, 2010, 100(3-4): 579-606.

[113] Csete M, Pálvölgyi T, Szendr Ó G. Assessment of climate change vulnerability of tourism in Hungary[J]. Regional Environmental Change, 2013, 13(5): 1043-1057.

[114] 孙春华. 浅谈旅游业的脆弱性及其规避途径[J]. 北京第二外国语学院学报, 2003 (5): 9-12.

[115] 李锋. 旅游经济脆弱性: 概念界定、形成机理及框架分析[J]. 华东经济管理, 2013, 27(3): 76-81.

[116] 王兆峰, 杨卫书. 旅游产业的脆弱性及其评价指标体系研究[J]. 江西社会科学, 2009(11): 81-85.

[117] 李军, 保继刚. 旅游经济脆弱性特点与产业联系: 基于张家界旅游经济的实证研究[J]. 旅游学刊, 2011, 26(6): 36-41.

[118] 李锋, 万年庆, 史本林, 等. 基于"环境-结构"集成视角的旅游产业脆弱性测度: 以中国大陆31个省区市为例[J]. 地理研究, 2014, 33(3): 569-581.

[119] 张秋瑾. 西部地区旅游经济系统脆弱性评价研究[D]. 秦皇岛: 燕山大学, 2015.

[120] 贾菲, 苗红, 孔云霄, 等. 宁夏区域旅游经济系统脆弱性评价[J]. 宁夏大学学报(自然科学版), 2017, 38(4): 409-414, 419.

[121] 马慧强, 廉倩文, 论宇超, 等. 基于BP神经网络的旅游经济系统脆弱性省际空间分异[J]. 资源科学, 2019, 41(12): 2248-2261.

[122] 叶欣梁, 何一, 孙瑞红. 脆弱与反脆弱: 旅游业韧性研究进展与述评[J]. 旅游学刊, 2023, 38(10): 31-48.

[123] Calgaro E, Loyd K. Sun, sea, sand and tsunami: examining disaster vulnerability in the tourism community of Khao Lak, Thailand[J]. Singapore Journal of Tropical Geography, 2008, 29(3): 288-306.

[124] Forster J, Schuhmanu P W, Lake I R, et al. The influence of hurricane risk on tourist destination choice in the Caribbean[J]. Climatic Change, 2012, 114(3/4): 745-768.

[125] Marshall N A, Tobin R C, Marshall P A, et al. Social vulnerability of marine resource users to extreme weather events[J]. Ecosystems, 2013, 16(5): 797-809.

[126] Jmamliah M M, Powell R B. Integrated vulnerability assessment of ecotourism to

climate change in Dana Biosphere Reserve, Jordan[J]. Current Issues in Tourism, 2019, 22(11-15):1705-1722.

[127] 魏敏,魏海湘,黄海玉. 疫情下旅游经济韧性与高质量发展[J].旅游学刊,2022,37(9):5-7.

[128] Podhorodecka K. Tourism economics and islands' resilience to the global financial crisis[J]. Island Studies Journal, 2018, 13(1):163-184.

[129] Liu A, Pratt S. Tourism's vulnerability and resilience to terrorism[J]. Tourism Management, 2017, 60: 404-417.

[130] Vereb V, Nobre H, Farhangmehr M. Cosmopolitan tourists: the resilient segment in the face of terrorism[J]. Tourism Management Perspectives, 2020, 33: 100620.

[131] Williams C, Ferguson M. Recovering from crisis: strategic alternatives for leisure and tourism providers based within a rural economy[J]. International Journal of Public Sector Management, 2005, 18(4): 350-366.

[132] Hall C M, Scott D, Gössling S. Pandemics, transformations and tourism: be careful what you wish for[J]. Tourism Geographies, 2020, 22: 577-598.

[133] Mao Y, He J, Morrison A M, Andres Coca-Stefaniak J. Effects of tourism CSR on employee psychological capital in the COVID-19 crisis: from the perspective of conservation of resources theory[J]. Current Issues in Tourism, 2021, 24(19): 2716-2734.

[134] Toubes D R, Araujo-Vila N, Fraiz-Brea J A. Be water my friend: building a liquid destination through collaborative networks[J]. Tourism Management Perspectives, 2020, 33: 100619.

[135] Okuyama T. Analysis of optimal timing of tourism demand recovery policies from natural disaster using the contingent behavior method[J]. Tourism Management, 2018, 64: 37-54.

[136] Ryan C. Equity, management, power sharing and sustainability: issue of "new tourism"[J]. Tourism Management, 2002, 23(1): 17-26.

[137] Komninos N, Kakderi C, Collado A, et al. Digital transformation of city ecosystems: platforms shaping engagement and externalities across vertical markets[J]. Journal of Urban Technology, 2020, 28(1): 1-22.

[138] Fortanier F, Wijk J V. Sustainable tourism industry development in sub-Saharan Africa: consequences of foreign hotels for local employment[J]. International Business Review, 2010,19(2):191-205.

[139] Keogh B. Social impacts of outdoor recreation in Canada[M]. Toronto: John Wiley Press, 1985.

[140] Henry E W, Deane B. The contribution of tourism to the economy of Ireland in 1990 and 1995[J]. TOURISM MANAGEMENT, 18(8): 535-553.

[141] Srakar A, Vecco M. Ex-ante versus ex-post: comparison of hte effects of the european capital of culture maribor 2012 on tourism and employment[J]. journal of cultural economics, 2017, 41(2): 197-214.

[142] 田喜洲, 汪秀. 基于旅游卫星账户的重庆市旅游业就业效应分析[J]. 旅游论坛, 2011(4): 78-82, 114.

[143] 路光耀. 我国滨海旅游业的区域经济效应分析[J]. 商业经济研究, 2015(4): 129-130.

[144] 鄢慧丽. 基于投入产出的广义旅游业就业效应测度[J]. 系统工程, 2015, 33(10): 87-92.

[145] 郭为, 何媛媛. 旅游产业的区域集聚, 收敛与就业差异: 基于分省面板的说明[J]. 旅游学刊, 2008, 23(3): 29-36.

[146] 张丽峰, 柳彬德. 我国居民旅游消费对经济增长的影响分析[J]. 技术经济, 2009(5): 81-85.

[147] 徐晓婧, 王元元. 云南省旅游业发展与经济增长动态关系的实证检验[J]. 统计与决策, 2023, 39(1): 126-130.

[148] Wattanakuljarus A, Coxhead I. Is tourism-based development good for the poor? A general equilibrium analysis for Thailand[J]. Journal of Policy Modeling, 2008, 30(6): 929-955.

[149] Kim N, Lee C K. Granger causality among tourism development, foreign direct investment and economic growth: the case of Korea[J]. Korean Journal of Tourism Research, 2012, 27(3): 43-57.

[150] Ahn B, Lee B, Shafer C S. Operationalizing sustainability in regional tourism planning: an application of the limits of acceptable change framework[J]. Tourism Management, 2002, 3(23): 1-15.

[151] Teh L, Cabanban A S. Planning for sustainable tourism in southern Pulau Banggi: an assessment of biophysical conditions and their implications for future tourism development[J]. Journal of Environmental Management, 2007, 85(4): 999-1008.

[152] Blancas F J, Gonzlez M, Lozano-Oyola M, et al. The assessment of sustainable tourism: application to Spanish coastal destinations[J]. Ecological Indicators, 2010,

10（2）：484-492.

[153] Blancas F J，Caballero R，Gonz M，et al. Goal programming synthetic indicators：an application for sustainable tourism in Andalusian coastal counties[J]. Ecological Economics，2010，69（11）：2158-2172.

[154] Njoroge J M. An enhanced framework for regional tourism sustainable adaptation to climate change[J]. Tourism Management Perspectives，2014，12（12）：23-30.

[155] 毛先如，熊黑钢，朱跃晨. 北京市各区县旅游环境质量综合评价与分析[J]. 地域研究与开发，2016，35(1)：91-95.

[156] 黄静波，肖海平. 湘粤赣省际边界禁止开发区域生态旅游环境质量综合评价[J]. 经济地理，2012，32（10）：152-157.

[157] 钱益春. 张家界国家森林公园旅游环境质量评价[J]. 东北林业大学学报，2007(1)：76-78.

[158] 宋慧林，宋海岩. 中国旅游创新与旅游经济增长关系研究：基于空间面板数据模型[J]. 旅游科学，2011，25(2)：23-29.

[159] 任瀚. 基于行动者网络理论的区域旅游创新发展研究[J]. 开放导报，2012(6)：87-90.

[160] 周成. 区域旅游创新研究：要素解构、能力评价与效率测度[D]. 上海：华东师范大学，2018.

[161] 江金波，李欢，蒋婷婷. 基于能力结构关系模型的泛珠三角旅游合作创新研究[J]. 旅游学刊，2017，32(10)：67-77.

[162] 王微，王新爱. 海南省旅游业服务创新能力评价研究[J]. 合作经济与科技，2020(19)：37-39.

[163] 陈秀琼，黄福才. 中国旅游业发展质量的定量评价研究[J]. 旅游学刊，2006(9)：59-63.

[164] 张洪，候利莉. 基于AHP的旅游经济发展质量评价研究[J]. 资源开发与市场，2015(10)：1277-1280.

[165] 程燕. 环太湖生态农业旅游圈资源综合评价与发展建议[J]. 中国农业资源与规划，2017，38(2)：76-80.

[166] 黄芳. 河南省农业与旅游业协调发展研究[J]. 中国农业资源与规划，2019，40(11)：274-281.

[167] 渠爱雪. 江苏省新型工业化水平综合测度研究[J]. 经济地理，2006，26(1)：55-59,65.

[168] 刘博，赵金金. 融合视角下安徽省区域文化产业与旅游产业协同发展测度研究[J].

铜陵学院学报,2021(4):54-58.

[169] 吕品,褚桂楠,杨君.浙江省经济增长质量与数量的耦合分析[J].浙江理工大学学报(社会科学版),2017,38(6):483-490.

[170] 张国俊,王运喆,王珏晗,等.中国城市群经济增长质量与数量协调关系的时空演化与机理[J].地理科学,2022(1):1-12.

[171] 张辉.旅游经济论[M].北京:旅游教育出版社,2002.

[172] 田纪鹏.旅游经济结构内涵、特征与内在机理研究[J].现代管理科学,2011(5):74-76.

[173] 苏建军,孙根年.要素禀赋结构升级对旅游经济发展的影响与地区差异[J].宁夏社会科学,2017,202(3):71-80.

[174] 贾海威.中国旅游经济增长质量定量评价研究[D].青岛:中国海洋大学,2014.

[175] 崔胜辉,李方一,黄静,等.全球变化背景下的敏感性研究综述[J].地球科学进展,2009,24(9):1033-1041.

[176] 刘长生,简玉峰.中国旅游产业发展的不均衡性及其影响因素分解[J].商业经济与管理,2011(2):84-91.

[177] 刘树成.论又好又快发展[J].经济研究,2007(6):4-13.

[178] 卡马耶夫.经济增长的速度和质量[M].陈华山,译.武汉:湖北人民出版社,1983.

[179] 王积业.关于提高经济增长质量的宏观思考[J].宏观经济研究,2000(1):11-17.

[180] 刘海英,赵英才,张纯洪.人力资本"均化"与中国经济增长质量关系研究[J].管理世界,2004(11):15-21.

[181] 康梅.投资增长模式下经济增长因素分解与经济增长质量[J].数量经济技术经济研究,2006(2):153-160.

[182] 何强.要素禀赋、内在约束与中国经济增长质量[J].统计研究,2014(1):70-77.

[183] 托马斯.增长的质量[M].北京:中国财政经济出版社,2001.

[184] 彭德芬.经济增长质量研究[M].武汉:华中师范大学出版社,2002.

[185] 刘有章,刘潇潇,向晓祥.基于循环经济理念的经济增长质量研究[J].统计与决策,2011(4):105-108.

[186] 禹四明.中国经济增长质量的水平测度及提升路径研究[D].沈阳:辽宁大学,2017.

[187] Poon A. Tourism, technology and competitive strategies.[M]. New York:CAB International,1993.

[188] 王大悟,魏小安.新编旅游经济学[M].上海:上海人民出版社,1998.

[189] 沈桂林.旅游经济学[M].北京:中国商业出版社,2002.

[190] 邓冰,余曦,吴必虎.旅游产业的集聚及其影响因素初探[J].桂林旅游高等专科学校

学报,2004(12):53-57.

[191] 罗明义.旅游经济学[M].昆明:云南大学出版社,1994.

[192] 马晓龙,保继刚.基于数据包络分析的中国主要城市旅游效率评价[J].资源科学,2010,32(1):88-97.

[193] 马晓龙.国内外旅游效率研究进展与趋势综述[J].人文地理,2012,27(3):11-17.

[194] 陆林,李磊,侯颖.疫情危机下旅游地韧性与高质量发展[J].旅游学刊,2022,37(9):1-3.

[195] 李连刚,张平宇,谭俊涛,等.韧性概念演变与区域经济韧性研究进展[J].人文地理,2019,34(2):1-7,151.

[196] 温军.青藏高原农业可持续发展战略研究[J].中国藏学,2002(1):3-12.

[197] 孙晓.中国旅游经济高质量发展区域差异性及协同性研究[D].沈阳:辽宁大学,2021.

[198] Gunn C A. Tourism Planning[M]. New York:Taylor & Francis,1988.

[199] Leiper N. Tourist attraction systems[J]. Annals of Tourism Research,1990,17(3):367-384.

[200] 杨振之.旅游资源的系统论分析[J].旅游学刊,1997(3):48-52.

[201] 顾朝林.城市化的国际研究[J].城市规划,2003,27(6):19-24.

[202] 吴必虎.区域旅游规划原理[M].北京:中国旅游出版社,2001.

[203] 马耀峰,白凯.基于人学和系统论的旅游本质的探讨[J].旅游科学,2007(3):27-31.

[204] 何建民.新时代我国旅游业高质量发展系统与战略研究[J].旅游学刊,2018,33(10):9-11.

[205] 胡莉娜.西藏旅游经济绿色发展效率测度及影响因素研究[D].拉萨:西藏大学,2023.

[206] 李秋雨.中国旅游业经济效应的时空分析与协调性研究[D].长春:东北师范大学,2017.

[207] 汪季清.旅游经济学[M].合肥:安徽大学出版社,2009.

[208] 吴殿廷.区域经济学[M].北京:科学出版社,2007.

[209] 邹统钎.旅游景区开发与管理[M].北京:清华大学出版社,2008.

[210] 国家市场监督管理总局,国家标准化管理委员会.中华人民共和国国家标准《旅游饭店星级的划分与评定》(GB/T14308—2023)[S].2023-11-27.

[211] 中华人民共和国文化和旅游部.旅行社条例[EB/OL].(2016-03-02),https://zwgk.mct.gov.cn/zfxxgkml/zcfg/xzfg/202012/t20201204_905508.html.